现代农业产业技术体系建设专项资金资助
华中农业大学国家重点学科农业经济管理建设经费资助

ANNUAL REPORT ON ECONOMY AND DEVELOPMENT IN CITRUS INDUSTRY 2011

国家柑橘产业技术体系产业经济研究室
祁春节 等 著

中国农业出版社

前言

2011年是国际金融危机爆发后的第4年，国际经济环境依然严峻、复杂；就国内而言，2011年是“十二五”规划的开局年，农业农村经济在复杂多变的宏观经济环境中，经受住了异常复杂的市场形势和较为严重的自然灾害影响，总体保持了稳定发展的良好态势。

国务院颁布的《全国现代农业发展规划（2011—2015年）》指出，“增强农业科技自主创新能力。明确农业科技的公共性、基础性、社会性地位，加强基础性、前沿性、公益性的重大农业科学技术研究，强化技术集成配套，着力解决一批影响现代农业发展全局的重大科技问题……完善农业科技创新体系和现代农业产业技术体系……”我们认为，农业科技进步是发展现代农业的决定性力量，农业发展的根本出路在于科技创新和制度创新的有机结合。

2011年柑橘产业经济方面特点是：年景较好，与2010年相比产量有大幅增加；部分主产区柑橘品牌建设、营销等工作得到重视；起垄栽培、树冠覆膜、果树修剪等简易技术得到进一步推广；柑橘鲜果、罐头出口仍保持增长态势，但增速下降；国产柑橘与进口柑橘在国内高端零售市场上竞争激烈。主要努力方向是：稳定种植面积、实行标准化和规模化生产、提高单产与品质，逐步实现果农小规模经营与现代大市场对接。

国家柑橘产业技术体系建设既面临一些科学技术问题，也存在诸多经济、管理问题。柑橘产业经济研究岗位在国家柑橘产业技术体系建设中具有重要的地位。其主要目标任务是：立足于农业家庭经营这一基础，对我国柑橘产业发展过程中产前、产中和产后三个领域面临的突出问题进行经济学、管理学研究，探索柑橘产业发展规律，建立较为完整的经济及政策研究体系和经济信息服务体系，为相关行业管理部门、地方政府部门提供决策咨询服务，为产业发展提供经济、技术咨询和信息服务，为相关产业中各用户（农户、企业、专业合作社、行业协会等）提供经营管理咨询和信息服务。

《柑橘产业经济与发展研究2011》是国家柑橘产业技术体系产业经济研究室的学术论文和研究报告的选集，从一个侧面反映了国家柑橘产业技术体系产业经济研究室在2011年度的调研成果。该选集分为五个研究领域：生产与产业技术经济，市场、流通与消费，对外贸易与国际贸易，信息化与标准化管理，产业宏观发展与政策，共收录了23篇相关论文及研究报告。将它们结集出版，呈现在产业界、学术界同行面前，期望能够引起大家的进一步讨论和深入研究，对我国柑橘产业可持续发展起到积极的推动作用。

特别感谢国家柑橘产业技术体系首席科学家、华中农业大学校长邓秀新院士长期给予的关怀与指导！感谢产业技术体系内执行专家组、各功能研究室主任、各岗位科学家、各综合试验站站长对产业经济研究室的支持和帮助！

感谢农业部科技司刘艳副司长（滁州市副市长，在安徽挂职）、产业技术处张国良处长、徐利群副处长、农业部办公厅王小兵副巡视员、种植业司叶贞琴司长、马淑萍副司长、周普国副巡视员、蔡派处长、经作处王戈处长、龙熹副处长、全国农技推广中心经作处李莉处长等给予的指导和支持！感谢现代农业产业技术体系产业经济协调领导小组韩军、秦富和王慧军研究员给予的指导和支持！

感谢柑橘主产区农业厅、局的相关领导和技术人员的支持和帮助！感谢华中农业大学及科技处、经济管理—土地管理学院的领导和同事给予的关心和支持！

感谢现代农业产业技术体系建设专项资金资助以及华中农业大学国家重点学科农业经济管理建设经费资助。

我们选编的论文或研究报告只代表了作者的观点和结论，由于知识视野不足和研究水平有限，书中难免存在疏漏，恳请同行专家、学者以及广大读者不吝赐教，提出批评与建议。

国家柑橘产业技术体系产业经济研究室主任

祁春节

华中农业大学园艺经济研究所所长

2012年5月于南湖狮子山

Preface

2011 is the fourth year after the outbreak of the global financial crisis. The international economic environment remains complex severe. Domestically, 2011 is the start of the "twelfth-five" plan, although market situation was abnormal complex and serious natural disasters occurred, agriculture still kept a stable development and good situation.

The modern agricultural development planning (2011 - 2015), which issued by the state council, pointed out that "Strengthen agriculture science and technology innovation ability. Clear the publicity, fundamentality and sociality status of it, Strengthen fundamentality, frontier and public welfare of agricultural technology research, Develop technology integration supporting, resolve important scientific and technological problems which related to the modern agricultural development of the country. Complete agricultural technology innovation system and modern agriculture industry technology system." We believe that the improvement of agricultural technology is the decisive·power, technological innovation and institutional innovation is the only way can we development our agriculture.

Characteristic of citrus industry in 2011 are as follows: Yield is greatly increased; more attention are paied to citrus brand ang marketing, some technology were well emplized such as Ridging cultivation, Coated crown, etc; Citrus fruit and Can export increased slowly; domestic and import are in fierce competition. Orientation: Stability of planting area, standardization and large-scale production, improve yield and quality, link up the small-scale operations and the modern market.

The technical system of National citrus industry is facing some of issues, including technology issues and management and technology issues. The citrus industrial economic research position plays an important role in the National Citrus Industry Technology Research System. The main task of economic study position on citrus industry is, based on agricultural household operation, to carry on economic and management study on the prominent problems in the former, middle and latter period of our country citrus fruits industrial development process; to establish a relatively completed economy and policy research system and information services structure; to provides decision-making advisory service for the Government; to provides technical advisory and information service for the industrial development, to provide management and information service for various users (peasants, enterprises, professional cooperation, industrial association) in the industry.

Researches on Economy and Development of Citrus Industry 2011 is the academic selections of 23 articles and reports written in 2011 by staff of Research Center of Citrus Industrial Economics, National Citrus Industry Technology Research System, which is expected to be published annually since 2009. Five topics are included, namely, production and technical economy; consumption, circulation and market; foreign trade; informatization and standardization management; industrial macroeconomics and policy. 23 articles and reports are included in this book. These articles and reports are selected to be published to serve for the primary purpose of the attracting the attention of colleagues to these topics and deepen these researches, which will maintain the sustainable development of Chinese citrus industry.

I would like to express my warmest gratitude to those who give instruction, support and assistant to the publication of this book. Namely, Liu Yan, deputy chief of Department of Science and Technology Education of Ministry of Agriculture; Zhang Guoliang, section chief of Industrial Technology Department; Xu Liqun, vice director of Industrial Technology Department; Wang Xiaobing, vice inspector of General Office of Ministry of Agriculture; Ye Zhenqin, chief of Department of Crop Cultivation; Ma Shuping, deputy chief of Department of Crop Cultivation; Zhou Puguo, vice inspector of Bureau of Crop Production Administration; Cai Pai, section chief of Department of Crop Cultivation; Wang Ge, section chief of Economic Co-operation Office; Long Xi, vice director of Economic Co-operation Office; Li Li, vice director of Economic Co-operation Office of National Agricultural Technology Extension Center. Thanks also gives to Han Jun, Qin Fu and Wang Huijun who are researchers of modern agricultural technology system industry leading economic coordination group for the guidance and support!

Besides, we should specially appreciate the help and support from Deng Xiuxin, the academician of Chinese Academy of Engineering, chief scientist of National Citrus Industry Technology Research System and the President of Huazhong Agricultural University. Special appreciation also goes to expert group and related scientists and station masters of the system.

Thanks give to relative leaders and technicians in agricultural department in main production area of citrus. At the same time, I am also grateful to Huazhong Agricultural University, leaders and colleagues in Science and Technology Department and School of Economic and Land Administration of Huazhong Agricultural University for their concern and support.

Thanks to earmarked fund for Modern Agro-industry Technology Research System construction and construction fund for national key discipline-Management of Agricultural Economy of Huazhong Agriculture University.

Finally, thanks to the help from editors of Chinese Agricultural Press, such as Yan Jingchen, Xiao bang and so on. The selected articles and reports in the book only represent personal views. The knowledge and studies could be limited, so if there would be any error in this book, do not hesitate to give us your comment and suggestions.

Qi Chunjie

Director

Reasearch Center of Citrus Industrial Economics, National Citrus Industry Technology Research System; And Institute of Horticultural Economics, Huazhong Agricutural University

May 2012

目 录

CONTENT

宽皮柑橘交替结果新技术的经济效益评价

——基于宜昌市夷陵区温州蜜柑的试验示范

The Economic Benefits Analysis of the Alternate-Fruited Technology of the Wide Leather Citrus

—Based on the Satsuma Orange Experimental Demonstration of Yiling in Yichang

祁春节　刘　进　曾　光　彭抒昂　胡世全　钟家成
Qi Chunjie　Liu Jin　Zeng Guang　Peng Shu'ang
Hu Shiquan　Zhong Jiacheng

摘　要　本文以2006—2011年连续6年的实地调研数据为基础，以夷陵区温州蜜柑交替结果新技术试验示范果园为调研对象，在对宽皮柑橘交替结果新技术进行简要介绍的基础上，运用农业技术经济分析方法，分别从交替结果新技术的增产效果、生产成本、果实品质与熟期（上市期）变化引起的销售价格变化以及经济效益等角度，进行了全方位的经济效益分析。研究结果表明，该技术的增产幅度达到了31.2%，成本基本持平且略有减少，而由于果实外观和品质的改善以及熟期的提前，销售价格上涨20%左右，果园的整体经济效益提高了57.4%。

关键词　交替结果；宽皮柑橘；经济效益；增产效果；夷陵区

Abstract This paper based on the data by investigate into Satsuma experimental demonstration of YiLing in YiChang from 2006 to 2011, on the base of introducing the Alternate - fruited Technology of Wide Leather Citrus comprehensively, we used the modern agricultural technology to analyze the economic benefits of the technology, respectively from the views of its effect on the output, Production cost, price changes result from quality and mature time, the evaluation of its economic benefits, The results showed that by applying the new technology, the output increased a rate of 31.2%, the Production cost was not obvious, the price increased about 20% which resulted from the better quality and the ahead mature time, The whole economic efficiency of the orchard increased by 57.4%.

Key words alternate-fruited, citrus, economic benefits, output effect, Yiling

一、引　言

温州蜜柑大小年结果在柑橘的生产和销售中一直是一个突出问题，导致市场供求失衡，出现大年果农增产不增收，小年减产又低质（粗皮大果多）的现象。而目前绝大多数柑橘种植地区果农平衡大小年的主要措施是采取疏果和夏剪等方法，以果换梢。但这些方法在大量结果的同时培养大量的结果母枝，实际生产上不容易操作到位，而且这种生产模式果实大小、品质也很不一致。近年来，日本推行“全摘果”为主的“全园交替、半树交替”等隔年交替结果技术，在温州蜜柑平衡市场供应和高品质化、省力化上取得了明显成效，这些技术值得我国关注。

另一方面，近年来我国柑橘生产中橘园管理者“三多”现象

（即年老者多、妇女多和体弱多病者多）日益突出，据2009年对湖北省宜昌市柑橘主产区的4个区（市）的问卷调查显示，在橘园管理者中，几乎没有35岁以下的年轻人，46～60岁的管理者占近70%。与此同时，柑橘种植劳动生产成本不断上涨的问题也愈加严重。因此，开展柑橘省力化、优质高效栽培技术的综合研究就显得尤为必要。

鉴于此，我们2004年开始与夷陵区特产技术推广中心进行合作，在温州蜜柑种植中引入隔年交替结果栽培技术和理念，并连续三年在该区柑橘示范场早熟温州蜜柑园内开展了小规模（3亩①）的试验观察，为大面积试验示范积累经验和基础技术数据。2006—2011年，选择夷陵区柑橘主产区之一的小溪塔街道仓屋榜村一户果农（黄廷相）的橘园，连续6年进行了温州蜜柑隔年交替结果的试验示范。本文将对该技术的经济效益进行详细的分析。

本文的结构安排如下：第二部分对宽皮柑橘交替结果新技术进行简要的介绍；第三部分则以多年的跟踪调研数据为基础，分别从增产效果、生产成本、果实熟期和品质变化带来的效益增加，以及经济效益评价等多角度，对新技术的经济效益进行详细的分析；最后是全文的结论及要注意的问题。

二、宽皮柑橘交替结果新技术概况

（一）试验示范园基本情况和研究内容

试验示范园位于宜昌市夷陵区小溪塔街道仓屋榜村，与小鸦公路相距2km，地形为向阳坡地，单行梯田，株距3m。砂性土壤，pH6.3，面积18亩，998株，主栽品种为龟井25，1998年定植，树龄13年。研究内容主要是，完善交替结果，尤其是休闲树的管理技术措施；系统比较交替结果园和普通结果园的果园

① 亩为非法定计量单位，1亩≈667m^2。——编者注

经济效益。

（二）隔年交替结果树体管理技术

隔年交替结果树体管理技术的核心是修剪和施肥技术结合应用。即利用温州蜜柑大休闲年结果的自然属性，通过人为修剪控制，使之休闲年休闲，结果年结果，多结果，结串果，结好品质果，实现产量、品质、单位售价最佳化，从而提高柑橘种植的综合效益。

（三）结果树枝梢管理与施肥

结果年的树主要以结果为主，因此对枝梢管理的特点表现为：春疏以自然生长为主，不动大枝，不动末级梢，不短截，仅对少量丛生性春梢进行适量疏删，时间为花蕾绽放以前；夏控为主，结果年夏梢抽生量相对较少，结果年原则上不留夏梢，见夏梢就抹杀；秋拉以拉枝为主，疏除畸形果、日灼果为辅。结果年载果量较大，容易造成枝果挤压重叠，8 月 1～31 日进行“立柱固枝”，即用直径 5cm 以上的竹竿和建筑用编丝带对结果枝组进行分层拉固，减少果面机械损伤，改善树体通风透光条件。同时，随时对畸形果、日灼果进行疏除。

结果树冬季则实行重度修剪，采果后随即实施。一是压冠，采取剃平头法将树冠高于 2.5m 部分全部剪除；二是调树体结构，采取拿大枝的方法调优二、三级枝组的分布结构；三是回缩，将过于下垂、个别突出的枝组进行短截回缩；四是大量删除末级枝梢，删除量占末级枝梢的 2/3。

结果树施肥，以还阳肥为主，看树补肥为辅。即在果实采摘后，于 11 月 20 日前抽通槽施肥。抽槽规格为 40cm×40cm（宽×深），将橘园修剪枝叶、园内外杂草、农作物秸秆回填至槽内，压实，占槽容积 2/3，再施发酵好的饼肥和 45%柑橘专用有机复混肥，饼肥按每株 1kg 计，柑橘专用有机复混肥按每株 2.5kg 计，随后按生土下、熟土上的原则回填。花肥、壮果肥实行看树补肥，无缺肥征兆不补，有缺肥征兆于小雨前、大雨后进行少量撒施补肥，以尿素为主，据情况一次或多次。

（四）休闲树的枝梢管理与施肥

休闲树主要以培养整齐、优良的早秋梢为主，以作为次年盛果年优良的结果母枝。因此一般春季采用甩放措施，自然生长为主，几乎不动剪，仅对少量生长过长、对树形不利的春梢进行适度短截，同时在花蕾现白前将花蕾抹除，夏梢仍以控梢为主，及时抹除早、晚夏梢，而秋梢则以促为主，是重点管理内容。

为培养健壮的早秋梢，重点实行夏季修剪和施肥技术。夏剪时期以盛花后 60～70 天开始（6 月下旬）为宜，但因各地土壤、气候条件及品种的差异，应以不抽发晚秋梢为原则。修剪程度以剪除春梢 1/2，除叶率 40％左右为宜，同时要求在 6 月 25 日左右补施 1 次促梢肥（单株生物有机肥 1.5kg，复合肥 1kg），以利抽生整齐、健壮的秋梢。随后及时抹除晚秋梢。

（五）隔年交替结果病虫防治技术

隔年交替结果栽培模式的橘园病虫发生和为害程度明显小于普通栽培模式的橘园。一是橘园通风透光性好，环境优化后不利病虫发生；二是实行结果与休闲年度轮回，树体抗病能力显著提高。无论是结果树、休闲树，均执行预防为主、针对性防治为辅的病虫防控原则。

冬季清园消毒：无论是结果树、休闲树，均于上年 12 月 31 日前全园喷施 1.5 波美度石硫合剂一次，尽可能地不漏枝、不漏叶。同时于上年 12 月 31 日进行树干涂白。

梢前喷药防病：无论是结果树、休闲树，均于春梢、秋梢萌发 0.5cm 时全园喷施杀菌剂各 1 次，如基数低，各 1 次即可，如基数高，间隔 7～10 天，各加喷 1 次。

针对性防虫害：主要防治对象有红蜘蛛、粉虱、介壳虫、锈壁虱、吸果夜蛾等。实现点面结合，虫口量没有达到防治指标的实行点防，虫口量达到防治指标的实行面防，其关键是抓住害虫的最佳防治时期和农药的正确使用方法。

(六)隔年交替结果树的枝梢和果实分析

通过全面调查隔年交替结果树(结果年份)和正常结果树的结果枝梢等特性发现,隔年交替结果的主要结果母枝为秋梢,占所有母枝的 80%,而对照的结果母枝类型为春梢,占所有结果母枝的 76%(图 1)。

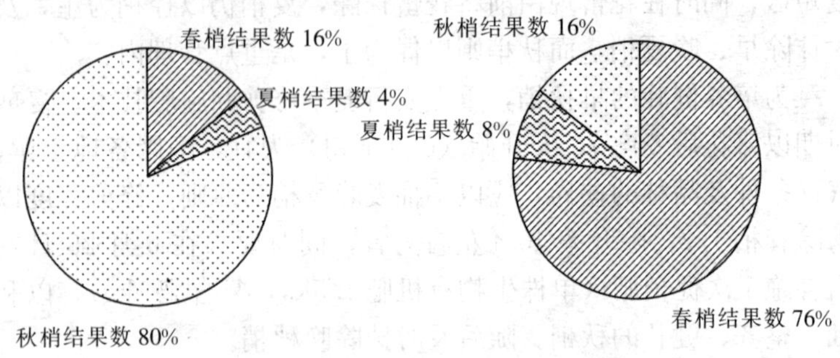

图 1 隔年交替结果和正常结果的主要结果母枝统计

进一步分析果实的特征发现(2010 年 9 月 1 日调查),隔年交替结果的果实直径大小主要分布在 55mm 之内,而对照则在 50mm 之上,并出现 65mm 以上的果实(图 2)。

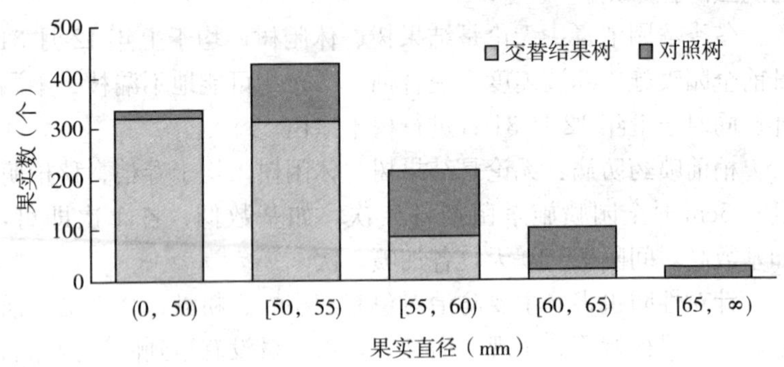

图 2 隔年交替结果树和正常结果树(对照)果实大小分布

三、宽皮柑橘交替结果新技术的成本—收益分析

（一）增产效果

2006 年，由于冻害影响，加之遭遇周期性小年，几乎无产量。在此情况下，试验园区正式实施隔年交替结果栽培模式。到 2011 年，已经经过了三个轮序，期间各年度产量见表 1。

表 1　试验区隔年交替结果产量

年度	轮序	总产量（kg）	亩产量（kg）
2006	休闲	0	0
2007	结果	120 000	6 666.7
2008	休闲	7 000	388.9
2009	结果	128 000	7 111.1
2010	休闲	6 750	375
2011	结果	13 5000	7 500
年均		66 125	3 673.6

从表 1 可以看出，由于实施了隔年交替结果新技术，使得休闲年和结果年亩产量相差较大，6 年平均亩产量为3 673.6kg。而根据我们对当地没有采用该新技术的果园（这些果园的基本情况以及管理水平等条件，与本试验果园基本相当）进行的实地调研，采用传统种植方法年均亩产量为 2 800kg。由此看来，采用隔年交替结果新技术增产效果明显，年均增产幅度达到了 31.2%。

（二）生产成本

对传统种植方法和采用隔年交替结果新技术两种方法成本的测算，分为直接物质成本测算和人工成本两部分。其中直接物质成本的指标，主要包括有机肥、无机肥、农药、薄膜、灌溉等的投入，都以当年实际价格计算；而人工成本则包括修剪、打药、

采果、除草等的人工投入，既包括雇工成本，也包括自用工，均以当年当地雇工的平均价格计算。试验结果见表 2。

表 2　两种栽培方法生产成本

年份	交替结果橘园			传统种植橘园		
	直接投入（元/亩）	人工投入（元/亩）	合计投入（元/亩）	直接投入（元/亩）	人工投入（元/亩）	合计投入（元/亩）
2006	540	500	1 040	900	860	1 760
2007	970	1 260	2 230	980	900	1 880
2008	840	680	1 520	1 070	920	1 990
2009	1 200	1 600	2 800	1 110	980	2 090
2010	1 080	800	1 880	1 202	1 068.2	2 270.2
2011	1 320	1 900	3 220	1 307	1 234	2 541
年均	991.7	1 123.3	2 115	1 094.8	993.7	2 088.5

从表 2 可以看出，相对于传统的种植方法，采用隔年交替结果新技术后，每亩果园的成本只增加了 26.5 元，也就是说，采用新技术后，果园的投入成本与传统种植方法相比基本持平。

除了上述直接投入成本和人工成本比较外，还有一个机会成本不得不考虑，采用传统种植方法，种植户每年花费在果园的时间比较平均。而采用新技术后，在休闲年由于管理时间相对集中，果农可以在“园闲”时节外出打工（如我们调研中发现的，园主的儿子和媳妇在休闲年都外出打工）。而这部分的收入，每个劳动力每年可以达 30 000～35 000 元。

（三）果实品质与熟期（上市期）变化效益

采用新技术后，结果年果园的果实无论是其外观还是品质，都得到了极大的改观：果实的外形饱满圆润，以最优的中型果为主，其果实直径大小主要分布在 55mm 之内，且果皮薄、品质一致；同时，结果年由于树体满负荷结果，新芽发生少，树体有一定“生理干旱”效应，加上结果后树体呈开张状态，光照好，糖度因此有了明显的提高，品质相应有了很大的提升。

更为重要的是，由于休闲年树体营养充足等原因，使得结果年果实的成熟期可以提前 10～15 天，而提前上市能够避开温州蜜柑的上市高峰期，使得果实的价格有很大的优势。

对果实由于品质和熟期变化所带来的效益增加的估计，主要从采用新技术后，优质果率上升、品质改善以及成熟期提前而导致价格上涨等方面进行估算。估算结果见表 3。

表 3 两种栽培方法果实品质与熟期变化的效益估算

项目	传统方法	交替结果新技术	
		结果年	休闲年
优质果品率（%）	70	95	—
产量损耗下降（%）	—	20	—
成熟期提前的天数（天）	—	10～15	—
品质改善与熟期提前导致价格上涨（%）	—	20	—

从表 3 可以看出，采用交替结果新技术后，优质果率提高 25 个百分点，而损耗则下降了 20%，果实成熟期则较传统种植方法提前了 10～15 天，由于品质改善和成熟期的提前使得价格上涨了 20%左右。

（四）经济效益测算

上文分别从增产效果、成本比较、品质与熟期变化对价格的影响的三个角度，对交替结果新技术与传统方法之间的差别进行了测算。从中可以看出，交替结果新技术的增产效果十分明显，亩产量比传统种植方法提高了 31.2%；直接投入和人工投入等成本和传统方法基本持平；而由于采用了新技术，使得果实的外观和品质得到了极大的改善，更为重要的是熟期提前了 10～15 天，这些因素导致了采用新技术后果实的市场价格提高了 20%，价格优势明显。

利用上述增产效益、成本比较和价格变化可以计算出交替结

果新技术的经济效益，由于新技术和传统方法的成本基本相同，因此新技术的经济效益计算公式为

$$经济效益增加率=\frac{M_2P_2-M_1P_1}{M_1P_1}\times100\%$$

式中 M_2——采用交替结果新技术后的亩产量，kg；

P_2——采用交替结果新技术后的果实价格，元/kg；

M_1——传统种植方法下的亩产量，kg；

P_1——传统种植方法下的果实价格，元/kg。

而由于采用新技术后果园增产 31.2%，价格上升 20%，因此，可以得出采用交替结果新技术后，相对于传统种植方法果园的经济效益提高了 57.4%。

需要说明的是，本部分对交替结果新技术经济效益增加率的计算，没有考虑上文中提到的采用新技术后隐性成本（即上文提到的机会成本）的减少，如果考虑这一部分，新技术的经济效益会更加明显。

四、结论与讨论

本文首先对宽皮柑橘交替结果新技术的基本概况做了简要的介绍，然后通过技术经济分析方法，对新技术的经济效益进行了全方位的评估，主要得出如下几点基本结论：

第一，通过采用新的树体管理技术，对结果年和休闲年树枝梢进行管理、施肥以及病虫害防治，在极大地提升果园产量的同时，还能够提高果实的外观和内在品质。

第二，采用隔年交替结果新技术后，果园的增产效果十分明显，年均亩产增产幅度达到了 31.2%。

第三，相对于传统的种植方法，采用新技术后果园的直接投入成本和人工成本基本相等。而如果考虑到采用新技术后果农可以在休闲年外出打工的这部分人工成本的减少，则其成本有很大的节约。

第四，采用新技术后，果实无论其外观还是内在的品质，都有了很大的提高，更为重要的是，其果实的熟期可以提前10～15天，这些有利条件都使得其果实的市场价格远远高于传统种植方法的市场价格，其市场售价要提高20%左右。

第五，采用新技术后，相对于传统种植方法，果园的经济效益要提高57.4%，由此可以看出，宽皮柑橘交替结果新技术的经济效益十分显著，可为广大果农增产增收，值得在实践中大力推广。

当然，在实际调研的过程中，也发现这种“大面积整体型”交替结果技术推广所面临的一些实际操作层面上的问题，如果农的胆识、经营理念、管理水平、市场风险等等；而“隔行型”交替结果、“插花型”交替结果技术可能具有更大的推广应用前景。这些都有待我们在未来的研究、试验中进一步探索和完善。

现代农业产业技术体系的制度创新绩效：综合评价指标体系的构建与实证检验

Empirical Study of Establishing Comprehensive Evaluation Index System on Institutional Innovation Performance of Modern Agricultural Industrial Technology System

苏小姗　祁春节

Su Xiaoshan　Qi Chunjie

摘　要　基于农业科技创新微观个体的创新行为，构建一套科学定量地评价现代农业产业体系内人员创新综合绩效和体系制度创新综合绩效的指标体系，对于建立合理的奖惩与竞争机制，完善体系人力资源管理制度，探讨体系创新机制的拓展和推广，进一步加快传统农业科技体系的改革和创新具有特别重要的现实意义。本文从农业科学研究与技术创新、农业技术指导培训与推广、为体系工作时间安排情况和体系科研经费开支情况等层面构建了一套综合评价指标体系，并以其中一个产业技术体系为例进行了可行性实证检验，结果表明该产业技术体系具有较好的制度创新综合绩效。

关键词　现代农业产业技术体系；制度创新绩效；微观个体行为；评价指标体系

Abstract　Establishing a comprehensive evaluation index

system to quantify its institutional innovation performance of modern agricultural industrial technology system, based on the individual behavior of agricultural science and technology innovation, is fairly significant for constructing a reasonable rewards and punishment institution, perfecting human resource management institution, discussing the validity of extending this institutional innovation and accelerating the further innovation of traditional agricultural science and technology system. This paper established a comprehensive evaluation index system from perspective on agricultural research and technology innovation, technology training and promoting, working time arrangement and research fund expenditure. Taken one of the modern agricultural industrial technology systems for example, the empirical study results demonstrate that its institutional innovation performance is general good.

Key words modern agricultural industrial technology system, institutional innovation performance, individual behavior, evaluation index system

一、前　　言

现阶段，我国正处于运用现代农业科技和现代经营理念改造传统农业，走中国特色农业现代化道路的关键时期。为了解决我国农业科技体系长期存在的问题与不足，从根本上创新束缚科技体系健康发展的体制与机制，突破资源与市场对农业发展的双重约束，达到增强我国农业科技自主创新能力与效率和提升农业产业竞争力的重大目标，2007 年 12 月，在不影响农业体系现有部门现有体制的条件下，农业部与财政部等九部委联合启动了现代农业产业技术体系建设试点工作。初步选择了水稻、玉米、小麦等 10 个产业开展技术体系建设试点，并于 2008 年逐步推进试点建设，使体系内的产业种类基本涵盖了全国主要的 50 个大宗农产品，迈出了我国建设现代国家农业科技创新体系实质性的第一步。

从现代农业产业技术体系建立的意义与内涵来看，体系以突出农产品生态区域优势、整合农业科技创新优势资源和促进产业间及产业内各环节协调发展为抓手，以我国农业产业发展需求和产业技术升级为导向，以保障国家粮食安全、促进农民增收和发展壮大农业产业化龙头企业为目标，积极创新体系组织结构和科技管理机制，是我国推进农业现代化进程中的一项重大制度创新和飞跃。其在科技创新成果产权方面，定义体系核心工作的公益性性质，界定其成果产权归国家所有，实现开放共享。在组织结构方面，针对每一个农产品设置涵盖产业发展多个重要环节的国家产业技术研发中心和突出区域生态特征及市场特色的多个综合试验站，实现科技与产业发展各环节的有机结合。在人员管理方面，采取竞争上岗、能中选优、每五年一次动态调整的遴选方式，保证体系人员具备较高的科研素质和科研能力；采取稳定经费支持、享受优惠政策倾斜的保障措施，切实保障体系人员的科研条件和福利待遇，激发体系人员科技创新积极性；采取考察任务书指标完成情况，重点考核科技成果在实际生产一线的实用性和推广绩效，并根据每五年的考核结果对体系人员做出相应调整的考核方式，对体系人员参与科技创新的个体行为加以约束，确保了现代农业产业技术体系制度创新的有效性。

现代农业产业技术体系建立和发展四年多来，体系建设日趋完善，各功能研究室和试验站研究团队人员作为农业科技创新的微观个体在增加农产品供给、提高农民收入、为农户提供田间实用技术指导和为涉农企业提供产业化技术支持等方面，做出了很大的贡献。如何建立一套体系人员的创新绩效评价体系，科学定量地评价体系内每个创新个体的创新绩效，对于建立合理的奖惩机制和竞争机制，建立合理的在聘人员调整退出标准，加强体系内人员参与科技创新活动和研究经费使用行为的监管，完善体系人力资源管理制度具有十分重要的指导意义。同时，鉴于体系的多项制度创新举措都是直接作用于这些创新微观个体，并通过激励与约束创新微观个体的行为加以实施，以获取制度创新的潜在收益，笔者认为基于研究现代农业产业技术体系内科技创新微观个体行为的角度，建立一套定量评价体系制度创新绩效的综合评价体系，对于研究这项机制创新的有效性，完善体系建设，探讨如何实现创新机制的拓展和推广，进一步加快传统农业科技体系的改革和创新也具有特别重要的现实意义。本文采用层次分析法和模糊数学模型从农业科学研究与技术创新、农业技术指导培训与推广、为体系工作时间安排情况和体系科研经费开支情况等层面对如何科学定量的评价体系制度创新绩效作了探讨。

二、现代农业产业技术体系制度创新绩效综合评价指标的确立

（一）选择评价指标的原则

现代农业产业技术体系制度创新绩效综合评价指标的科学合理选择是建立有效的评价体系的关键。在选择评价指标时，应遵循以下四个原则：

（1）全面系统性原则。指标的设立应尽可能系统和全面，尽可能涵盖体系内科技创新微观个体行为中能反映出技术创新绩效和制度创新绩效的方方面面。本文采用多数新制度经济学家的普遍观点，认为制度创新决定着技术创新[1]，故而将创新个体的技术创新绩效归为制度创新绩效。

（2）科学性原则。所选择的指标必须能科学合理地诠释现代农业产业技术体系制度创新的内涵。针对体系建立的宗旨和目标选择合适的评价指标。

（3）简洁与突出重点性原则。要求在选择指标时，不仅要考

虑指标涵盖的全面性和系统性，而且要遵循简约性原则，在众多指标中选择最能体现创新绩效或在很大程度上能反映绩效的指标，坚持突出指标的重点性和代表性。

（4）可操作性原则。本文建立综合评价指标体系的初衷是要对体系内各创新个体的创新绩效做出尽可能正确的定量测算，因此要求在选择指标时，除坚持以上原则外，还要考虑指标数据是否可得、数据来源是否可靠。

（二）制度创新综合评价指标的层次安排

本文采用多指标综合评价法评价现代农业产业技术体系制度创新综合绩效。在坚持以上四个指标选择原则的基础上，经过对国家现代农业产业技术体系建立的目标、意义与内涵的分析，筛选出评价技术体系制度创新绩效的初级指标体系，并在征求专家意见的基础上，最终建立了由 3 项准则指标 A_i、9 项亚准则指标 B_m 和 33 项个体指标 C_n 构成的综合评价指标体系（表 1）。

表 1　基于科技创新微观个体行为的现代农业产业技术体系制度创新绩效综合评价指标体系

目标层	准则层	亚准则层	指标层
现代农业产业技术体系制度创新综合绩效	农业科学研究与技术创新绩效指标 A_1	新品种选育 B_1	通过审定的新品种 C_1
			获得的新育种试验材料 C_2
		新技术研发 B_2	申请及授权的新技术发明 C_3
			处于中试阶段的新技术 C_4
		发表的科学学术论文 B_3	国外主要检索工具（SCI 或 EI 或 SSCI 等）收录论文数目 C_5
			全国一级学术期刊收录论文数目 C_6
			其他学术论文 C_7
		出版的学术著作 B_4	主编的学术著作 C_8
			参编的学术著作 C_9

（续）

目标层	准则层	亚准则层	指标层
现代农业产业技术体系制度创新综合绩效	农业科学研究与技术创新绩效指标 A_1	其他科研成果 B_5	承担的科研项目 C_{10}
			制定的相关产业生产技术方案或规程 C_{11}
			建立的农业科研与生产信息数据库 C_{12}
	农业技术推广与服务绩效指标 A_2	农业技术指导与服务 B_6	田间指导次数 C_{13}
			技术讲座与培训次数 C_{14}
			技术服务与咨询次数 C_{15}
			技术信息网站建立及维护 C_{16}
		新品种新技术示范与推广 B_7	引进与推广的新品种数目 C_{17}
			引进与推广的新技术数目 C_{18}
			示范基地面积 C_{19}
			新品种新技术辐射推广面积 C_{20}
	体系组织与管埋创新新绩效指标 A_3	为体系工作时间安排情况 B_8	体系工作总时间占全年有效工作日比例 C_{21}
			处理体系内公共事务时间占总工作时间比例 C_{22}
			实地调研时间占总工作时间比例 C_{23}
			科学试验与田间试验时间占总工作时间比例 C_{24}
			文献整理与科学研究时间占总工作时间比例 C_{25}
			会议交流时间占总工作时间比例 C_{26}
			技术培训指导时间占总工作时间比例 C_{27}
			技术咨询服务时间占总工作时间比例 C_{28}

（续）

目标层	准则层	亚准则层	指标层
现代农业产业技术体系制度创新综合绩效	体系组织与管理创新绩效指标 A_3	体系科研经费开支情况 B_9	试验专用材料与设备购买占总开支比例 C_{29}
			科学研究与试验费占总开支比例 C_{30}
			产区调研与指导的差旅及燃料动力费占总开支比例 C_{31}
			新品种新技术专利申请委托业务费占总开支比例 C_{32}
			会议交流费占总开支比例 C_{33}

（1）农业科学研究与技术创新绩效指标 A_1。现代农业竞争的核心是农业科技的竞争，2011 年的政府工作报告中也提出要加大科技创新扶持力度，以依靠科技进步转变经济发展方式作为加快国民经济增长的重中之重。产业技术体系最重要的工作职能是为农业产业发展提供技术支撑，因此农业基础性研究成果和实用性技术研发成果是反映创新绩效的重要组成部分。包括新品种选育 B_1，新技术研发 B_2，发表的科学学术论文 B_3，出版的学术著作 B_4 和其他科研成果 B_5，其中 B_1 由通过审定的新品种数目 C_1 和获得的新育种试验材料 C_2 说明；B_2 由申请及授权的新技术发明数目 C_3 和处于中试阶段的新技术 C_4 说明；B_3 由国外主要检索工具（SCI 或 EI 或 SSCI 等）收录论文数目 C_5，全国一级学术期刊收录论文数目 C_6 和其他学术论文 C_7 说明；B_4 由主编的学术著作 C_8 和参编的学术著作 C_9 说明；B_5 由承担的科研项目 C_{10}，制定的相关产业生产技术方案或规程 C_{11} 和建立的农业科研与生产信息数据库 C_{12} 说明。

（2）农业技术推广与服务绩效指标 A_2。现代农业产业技术体系以加快产业技术升级为目标，要求各功能研究室和试验站将科学研究“写在大地上”，注重科研成果的高效转化，大力开展生产技术的集成示范和推广，因此体系人员的技术推广与服务情况也是衡量体系制度创新绩效的重要成分。包括农业技术指导与服务 B_6 和新品种新技术示范与推广 B_7，其中 B_6 由田间指导次数 C_{13}，技术讲座与培训次数 C_{14}，技术服务与咨询次数 C_{15} 和技术信息网站建立及维护 C_{16} 构成；B_7 由引进与推广的新品种数目 C_{17}，引进与推广的新技术数目 C_{18}，建立的示范基地面积 C_{19} 和新品种新技术辐射推广面积 C_{20} 构成。

（3）体系组织与管理创新绩效指标 A_3。本文从体系内科技创新微观个体为体系工作时间安排情况 B_8 和体系科研经费开支情况 B_9 两个方面来代表体系的组织与管理创新绩效。B_8 包括为体系工作总时间占全年有效工作日比例 C_{21}，处理体系内公共事务时间占总工作时间比例 C_{22}，实地调研时间占总工作时间比例 C_{23}，科学试验与田间试验时间占总工作时间比例 C_{24}，文献整理与科学研究时间占总工作时间比例 C_{25}，会议交流时间占总工作时间比例 C_{26}，技术培训指导时间占总工作时间比例 C_{27}（仅指在产区开展的培训）和技术咨询服务时间占总工作时间比例 C_{28}（电话咨询或网络咨询服务）。B_9 包括试验专用材料与设备购买占总开支比例 C_{29}，科学研究与试验费占总开支比例 C_{30}，产区调研与指导的差旅及燃料动力费占总开支比例 C_{31}，新品种新技术专利申请委托业务费占总开支比例 C_{32} 和会议交流费占总开支比例 C_{33}。

三、现代农业产业技术体系制度创新绩效综合评价指标体系的构建

（一）评价方法

本文采用多指标综合分析方法来评价我国现代农业产业技术体系制度创新的综合绩效。

（1）首先结合层次分析法和德尔菲法确定各个体指标相对于目标层的权重。为了尽量客观和科学地确定各个体指标 C_n

相对于目标层的权重，在获得评价值时，参照 1－9 的比率标度，尽可能多的邀请相关专家对同一层次的指标两两进行重要性比较评判，分别构建指标层 C_n 相对于亚准则层 B_m 的判断矩阵，亚准则层 B_m 相对于准则层 A_i 的判断矩阵，以及准则层 A_i 相对于目标层判断矩阵，进行一致性和重要度检验，获得相应的权重向量，通过各判断矩阵的权重向量计算层次总排序，并检验其一致性，结果即为要求的综合评价指标权重 $W=(W_1, W_2, \cdots, W_n)$，$W_n$ 为第 n 个个体指标 C_n 相对于目标层的权重。

（2）其次对所获得的数据进行无量纲化处理。对越大越优型指标采用 $r_{nj}=C_{nj}/[\max(n)+\min(n)]$ 的标准化处理计算公式，越小越优型指标采用 $r_{nj}=[\max(n)+\min(n)-C_{nj}]/[\max(n)+\min(n)]$ 的标准化处理计算公式，使定量指标经标准化处理后数值对应到 [0，1] 范围内。其中，j 对应参与绩效评价的科技创新微观个体，$n=(1, 2, \cdots, 33)$，C_{nj} 代表第 j 个人第 n 个指标的数值。max（n）和 min（n）分别对应第 n 个指标的最大值和最小值，r_{nj} 表示第 j 个人的第 n 个指标从属于优的相对隶属度值。

（3）最后运用模糊数学模型测算其制度创新绩效综合评价值。本文采用加权平均型合成运算方法，把各评价指标相对于总目标的权重值与各评价指标的相对隶属度值相乘并累加求和即为最终要求的创新绩效综合评价值，即创新绩效综合值 $Z(j)=\sum W_n r_{nj}$，其中 $W_n \in [0, 1]$，$r_{nj} \in [0, 1]$。Z（j）代表对应于参与绩效评价的第 j 个科技创新微观个体的现代农业产业技术体系制度创新绩效综合评价值，而且 $Z(j) \in [0, 1]$。

（二）综合评价指标体系的权重确定

在多次征求相关专家意见的基础上，本文最终得出各个体指

标 C_n 相对于目标层的权重，如表 2 所示。

表 2　个体指标相对于目标层的综合评价指标权重

指标	A_1 0.408 3					A_2 0.408 3		A_3 0.183 4		各指标相对于目标层的权重
	B_1 0.240 4	B_2 0.240 4	B_3 0.161 2	B_4 0.161	B_5 0.196 8	B_6 0.500	B_7 0.500	B_8 0.690 0	B_9 0.310 0	
C_1	0.549 8									0.054 0
C_2	0.450 2									0.044 2
C_3		0.549 8								0.054 0
C_4		0.450 2								0.044 2
C_5			0.570 2							0.033 4
C_6			0.340 0							0.022 4
C_7			0.152 8							0.010 0
C_8				0.690 0						0.045 4
C_9				0.310 0						0.020 4
C_{10}					0.333 3					0.026 8
C_{11}					0.333 3					0.026 8
C_{12}					0.333 3					0.026 8
C_{13}						0.340 3				0.069 9
C_{14}						0.278 6				0.054 4
C_{15}						0.152 9				0.033 0
C_{16}						0.228 1				0.046 8
C_{17}							0.130 2			0.035 7
C_{18}							0.130 2			0.035 7
C_{19}							0.262 1			0.053 3
C_{20}							0.477 6			0.079 5
C_{21}								0.090 7		0.011 5
C_{22}								0.051 0		0.006 5
C_{23}								0.108 1		0.013 7
C_{24}								0.165 4		0.021 0

（续）

指标	A_1 0.408 3					A_2 0.408 3		A_3 0.183 4		各指标相对于目标层的权重
	B_1 0.240 4	B_2 0.240 4	B_3 0.161 2	B_4 0.161	B_5 0.196 8	B_6 0.500	B_7 0.500	B_8 0.690 0	B_9 0.310 0	
C_{25}								0.149 6		0.019 0
C_{26}								0.113 6		0.014 4
C_{27}								0.202 0		0.025 6
C_{28}								0.119 4		0.015 1
C_{29}									0.224 8	0.012 7
C_{30}									0.224 8	0.012 7
C_{31}									0.224 8	0.012 7
C_{32}									0.224 8	0.012 7
C_{33}									0.100 8	0.005 7
总计										1

一致性检验结果 $CR=\sum a_k CI_k/\sum a_k RI_k=0.007<0.1$，通过一致性检验，表明总排序结果具有满意的一致性，所求得的各个体指标 C_n 相对于目标层的权重结果是可靠的。

根据权重结果，可得到制度创新综合绩效值计算模型：

农业科学研究与技术创新绩效值 $Z(A_1)=0.054\times C_{j1}+0.044\ 2\times C_{j2}+0.054\times C_{j3}+0.044\ 2\times C_{j4}+0.033\ 4\times C_{j5}+0.022\ 4\times C_{j6}+0.01\times C_{j7}+0.045\ 4\times C_{j8}+0.020\ 4\times C_{j9}+0.026\ 8\times C_{j10}+0.026\ 8\times C_{j11}+0.026\ 8\times C_{j12}$；

农业技术推广与服务绩效值 $Z(A_2)=0.069\ 9\times C_{j13}+0.054\ 4\times C_{j14}+0.033\ 0\times C_{j15}+0.046\ 8\times C_{j16}+0.035\ 7\times C_{j17}+$

$0.0357\times C_{j18}+0.0533\times C_{j19}+0.0795\times C_{j20}$；

体系组织与管理创新绩效值 $Z(A_3)=0.0115\times C_{j21}+0.0065\times C_{j22}+0.0137\times C_{j23}+0.021\times C_{j24}+0.019\times C_{j25}+0.0144\times C_{j26}+0.0256\times C_{j27}+0.0151\times C_{j28}+0.0127\times C_{j29}+0.0127\times C_{j30}+0.0127\times C_{j31}+0.0127\times C_{j32}+0.0057\times C_{j33}$；

总绩效值 $Z(j)=Z(A_1)+Z(A_2)+Z(A_3)$

（三）制度创新绩效值评判标准的调整

一般情况下，按照（1 0.75，0.5 0.25）的评价标准评价创新绩效的高低，即绩效值落在 0.75 与 1 之间即为“优秀”，落在 0.5 与 0.75 之间即为“好”，落在 0.25 与 0.5 之间即为“合格”，小于 0.25 则视为“差”或者“不合格”。

《现代农业产业技术体系建设实施方案》规定：各功能研究室岗位科学家的重要工作职能在于从事产业技术发展需要的基础性工作，开展关键和共性技术攻关与集成；各试验站站长的重要工作职能在于开展产业综合集成技术的试验、示范，培训技术推广人员和科技示范户，开展技术服务[2]。鉴于两者工作重心的不同，本文认为各岗位科学家的创新绩效主要体现在农业科学研究与技术创新成果方面，各试验站站长的创新绩效主要体现在农业技术推广与服务方面。

因此，本文在评判标准上根据农业科学研究与技术创新指标 A_1、农业技术推广与服务指标 A_2 和体系组织与管理创新指标 A_3 相对于目标层的权重向量 $W=(W_{A1}, W_{A2}, W_{A3})=(0.4084, 0.4084, 0.1834)$ 略作调整：认为绩效值大于 0.59 即视为“优秀”，0.59 由 $1\times(0.4084+0.1834)$ 计算获得；小于 0.59 而大于 0.44 即视为“好”，0.44 由 $0.75\times(0.4084+0.1834)$ 计算获得；小于 0.44 而大于 0.29 即视为“较好”，0.29 由 $0.5\times(0.4084+0.1834)$ 计算获得；小于 0.29 而大于 0.15 即视为“合格”或“一般”，0.15 由 $0.25\times(0.4084+0.1834)$ 计算获得；小于 0.15 即视为“不合格”。

四、现代农业产业技术体系制度创新绩效综合评价指标体系的实证检验

根据已构建的现代农业产业技术体系制度创新综合评价指标体系，本文以××产业技术体系为例，基于该产业体系内人员的创新行为，对构建的综合评价指标体系进行了可行性的实证检验并对该体系内各科技创新微观个体的制度创新绩效进行了测算。

（一）数据来源及说明

由于本文旨在探讨一种基于科技创新微观个体行为综合评价现代农业产业技术体系制度创新绩效的方法，而且创新绩效的测算结果涉及行业机密，所以本文对研究的产业技术体系不加以明确指出。

所有的研究数据均来自 2008—2010 年对××产业技术体系内 6 个功能研究室的 23 位岗位科学家和 21 个综合试验站的 21 位试验站站长的充分调研和对其 2008—2010 年年终总结报告的统计。体系内人员为体系工作时间安排来自工作日志的统计，科研经费支出情况来自各单位财务部门的详细报表。科技成果数据来自实地调研结果和各岗位科学家及试验站站长的任务书考核指标完成报告的综合考虑。所有的研究数据真实可靠。其中，4，18，40，41，42，43，44 为自 2009 年起新增岗位。

（二）数据统计分析

（1）农业科学研究与技术创新成果。2008—2010 年间，该产业技术体系共通过新品种审定 36 个，累计获得新育种试验材料 840 份；申请和授权新技术发明 82 项；发表科学研究论文总计 781 篇，其中 SCI 收录论文 126 篇，一级学报收录论文 135 篇，其他核心期刊收录论文 520 篇；撰写和出版相关学术专著 105 部，主编学术著作 49 部，参编学术著作 56 部；制定生产技术规程、方案或企业生产标准总计 281 个；收集整理与建立相关农业科研与生产技术信息等数据库或资料档案 222 个（表 3）。

表 3　××产业技术体系 2008—2010 年农业科学研究与技术创新成果

农业科学研究与技术创新成果	2008 年	2009 年	2010 年	总计
新品种审定（个）	16	10	10	36
新育种试验材料（个）	189	566	85	840
新技术审定（项）	18	18	46	82
中试阶段新技术（项）	36	19	79	134
SCI 收录论文（篇）	24	45	57	126
一级期刊论文（篇）	43	35	57	135
其他学术论文（篇）	189	149	182	520
主编学术著作（本）	16	17	16	49
参编学术著作（本）	18	20	18	56
承担科研项目（项）	154	130	149	433
制定生产技术方案或规程（项）	143	69	69	281
建立与完善相关信息数据库（个）	50	106	66	222

横向比较而言，各科技创新指标总体呈逐年上升趋势，尤其在新实用技术发明与创新、高水准科研论文发表（SCI 与一级学报）、新育种试验材料收集与创造、与生产技术和产销相关数据库建立和完善等方面特别突出，笔者推断这可能是因为体系各项工作逐步走向正轨，体系相对稳定的科研经费支持、科研条件及设施的改善和体系内部沟通、交流与协作的日益加强为科学研究与技术创新营造了一个十分有利的科研氛围，并且体系的组织管理机制保证了立项研究的连贯性，形成了有效的技术积累，促进了科技创新能力的逐步提升。2008 年生产技术方案与规程制定明显多于 2009 年与 2010 年，则一方面是为了应对当年的特大冰冻灾害，以便积极开展抗灾救灾指导工作；另一方面是体系以加强科技成果转化为核心目标，在体系建立之初就将实用生产技术方案与规程的制定纳入了体系人员的基础性工作范围。

（2）农业技术推广与服务成果。体系建立三年来，体系所有成员累计开展田间指导和技术培训 3 649 次，培训指导 486 224 人，建立生产技术与产销信息等网站 17 个。全国各主产区累计引进和推广新品种 495 个，引进与试验示范实用生产技术 469 项，建立技术集成示范基地 30 多万亩，新品种与新技术累计推广辐射面积多达 548.86 万亩（表 4）。

从体系技术指导与培训总情况来看，体系每年人均开展田间指导与技术培训至少 22 次（2009 年），最多达近 40 次（2010 年），每年指导与培训生产一线技术骨干和产区农民及示范户 13 万人以上；从新技术新品种的试验示范与推广总情况来看，示范基地建设规模与辐射推广面积以较高的涨幅逐年增大，示范基地由 2008 年近 4.5 万亩增加到 2010 年近 18 万亩，辐射推广面积由 2008 年近 80 万亩增加到 2010 年近 370 万亩，对于提高农民生产素质，改造传统的生产技术与生产方式，增加该产业总的经济效益等方面起到了较好的科技支撑作用。

表 4　××产业技术体系 2008—2010 年农业技术推广与服务成果

农业技术推广与服务成果	2008 年	2009 年	2010 年	总计
田间指导与培训次数（次）	1 000	928	1 721	3 649
技术培训与咨询服务人数（人次）	137 673	137 980	210 571	486 224
技术与销售等信息网站建立与维护（次）	2	8	7	17
新品种累计引进与推广（个）	150	210	135	495
新技术累计引进与推广（项）	176	182	111	469
新建试验示范基地面积（亩）	44 864.5	82 502.9	182 161.3	309 528.7
新品种新技术辐射推广面积（亩）	804 338	1 022 500	3 661 779	5 488 613

（3）体系人员为体系工作时间安排情况。表 5 的数据表明，体系人员人均每年为体系工作 210 天以上，以全年有效工作日（除法定节假日外）250 天计算，分别占全年总有效工作日的

85.6%（2008）、84.8%（2009）和87.2%（2010）。

总体来看，体系人员时间分配情况波动不大，并且人均分配在科学与田间试验上的时间最多，平均每年56.62天；其次是产区实地考察和技术指导与培训，分别为平均每年36.11天和31.49天。最后是文献整理与科学研究（这里指撰写学术论文、著作、专利及课题申请报告、生产方案等）和技术咨询与服务，两者的时间大体持平。由此可见，体系人员在分配工作时间方面，遵循新品种新技术的研发和实用品种与技术的推广两条工作主线，较好地把握住了工作重心和方向。

表5 ××产业技术体系2008—2010年体系人员为体系工作情况

体系人员为体系工作情况（天）	2008年	2009年	2010年
人均为体系工作总天数	214	212	218
人均实地考察总天数	37.24	37.77	33.32
人均科学与田间试验总天数	57.78	50.34	61.75
人均文献整理与科学研究总天数	23.05	26.89	20.66
人均参加学术会议与交流总天数	27.03	36.75	28.71
人均技术指导与培训总天数	45.60	19.18	29.70
人均技术咨询与服务总天数	15.24	28.50	20.55

（4）体系科研经费开支情况。三年来体系实际经费支出总计7 249.76万元，其中功能研究室花费经费总计5 249.94万元，综合试验站花费经费总计1 999.82万元（表6）。其中，试验专用材料与设备购买支出最多，科学研究与试验支出其次，产区调研与指导的差旅支出再次，专利申请委托业务支出和会议交流支出最少。而且每年各项经费支出占当年总经费支出的比例大体持平，无明显波动。同样，从体系开展科技创新的工作重心来看，体系人员的经费投入也是较合理的。

表 6 ××产业技术体系 2008—2010 年体系科研经费开支情况

科研经费开支情况	2008 年	2009 年	2010 年
功能研究室实际经费总支出（万元）	1 467.79	2 213.09	1 569.06
综合试验站实际经费总支出（万元）	498.07	822.77	678.98
试验专用材料与设备购买支出占总支出的比例（%）	0.446 1	0.471 0	0.443 4
科学研究与试验支出占总支出的比例（%）	0.240 8	0.252 1	0.256 0
产区调研与指导的差旅支出占总支出的比例（%）	0.131 6	0.127 5	0.135 3
专利申请委托业务支出占总支出的比例（%）	0.087 0	0.066 4	0.077 5
会议交流支出占总支出的比例（%）	0.056 0	0.053 4	0.054 1

综合数据结果表明，三年来该体系人员在科技创新与科技推广方面取得了较大的成绩。这些成绩的取得与体系人员遵循新品种新技术的研发和实用品种与技术的推广两条工作主线，较好地把握工作重心和方向，以较大的时间投入和较合理的经费投入开展科技创新活动是密不可分的。

（三）××产业技术体系制度创新绩效测算与排序

采用加权平均型合成运算方法，可测算获得××产业技术体系 44 位岗位科学家和试验站站长 2008—2010 年的创新绩效值（表 7）。

将体系内各科技创新微观个体每年的综合绩效值排序，结果如表 8 所示。

数据结果显示：

(1) 总体而言，该产业技术体系内各科技创新微观个体的制度创新综合绩效值 Z（j）呈逐年递增趋势。其创新绩效值在 2008 年位于（0.16，0.43）之间，均值为 0.219 8；2009 年位于（0.15，0.37）之间，均值为 0.213 2；2010 年位于（0.17，0.35）之间，均值为 0.235 4，总体呈现逐年上升趋势，并且所

表 7　现代××产业技术体系 2008—2010 年制度创新绩效测算结果

次序 j	2008 年				2009 年				2010 年			
	Z（A_1）	Z（A_2）	Z（A_3）	Z（j）	Z（A_1）	Z（A_2）	Z（A_3）	Z（j）	Z（A_1）	Z（A_2）	Z（A_3）	Z（j）
1	0.125 4	0.096 5	0.071 3	0.293 2	0.054 8	0.086 4	0.063 8	0.205 0	0.073 1	0.103 7	0.081 0	0.257 8
2	0.155 2	0.129 4	0.066 1	0.350 7	0.162 4	0.059 9	0.0515	0.273 8	0.115 2	0.115 9	0.088 9	0.320 0
3	0.155 9	0.039 8	0.067 8	0.263 5	0.065 2	0.138 1	0.063 7	0.267 0	0.135 6	0.079 7	0.085 1	0.300 4
4					0.027 7	0.120 8	0.065 9	0.2144	0.082 8	0.078 4	0.084 7	0.245 9
5	0.107 2	0.052 0	0.071 9	0.231 1	0.066 5	0.072 6	0.064 8	0.203 9	0.097 4	0.055 6	0.078 0	0.231 0
6	0.172 9	0.180 6	0.075 9	0.429 4	0.065 1	0.107 0	0.066 2	0.238 3	0.127 9	0.088 2	0.085 1	0.301 2
7	0.106 7	0.185 8	0.075 5	0.368 0	0.108 6	0.190 9	0.0747	0.374 2	0.138 6	0.113 3	0.083 5	0.335 4
8	0.015 4	0.124 4	0.066 9	0.208 0	0.029 5	0.127 4	0.0748	0.231 7	0.092 7	0.117 9	0.083 3	0.293 9
9	0.057 7	0.094 4	0.076 5	0.228 6	0.084 0	0.072 3	0.0616	0.217 9	0.077 6	0.070 2	0.085 7	0.233 5
10	0.030 2	0.131 1	0.064 7	0.226 0	0.087 3	0.108 8	0.0830	0.279 1	0.071 4	0.050 9	0.090 5	0.212 8
11	0.100 7	0.062 6	0.071 9	0.235 2	0.063 5	0.057 2	0.063 3	0.184 0	0.094 8	0.055 8	0.080 4	0.231 1
12	0.142 5	0.098 6	0.067 9	0.309 0	0.132 6	0.038 7	0.063 4	0.234 7	0.141 6	0.048 9	0.080 6	0.271 1
13	0.086 3	0.029 0	0.069 2	0.184 5	0.058 0	0.040 0	0.065 2	0.163 2	0.072 0	0.045 6	0.085 6	0.203 2
14	0.118 3	0.026 5	0.065 8	0.210 6	0.081 4	0.083 0	0.065 0	0.229 4	0.090 0	0.056 0	0.079 5	0.225 5
15	0.082 2	0.063 6	0.070 5	0.216 3	0.020 4	0.082 4	0.071 3	0.174 1	0.106 9	0.051 0	0.084 8	0.242 7

（续）

次序 j	2008 年				2009 年				2010 年			
	Z（A_1）	Z（A_2）	Z（A_3）	Z（j）	Z（A_1）	Z（A_2）	Z（A_3）	Z（j）	Z（A_1）	Z（A_2）	Z（A_3）	Z（j）
16	0.061 3	0.109 3	0.066 2	0.236 8	0.029 2	0.083 8	0.065 8	0.178 8	0.074 7	0.071 4	0.078 9	0.225 0
17	0.115 1	0.021 2	0.075 1	0.211 4	0.086 9	0.029 3	0.043 9	0.160 1	0.095 3	0.062 5	0.096 4	0.254 2
18					0.025 8	0.064 9	0.071 2	0.161 9	0.061 0	0.064 5	0.071 2	0.196 7
19	0.088 8	0.018 8	0.073 4	0.181 0	0.0510	0.048 9	0.068 3	0.168 2	0.07 09	0.059 2	0.076 1	0.206 2
20	0.074 0	0.075 8	0.050 1	0.199 9	0.052 2	0.083 3	0.060 3	0.195 8	0.073 1	0.065 9	0.075 9	0.214 9
21	0.078 7	0.029	0.062 9	0.170 6	0.089 1	0.034	0.062 7	0.185 8	0.154 5	0.035 8	0.076 1	0.266 4
22	0.059 6	0.068 9	0.069 1	0.197 6	0.070 6	0.054 9	0.058 5	0.184 0	0.071 2	0.038 1	0.069 8	0.179 1
23	0.109 7	0.071 6	0.077 0	0.258 3	0.050 4	0.210 9	0.074 9	0.336 2	0.082 3	0.098 7	0.073 7	0.254 7
24	0.088 8	0.138 3	0.078 1	0.305 2	0.096 1	0.174 8	0.074 4	0.345 3	0.117 2	0.147 7	0.082 5	0.347 4
25	0.014 3	0.118 2	0.062 3	0.194 8	0.005 6	0.243 0	0.070 8	0.319 4	0.018 6	0.135 3	0.084 3	0.238 2
26	0.042 7	0.085 5	0.073 5	0.201 7	0.008 6	0.113 4	0.063 4	0.185 4	0.008 6	0.090 7	0.081 1	0.180 4
27	0.002 4	0.119 9	0.071 1	0.193 4	0.0131	0.127 2	0.072 6	0.212 9	0.008 6	0.152 7	0.082 9	0.244 2
28	0.009 7	0.165 2	0.060 0	0.234 9	0.003 8	0.211 6	0.072 8	0.288 2	0.020 7	0.194 0	0.085 3	0.300
29	0.028 3	0.144 5	0.058 2	0.231 0	0.019 1	0.197 9	0.059 0	0.276 0	0.037 0	0.223 8	0.082 7	0.343 5
30	0.027 9	0.086 9	0.067 8	0.182 6	0.0170	0.081 4	0.070 8	0.169 2	0.002 6	0.098 1	0.078 4	0.179 1

（续）

次序 j	2008 年				2009 年				2010 年			
	Z（A_1）	Z（A_2）	Z（A_3）	Z（j）	Z（A_1）	Z（A_2）	Z（A_3）	Z（j）	Z（A_1）	Z（A_2）	Z（A_3）	Z（j）
31	0.034 6	0.087 9	0.064 6	0.1871	0.027 1	0.110 9	0.068 1	0.206 1	0.026 4	0.072 5	0.075 1	0.174 0
32	0.030 2	0.085 5	0.069 9	0.185 6	0.004 4	0.070 7	0.076 1	0.151 2	0.006 8	0.088 8	0.079 2	0.174 8
33	0.028 6	0.127 8	0.070 5	0.226 9	0.0024	0.1100	0.072 5	0.184 9	0.024 8	0.071 7	0.081 2	0.177 7
34	0.104 5	0.073 8	0.062 8	0.241 1	0.015 7	0.080 2	0.071 9	0.167 8	0.046 9	0.101 7	0.073 9	0.222 5
35	0.017 1	0.065 8	0.072 8	0.155 7	0.005 1	0.132 0	0.062 7	0.199 8	0.053 4	0.097 3	0.075 2	0.225 9
36	0.004 9	0.110 0	0.054 4	0.169 3	0.008 0	0.099 9	0.043 9	0.151 8	0.010 5	0.078 9	0.080 1	0.169 5
37	0.038 6	0.087 0	0.074 5	0.200 1	0.054 8	0.111 0	0.063 6	0.229 4	0.057 0	0.104 2	0.081 0	0.242 2
38	0.035 9	0.088 5	0.072 3	0.196 7	0.004 4	0.076 8	0.072 9	0.154 1	0.007 4	0.078 6	0.080 2	0.166 2
39	0.005 8	0.111 9	0.073 6	0.191 3	0.002 1	0.104 7	0.072 8	0.179 6	0.003 3	0.102 8	0.082 6	0.188 7
40					0.014 3	0.094 4	0.072 6	0.181 3	0.012 5	0.121 7	0.090 5	0.224 7

（续）

次序 j	2008 年				2009 年				2010 年			
	Z（A_1）	Z（A_2）	Z（A_3）	Z（j）	Z（A_1）	Z（A_2）	Z（A_3）	Z（j）	Z（A_1）	Z（A_2）	Z（A_3）	Z（j）
41					0.014 6	0.122 8	0.049 0	0.186 4	0.011 8	0.121 4	0.074 0	0.207 2
42					0.005 0	0.126 6	0.060 6	0.192 2	0.015 9	0.140 1	0.075 5	0.231 5
43					0.015 6	0.087 8	0.065 0	0.168 4	0.031 8	0.093 6	0.074 5	0.199 9
44					0.013 6	0.090 2	0.065 8	0.169 6	0.016 7	0.107 6	0.088 1	0.212 4
均值	0.069 1	0.092 0	0.068 7	0.229 8	0.043 4	0.1037	0.066 1	0.213 2	0.062 3	0.092 1	0.081 0	0.235 4

注：Z（A_1）代表农业科学研究与技术创新绩效值，Z（A_2）代表农业技术推广与服务绩效值，Z（A_3）代表体系组织与管理创新绩效值，Z（j）对应第 j 个科技创新微观个体的制度创新综合绩效值。且 4，18，40，41，42，43，44 为自 2009 年起新增岗位。

有人每年的创新绩效值均达到“合格”标准。其中每年至少有1/3以上的人其创新绩效值超过平均值，2008—2010年创新绩效值达到“较好”水平的分别为6人、4人和8人。

（2）相比较而言，各科技创新微观个体的农业科学研究与技术创新绩效值Z（A_1）每年均有较大幅度波动。有的呈逐年递增趋势，如4，7，8，18，21，24，36，37等；有的出现先递增后递减趋势，如2，9，10，15，16，24等；有的则各年间变化不大，大体持平如12等；但是绝大部分都呈先递减后增加趋势。这可能是由于体系内开展的科学研究与技术创新大多都属于基础性研究，具有周期长、难度大和厚积薄发的特点，导致了创新成果的获得呈现出一定程度的周期性。

表8　现代××产业技术体系2008—2010年制度创新绩效值排序

次序j	名次（2008年）	名次（2009年）	名次（2010年）	次序j	名次（2008年）	名次（2009年）	名次（2010年）
1	6	19	11	15	18	33	17
2	3	8	4	16	10	32	25
3	7	9	6	17	19	41	13
4		16	14	18		40	35
5	13	20	21	19	34	37	32
6	1	10	5	20	24	22	28
7	2	1	3	21	35	25	10
8	21	12	8	22	25	28	38
9	15	15	19	23	8	3	12
10	17	6	29	24	5	2	1
11	11	28	22	25	27	4	18
12	4	11	9	26	22	26	37
13	32	39	33	27	28	17	16
14	20	13	24	28	12	5	7

（续）

次序 j	名次（2008 年）	名次（2009 年）	名次（2010 年）	次序 j	名次（2008 年）	名次（2009 年）	名次（2010 年）
29	14	7	2	37	23	13	15
30	33	35	39	38	26	42	44
31	30	18	42	39	29	31	36
32	31	44	41	40		30	26
33	16	27	40	41		24	31
34	9	38	27	42		23	20
35	36	21	23	43		36	34
36	35	43	43	44		34	30

（3）各科技创新微观个体的农业技术推广与服务绩效值 Z（A_2）总体呈现逐年递增的趋势。表明体系人员开展技术培训的规模逐年扩大，田间指导和试验示范次数逐年增多，由此带动的新技术新品种辐射推广范围逐年扩增。

（4）体系组织与管理创新绩效值 Z（A_3）则呈逐年明显上升趋势。表明各体系人员在工作时间合理安排和科研经费合理支出方面具有逐步改进的趋势。这可能与体系内各项工作逐步走向正轨，体系内人员经过三年的工作实践与摸索，逐渐熟悉体系的运作机制，逐渐明确自身工作亮点与重心有关。

（5）从排序结果来看，第 7，24，6，2，3，23，28，12，29 和 1 位连续三年均具有较高的创新绩效值，保持在前列，尤其是第 7 位连续三年名列前三位，第 24 位连续三年名列前五位，表明这十位体系人员投入到体系工作的时间和精力较多，在科技创新与技术推广方面的工作比较突出，取得的成绩也相对较大。同时，第 8，4，21，37，42，25，27，35，18，40，43 和 44 位的排序名次逐年上升，比较明显的是第 8 位和第 21 位，不仅以较大的幅度提升而且提升后跻身于前十列。而第 32，36，38 位则在这三年中几乎摆脱不了最后三位的排名，并且其绩效值刚刚达到“合格”标准，表明这三位人员今后的技术创新和推广工作还有待进一步加强。

五、结束语

国家现代农业产业技术体系的建设和发展是我国推进农业现代化进程中的一项重大制度创新和飞跃。前人对现代农业产业技术体系的研究主要集中在分析其建立的意义与内涵[3]、体系内部各部分之间的关系[4]、加强专项资金监管[5]和体系内部管理[6]等方面，还没有相关的定量实证研究报道。本文基于科技创新微观个体——各岗位科学家和试验站站长科技创新行为的角度构建了一套定量评价现代农业产业技术体系制度创新绩效的综合评价指标体系，为量化体系制度创新绩效提供了一个可供参考的研究思路。

参考文献

[1] 卢现祥．新制度经济学［M］．武汉：武汉大学出版社，2005，147.

[2] 农业部，财政部．现代农业产业技术体系建设实施方案［R］．2007.

[3] 涂立超，雷建华，伍新玲，等．我国现代农业产业技术体系建设与发展的思考［J］．湖北农业科学，2008，47（11）：1372－1374.

[4] 张鸿，龚万灼，彭建华．基于利益关系协调为重点推进现代农业产业技术体系建设——国家现代农业产业技术体系首席科学家首届工作会议侧记［J］．北京农业，2009（12）：7－10.

[5] 赖琰萍．现代农业产业技术体系建设专项资金管理有关问题及对策探讨［J］．农业科研经济管理，2010（1）：41－44.

[6] 王福军，吴志刚，于少新．加强管理促进现代农业产业技术体系建设——以中国农业大学为例［J］．科技管理研究，2010，29（6）：35－37.

国家现代农业产业技术体系制度创新与技术创新互动关系的实证研究

An Empirical Study on Interactive Relationship between Institutional Innovation and Technological Innovation of Modern Agricultural Industrial Technology System

苏小姗　祁春节

Su Xiaoshan　Qi Chunjie

摘　要　国家现代农业产业技术体系建设是我国提升农业技术创新能力和推进农业现代化的一项重大制度创新。本文从技术创新与制度创新互动关系的理论与实证分析角度出发，运用主成分分析法和面板数据模型 Panel Data 模型度量了体系制度安排创新与技术创新效率的互动关系。研究结果表明：体系的一系列制度创新举措，通过激励与约束微观个体技术创新行为，对农业技术创新具有正向促进作用；各微观个体为体系开展科技创新的工作效率和经费开支使用效率能显著影响其技术创新效率的高低；相较于时间安排合理程度而言，科研经费投入和使用效率的高低对于技术创新成果取得和技术创新效率大小的影响更为明显。提升体系技术创新效率的关键在于进一步优化体系的内在制度结构和完善体系制度安排实施的外部制度环境。

关键词　现代农业产业技术体系；制度创新；技术创

新；互动关系

Abstract The construction of modern agricultural industrial technology system is a significant institutional innovation to enhance our agricultural technological innovation ability and advance our agricultural modernization. Based on the theoretic and empirical study, this paper analyzed the interactive relationship between system's institutional innovation and technological innovation efficiency. The results show that a series of institutional innovation measures can spirit up and restrict system members'technological innovation actions and play a positive role in advancing agricultural technological innovation. System members'working time and research fund arrangement efficiency significantly influence system's technological innovation efficiency, and research fund arrangement efficiency has more apparent affect than working time arrangement efficiency. To enhance system's technological innovation efficiency, we should focus on further improving system's internal institutional framework and arrangement and perfecting its external institutional circumstance.

Key words modern agricultural industrial technology system, institutional innovation, technological innovation, interactive relationship

一、问题的提出

现代农业产业技术体系是我国在建设创新型国家和发展现代农业的大背景下提出的，其目的在于依靠科技进步突破资源和市场对我国农业可持续发展的双重约束，完善现有的农业科技创新体系，增强农业科技自主创新能力和农业综合生产能力。其建立的根本宗旨是聚集农业产业各环节的相关优势科技力量与资源，积极探索促进农业技术创新和科技体制改革的新机制。因此，深入研究国家现代农业产业技术体系建设 4 年多来，体系组织管理与激励约束机制创新对农业科技创新微观个体的技术创新行为影响如何，技术创新效率如何，以及如何完善体系制度结构安排，寻求提高产业技术体系技术创新效率和平衡农业制度创新与农业技术创新互动机制的最佳点具有十分重要的理论意义与现实意义。本文将从技术创新与制度创新互动关系的理论分析与实证分析的角度出发，对上述问题进行探讨。

二、农业技术创新与制度创新互动关系的理论综述

（一）马克思主义的技术创新决定论

如何明确理解制度创新与技术创新的互动关系一直是经济学界和社会学界十分困惑的问题。最早深刻认识到技术创新与制度创新之间关系的是马克思。在马克思的体系中，阶级斗争反映了经济制度的演进与生产技术进步之间的不断冲突。在他看来，科学技术属于生产力的范畴，生产力描述的是人与物的关系，技术创新的结果是生产力的进步与发展；制度则属于生产关系与上层建筑的范畴，制度创新主要表现为人与人的关系，制度创新的结果则是生产关系的变革[1]。因而马克思深刻地指出：是生产力（技术）决定了生产关系（制度），有什么样的生产力就必须要有相应的生产关系与之相适应。尽管马克思还强调生产方式的变化（技术创新）与生产关系的变化（制度创新）之间还存在着相互依存和相互促进的辩证关系，但他更相信是前者（技术创新）提供了社会组织变迁更为动态的力量。

（二）西方经济增长理论的观点

回顾西方经济增长理论的发展轨迹，其经历了从古典经济增长理论中的给定技术水平不变，到新古典经济增长理论中著名的“索洛命题”——“技术进步是经济增长永不衰竭的动力”观点

的提出，再到新经济增长理论中的将外生技术变量内生化的重大转变。我们不难分析发现：由知识积累或人力资本积累引起的技术进步对经济增长起决定作用的观点越来越明显和突出，而且技术因素在理论模型中也逐渐内生化。但是，所有的西方经济增长理论模型都将制度结构与制度变迁视为外生变量，认为制度创新对社会经济发展可能是重要的，但却无法说明制度创新对技术创新和经济增长的影响。换一个角度而言，西方经济增长理论肯定了技术创新对经济增长和制度创新的决定作用，却忽视了制度创新对技术创新和经济增长的影响。

（三）新制度经济学派的制度创新决定论

以诺斯为代表的新制度经济学派将制度因素内生化于经济增长模型，并且特别强调制度创新对技术创新起着优先根本性决定作用的观点。诺斯认为，技术创新与经济增长是同一回事，决定性的因素则是制度创新，经济制度的演变是人为降低生产的交易成本所作的努力，技术创新是人为降低生产的直接成本所作的努力[2]。知识和技术确立了制度创新的上限，要想有进一步的制度创新则需要知识与技术的增长；技术存量规定了人类活动的上限，而制度安排则决定了知识和技术的增长速度。知识存量的累计、技术的创新与进步以及产业革命的爆发，均是市场规模扩大和经济组织变更等一系列制度变迁的结果，只有制度的变迁才是历史演进的源泉。改进技术的持续努力只有通过建立一个能持续激励人们创新的产权制度以提高私人收益时才会出现。在研究西方世界的兴起时，诺斯通过解释荷兰和英国最先实现经济迅猛增长的原因也充分论证了制度创新对技术创新的决定性作用。他强调：西方近代科技革命的爆发和生产技术变革的突飞猛进是由有效率的经济组织制度安排决定的，而其核心则是西方经济社会私有产权的充分界定，是产权私有化这项制度变迁对技术创新活动激励效应的集中体现。有效率的制度创新能促进技术创新，而缺乏效率的制度创新则会扼制技术创新。

(四) 速水—拉坦的农业技术创新与制度创新互动关系论

著名农业发展经济学家速水佑次郎和弗农·拉坦在1985年将制度因素引入农业发展模型，提出了“诱致性技术—制度创新理论模型”，强调在任何经济组织中，资源禀赋、文化禀赋、技术与制度的相互作用都是决定农业发展的关键。农业技术进步带来新的收入流和要素相对价格的变化，引起社会经济关系的非均衡，从而为制度变迁创造了需求[3]。一般情况下，市场价格机制能够诱导技术创新需求者和追求利润最大化的创新企业实现供需双方的有效对接。在这种情况下，农业技术创新可以被更有效的诱导，进而产生更多的收入流，同时通过降低未来的不确定性，降低制度安排实施的交易成本，引致更为有效的制度变迁需求。

然而，农业公共技术创新大多具有的高风险性和创新成果非排他性、非独占性的特征，致使价格机制失去了应有的有效诱导作用。此时，要实现农业公共技术创新供给的有效诱导，就必须发挥组织与制度的激励作用。因为公共物品的供给产生于平衡不同利益集团对这些物品的供需的公共选择的政治过程，而诱致性制度变迁则恰恰产生于这些非均衡性所带来的获利机会[4]。在这种情况下，制度创新对技术创新的诱导作用则占据主导地位。

因此，具有公共物品属性的农业技术创新，一方面需要通过组织制度创新加强技术供需双方的有效对接，使得农业公共技术研发部门能对直接需求者的需求信号做出迅速反应；另一方面需要政府通过一系列激励政策的实施和组织管理制度的创新建立有效的技术创新诱导机制。

(五) 农业技术创新与制度创新互动关系论的简要评述

纵观技术创新与制度创新的互动关系理论，无论是“技术创新决定论”还是“制度创新决定论”，都建立在承认技术创新与制度创新双方相互决定的基础上，只是在“由谁决定谁”的问题上存在分歧。笔者认为，技术创新与制度创新关系的关键则应该侧重于深入研究技术创新与制度创新的互动机制，研究技术创新如何促进制度创新，又如何完善制度安排，从而为政府实施制度安排促进技术创新和社会经济发展提供理论依据。

我国的现代农业产业技术体系建设从本质上是促进农业产业技术创新的一种制度安排创新。这种制度安排创新源自各利益集团对创新潜在利润的追求和原有农业科技体系制度安排与技术创新之间矛盾的激化。技术创新与制度创新之间的互动关系一直是经济学界的研究热点。由于农业技术的公共物品属性引致的市场价格机制失灵使得农业技术创新与制度创新的关系更为复杂，一般认为组织制度安排创新对于农业技术创新的影响和决定作用更为明显。然而，从实证角度分析农业技术创新与制度创新互动关系的文献并不多见。本研究拟以我国现代农业产业技术体系为研究对象，基于体系各技术创新微观个体行为的视角，对体系的一系列制度安排如何促进微观个体开展技术创新展开研究和探讨。鉴于体系的多项制度创新举措都是直接作用于技术创新微观个体，并通过激励与约束创新微观个体的行为加以实施，以获取制度创新的潜在收益，本文试图通过主成分分析方法分别估算各微观个体的技术创新效率、为体系工作时间效率和经费支出效率，然后通过计量回归模型分析工作时间效率与经费支出效率对技术创新效率的影响，从而探索如何完善体系制度结构安排寻求提高产业技术体系技术创新效率的治理途径。

三、研究方法与数据来源

（一）变量选择

1. 现代农业产业技术体系创新微观个体技术创新效率指标 TIE

本文的研究思路是从微观角度来度量现代农业产业技术体系技术创新微观个体的技术创新效率。因此，选择将影响微观个体技术创新效率的各因素纳入一个指标体系中来衡量其技术创新效率，其包含的指标与含义如表 1 所示。这里，我们选取农业技术创新的广义概念，将体系微观个体的技术创新效率分为农业技术研发效率和技术推广效率两部分。农业技术研发效率用体系内各微观个体开展农业科学研究与技术开发的各项具体成果来衡量，农业技术推广效率则用其技术集成试验与示范推广取得的各项具体成果来衡量。

表 1　现代农业产业技术体系各创新微观个体的技术创新效率衡量指标及含义

一级指标	二级指标	指标细化	含义
农业科学与技术研究及开发	创新品种与技术	通过审定的新品种 X_1；获得的新育种试验材料 X_2；申请及授权的新技术发明 X_3；处于中试阶段的新技术 X_4	衡量创新个体技术研发效率
	学术论文与著作	SCI 或 EI 或 SSCI 收录的论文 X_5；全国一级学术期刊收录的论文 X_6；其他学术论文 X_7；主编的学术著作 X_8；参编的学术著作 X_9	
	其他研究成果	研究生培养情况 X_{10}；制定的相关产业生产技术方案或规程 X_{11}；建立的农业科研与生产信息数据库 X_{12}	
农业技术集成试验与示范推广	技术指导与服务	田间指导次数 X_{13}；技术讲座与培训次数 X_{14}；技术服务与咨询次数 X_{15}；技术信息网站建立及维护 X_{16}	衡量技术推广效率
	技术示范与推广	引进与推广的新品种 X_{17}；引进与推广的新技术 X_{18}；建立的示范基地面积 X_{19}；新品种新技术辐射推广面积 X_{20}	

2. 现代农业产业技术体系制度创新指标的衡量

现代农业产业技术体系一系列制度设计与创新的关键在于有效激励与约束体系创新个体的技术创新行为。基于体系创新个体技术创新行为的角度，本文采用创新微观个体为体系工作时间效率 WTE 和配置体系科研经费效率 FEE 来衡量体系的组织与管理制度创新效率。为了更全面、客观的评价现代农业产业技术体系各创新微观个体工作时间效率和科研经费支出效率，本文同样将其影响因素分别纳入一个指标体系中，通过主成分分析将其分别合成一个综合性评价指标来衡量，其包含的指标与含义如表 2 和表 3 所示。

表 2　现代农业产业技术体系各创新微观个体的工作时间效率衡量指标及含义

衡量指标	指 标 含 义
W_1	为体系工作总时间占全年有效工作日（250 天）比例
W_2	实地调研时间占总工作时间比例
W_3	科学试验与田间试验时间占总工作时间比例
W_4	文献整理与科学研究时间占总工作时间比例
W_5	会议交流时间占总工作时间比例
W_6	在产区开展的技术培训指导时间占总工作时间比例
W_7	电话咨询或网络咨询服务占总工作时间比例

表 3　现代农业产业技术体系各创新微观个体的经费开支效率衡量指标及含义

衡量指标	指 标 含 义
E_1	试验专用材料与设备购买占总开支比例
E_2	科学研究与试验费占总开支比例
E_3	产区调研与指导的差旅及燃料动力费占总开支比例
E_4	新品种新技术专利申请委托业务费占总开支比例

（二）数据来源

本文数据是笔者根据现代农业产业技术体系其中一个体系39位岗位科学家和综合试验站站长的工作总结和年度汇报整理而成。总结和汇报中缺失的数据由作者通过电话采访和 E-mail 咨询各岗位科学家与试验站站长获得。

由于数据的可获得性（现代农业产业技术体系建立于2007年底，距今时间尚短）和局限性（体系制度创新对微观个体行为的激励与约束作用难以全面地通过量化指标来衡量），本文选取39位创新个体在2008—2010年三年间的技术创新效率、工作时间效率和经费开支效率各具体衡量指标数据作为研究的基础数据。

（三）模型选择

为了研究现代农业产业技术体系制度创新与技术创新的互动关系，本文的思路是着重研究制度安排如何影响创新微观个体的行为进而影响其技术创新活动的开展和技术创新成果的获得。因此，以微观个体的技术创新效率值 TIE 为被解释变量，以工作时间效率值 WTE 和经费开支效率值 FEE 为解释变量建立如下实证模型

$$TIE = F\ (WTE,\ FEE) + \varepsilon_i$$

TIE、*WTE*、*FEE* 分别由其包含的若干具体的、可测度的指标变量综合测算而得，ε_i 为随机干扰项。

由于获得的基础数据包含个体、指标和时间三维信息，并且时间序列较短，截面数据较多，属于“短而宽”的面板数据，因此本文选取面板数据的计量模型 Panel Data 模型，并用具有面板结构的工作文件 Panel workfile 来进行分析。

Panel Data 模型的一般形式为

$$y_{it} = \alpha_{it} + x'_{it}\beta_{it} + u_{it} \quad (i = 1,\ 2,\ \cdots,\ N;\ t = 1,\ 2,\ \cdots,\ T)$$

表达 式说明的是因变量 y_{it} 与 $k \times 1$ 维解释变量向量 $x_{it} = (x_{1,it}, x_{2,it}, \cdots, x_{k,it})'$ 之间满足的线性关系，其考察的是 k 个解释

变量在 N 个个体和 T 个时间点上的变动关系。其中，参数 α_{it} 表示模型的常数项，β_{it} 表示对应于解释变量向量 x_{it} 的 k×1 维系数向量，u_{it} 为随机误差项，相互独立且满足零均值、等方差为 δ_{it}^2 的假设。

四、计量结果及解释

（一）主成分分析测算 TIE、WTE、FEE

为了消除各指标间的多重共线性问题，采用 SAS8.1 统计软件分别对用于衡量 TIE、WTE、FEE 的指标值经过标准化处理后进行主成分分析，从原来多个指标中提炼出一组较少不相关且对变异程度解释率高于 85%的主成分来代替原指标。其具体步骤为：第一，将样本数据经过无量纲化预处理后，计算相关矩阵 R；第二，计算矩阵 R 按大小顺序排列的特征值及其方差贡献率；第三，计算特征值对应的特征向量 α；第四，求特征值平方根以及与其对应的特征向量的乘积获得对应的因子载荷；第五，指标矩阵 X 与主成分特征向量 α 的乘积所得的列向量即为所求的综合评价指标值。

测算获得最终的评价指标值 TIE、WTE、FEE 如表 4 所示。

表 4 现代农业产业技术体系创新微观个体的技术创新效率值 TIE，工作时间效率值 WTE 和经费开支效率值 FEE

个体序号	FEE			WTE			TIE		
	2008	2009	2010	2008	2009	2010	2008	2009	2010
1	0.551 8	0.510 4	1.714 7	1.093 8	0.396 9	1.459 6	4.063 5	0.998 9	2.456
2	1.742 0	0.565 3	2.074 1	1.363 4	0.709 6	3.854 1	3.130 9	2.291 2	4.726 1
3	0.555 6	0.221 1	1.786 4	1.154 9	0.565 6	3.389 3	2.870 1	2.832 9	4.454 9
4	0.165 8	0.285 2	1.639 9	0.397 7	0.699 2	1.794 0	0.273 9	1.532 8	2.780 2
5	0.538 1	0.363 2	0.895 4	1.641 3	0.314 6	2.581 0	2.127 0	1.170 9	3.818 3

（续）

个体序号	FEE			WTE			TIE		
	2008	2009	2010	2008	2009	2010	2008	2009	2010
6	1.202 4	0.383 0	0.970 5	1.369 7	0.675 4	1.504 0	3.191 1	1.293 0	3.616 1
7	1.040 0	0.627 3	1.454 2	3.276 7	1.360 3	2.283 9	3.418 2	5.055 4	4.323 2
8	1.725 2	0.628 6	1.476 5	1.392 3	0.514 5	2.623 4	0.899 9	0.514 9	2.513 5
9	1.049 9	0.165 3	1.297 7	1.868 8	0.190 7	1.393 1	1.000 6	1.792 6	1.788 6
10	0.412 7	0.104 7	2.278 0	2.466 7	0.242 6	3.141 6	0.823 9	2.412 1	1.498 7
11	1.170 0	0.485 8	1.932 1	1.809 2	1.249 9	2.554 1	2.922 8	1.750 7	2.804 6
12	0.895 9	0.216 3	2.140 4	1.373 7	0.687 8	1.987 3	5.472 8	4.521 7	3.556 7
13	0.308 3	0.369 3	2.049 7	1.468 5	0.409 1	1.802 4	2.454 8	1.408 6	2.379 4
14	0.918 2	0.463 9	0.998 9	1.711 0	0.253 0	0.798 5	2.556 4	2.312 7	1.574 4
15	1.164 5	0.275 6	1.071 6	0.856 6	0.887 1	2.058 6	1.688 7	0.772 6	1.786 7
16	0.884 2	0.607 6	1.385 9	1.475 4	0.712 8	1.732 9	1.648 5	1.123 0	1.416 9
17	1.119 2	0.165 8	2.138 3	1.266 6	1.074 2	1.738 0	3.907 1	2.304 5	1.372 0
18	0.165 8	0.676 7	1.849 8	0.397 7	1.332 2	1.149 0	0.273 9	0.564 8	0.988 8
19	1.351 2	0.360 5	0.850 1	2.696 6	0.586	1.636 4	0.810 8	1.675 3	1.599 6
20	1.626 5	0.537 1	1.106 0	0.757 5	0.645 6	1.605 2	1.010 2	1.248 3	1.277 7
21	0.655 9	0.560 2	1.079 9	1.611 8	0.482 1	1.633 8	1.056 2	1.856 2	2.506 3
22	1.038 5	0.352 2	1.258 1	2.983 4	0.960 0	0.968 0	0.633	2.268 8	1.068 1
23	5.446 2	1.742 9	4.244 9	3.076 6	1.617 2	3.047 4	4.981 4	1.864 9	2.619 6
24	1.785 6	0.204 0	1.491 9	1.030 0	0.971 1	1.500 5	2.335 2	3.400 9	5.476 2
25	0.534 3	0.065 5	1.171 2	0.418 3	0.342 4	1.053 3	0.486 8	5.333 3	1.107 5
26	1.452 5	0.577 6	2.766 4	1.456 7	0.812 1	1.345 4	0.262 6	0.793 6	0.785 8
27	1.439 4	0.104 7	1.414 4	1.235 2	0.788 2	1.565 7	0.972 4	1.353 4	0.818 4
28	1.740 6	0.158 0	3.535 3	1.174 4	1.353 7	1.329 2	1.326 4	4.302 4	1.224 1
29	1.600 9	0.389 6	3.071 5	1.613 2	0.218 8	1.851 7	0.633 4	3.094 3	3.364 9
30	0.849 8	0.091 6	1.436 0	1.454 2	0.150 0	1.023 2	1.255 5	1.356 9	0.995 0
31	0.900 4	0.447 8	0.917 6	1.232 5	0.514 9	0.750 6	0.749 7	1.859 1	1.462 9

（续）

个体序号	FEE			WTE			TIE		
	2008	2009	2010	2008	2009	2010	2008	2009	2010
32	0.572 8	0.192 1	1.411 2	1.719 8	0.311 9	2.195 2	0.955 3	0.172 7	0.722 2
33	0.434 3	0.128 7	1.064 3	0.902 2	0.198 0	1.384 8	1.896 1	0.286 5	1.607 1
34	0.921 3	0.761 3	1.330 3	1.078 3	1.376 7	1.413 9	1.770 8	0.745	1.290 6
35	1.112 8	0.422 7	1.010 7	2.313 7	0.324 1	1.111 6	1.073 6	1.396 5	1.912 1
36	0.784 1	0.165 8	1.568 8	1.481 5	0.453 1	2.545 7	0.744 2	0.698 5	0.797 8
37	1.672 8	0.252 2	0.841 7	1.240 9	1.056 1	0.974 4	1.499 2	0.985 4	2.257 9
38	1.554 6	0.254 0	0.858 6	1.221 8	0.599 8	0.909 1	1.226 0	1.569 5	0.625 6
39	0.555 6	0.341 3	1.006 0	1.278 0	0.587 0	1.715 5	0.269 6	1.208 0	1.564 0

（二）Panel Data 模型正确形式确定

Panel Data 模型根据截距系数和斜率系数是否随着个体的不同而不同分为变参数模型（α_{it} 和 β_{it} 均随个体不同而不同）、变截距模型（β_{it} 为常数，α_{it} 随个体不同而不同）和不变参数模型（α_{it} 和 α_{it} 均为常数）。一般通过协方差分析检验来设定正确的模型形式，主要检验如下两个假设：

$$H_1: \beta_1 = \beta_2 = \cdots = \beta_N$$

$$H_2: \alpha_1 = \alpha_2 = \cdots = \alpha_N; \beta_1 = \beta_2 = \cdots = \beta_N$$

检验 H_2 假设的 F 统计量为

$$F_2 = \frac{(S_3 - S_1)/[(N-1)(k+1)]}{S_1/[NT - N(k+1)]} \sim F[(N-1)(k+1), N(T-k-1)]$$

检验 H_1 假设的 F 统计量为

$$F_1 = \frac{(S_2 - S_1)/[(N-1)k]}{S_1/[NT - N(k+1)]} \sim F[(N-1)k, N(T-k-1)]$$

式中　S_1——变参数模型的残差平方和；

S_2——变截距模型的残差平方和；

S_3——不变参数模型的残差平方和。

如果 F_2 统计值小于临界值，则接受 H_2 假设，认为样本数据符合不变参数模型。如果 F_2 统计值不小于临界值，则拒绝 H_2 假设，继续 H_1 假设。如果 F_1 统计值小于临界值，则接受 H_1 假设，认为样本数据符合变截距模型；反之，则拒绝 H_1 假设，选择变参数模型。

运用 Eviews6.0 软件分别求得统计量 F_1 和 F_2，F_2 等于 2.98 大于临界值 1.6，拒绝 H_2 假设，F_1 等于 1.33 小于临界值 1.6，接受 H_1 假设，将模型形式设定为变截距模型。为了进一步区分固定影响和随机影响，进行 Huasman 检验，根据 Huasman 检验结果最终确定采用固定效应变截距模型。

（三）固定效应变截距模型回归结果分析

运用 Eviews 面板工作文件对 39 个技术创新微观个体，在 2008—2010 年间，为体系工作时间及经费安排对其技术创新效率的影响进行了回归分析。为了消除模型的异方差，采用 Panel EGLS（Cross-section weights）加权估计方法。

表 5　固定效应变截距模型回归结果

解释变量	系数	标准误	t 值	Prob 值
WTE（为体系工作时间效率）	0.213 8	0.001 4	147.905 0	0.000 0
FEE（体系经费开支效率）	0.361 8	0.000 6	646.111 5	0.000 0
加权结果				
R^2			0.948 0	
Adj. R^2			0.920 6	
F 统计量			34.605 5	
DW 值			2.894 2	
未加权结果				

（续）

解释变量	系数	标准误	t值	Prob值
R^2			0.511 0	
DW值			2.921 6	

从模型整体检验来看，加权结果比未加权结果要好（表5）。R^2和Adj. R^2值均大于0.9，表明模型有很好的拟合度；F统计量等于34.605 5，大于其临界值$F_{0.05}$（3，35）=2.86，表明模型的线性关系在95%的置信水平下显著成立，通过模型总体线性显著性检验；DW值在2附近，说明模型不存在一阶自相关；同时解释变量的t检验结果表明解释变量均通过显著性检验。因此，可以认为模型具有较好的解释力。

根据模型回归结果，可以得出如下结论：

第一，该体系内各技术创新微观个体的技术创新效率总体呈逐年上升趋势，但个体间差异较大，并且从平均效率值的大小来看，其技术创新效率还具有较大的提升空间。

表4的数据表明：2008—2010年体系技术创新效率平均值分别为1.76、1.85、2.13，总体呈现递增趋势，这与体系内各微观个体从体系建立之初开展工作具有一定程度的盲目性到逐渐熟悉体系内各项具体工作、明确其工作重点以及农业技术创新自身具有的渐进性和累计效应是一致的。同时，体系内个体间的技术创新效率差异较大，最大值为5.47，而最小值仅为0.17，并且每年技术创新效率值高于平均水平的个体总数不足体系个体总数的一半。这可能一方面与创新微观个体自身的工作努力程度有关，与农业技术创新成果的取得需要厚积薄发的特点有关；另一方面，也与我国农村目前的实际情况和农民素质及其生产经营行为特征加大了技术创新成果转化与推广的难度有关。因此，大多数微观个体的技术创新效率还具有较大的提升空间，还需要在今后的工作中明确自身的工作职责，全心全意投入岗位工作，服务

于农民服务于产业，立足于解决生产实际问题加强原创性技术创新研究，加强技术创新成果的试验示范。

第二，各微观个体为体系开展科技创新的时间工作效率和经费开支使用效率能显著影响其技术创新效率的高低。

从模型回归结果来看，微观个体为体系开展科技创新的时间工作效率 WTE 和经费开支使用效率 FEE 均表现出对技术创新效率 TIE 统计上显著的正向影响。这说明各微观个体为体系工作时间越长、分配在农业基础科学研究与技术研发及推广上的时间越合理，技术创新成果越显著；其研究经费使用效率越高，技术创新效率越高。结果表明体系加强工作考核和经费监管能有效促进微观个体技术创新行为。

从影响程度来看，模型估计的经费开支使用效率 FEE 系数略高于时间工作效率 WTE 系数，表明科研经费投入和使用效率的高低对于技术创新成果的取得和技术创新效率的大小影响更为明显。推断其原因可能在于：首先，分子水平的农业生物技术研究以及多学科相互渗透的高新前沿技术研发是目前农业科技创新的重点内容和必然趋势，而开展这一类技术研究与开发的前提在于更为精密和高端的仪器设备与纯度更高和效果更好的试验试剂，因此需要大量的科研经费投入到试验专用材料与设备购买和科学研究与试验中去；其次，我国现阶段特有的生产经营行为特征与小农经济的生产经营方式在很大程度上制约了农业创新技术的采用，为了扩大技术推广范围和保障农民切实利益，需要向农户无偿提供新品种、新技术，无偿开展技术指导与培训，无偿印发种养技术培训材料等等，因而也需要大量经费投入作为支撑。

第三，国家现代农业产业技术体系的一系列制度创新举措，通过激励与约束微观个体技术创新行为，可以对农业技术创新起到正的促进作用。

模型结果表明，各创新个体为体系工作的时间安排和经费支出安排作为其技术创新行为的具体表现，其安排越合理，技术创新效率越高。现代农业产业技术体系的一系列制度创新举措如组织管理制度、监督考核制度、经费及人员保障制度等等，大多直接作用于各创新微观个体用来激励与约束其技术创新行为，可以对农业技术创新起到正向促进作用。因此，进一步加强体系组织结构与管理机制创新，提高激励与约束创新微观个体的技术创新行为的有效性，对于促进微观个体开展农业科技创新，提升技术创新效率具有十分重要的意义。

五、结论及启示

国家现代农业产业技术体系制度创新与农业技术创新的互动关系实证表明，其一系列制度安排创新通过促进各创新个体对工作时间和科研经费的合理配置，有助于建立有效的技术创新诱导机制，激励与约束体系内各岗位科学家与综合试验站站长及其团队成员的技术创新行为，实现农业技术创新效率的提升。相较于时间安排合理程度而言，科研经费投入和使用效率的高低对于技术创新成果取得和技术创新效率大小的影响更为明显。提升现代农业产业技术体系的技术创新效率的关键一方面在于进一步优化体系的内在制度结构安排，激励与约束各技术创新微观个体持续增强创新行为的有效性；另一方面在于完善体系制度安排实施的外部制度环境，降低外部环境对技术创新活动有效开展的阻碍作用。

因此，应该进一步优化体系监督与管理机构的组织结构，充分发挥其监管作用；完善体系在岗人员考核机制，加大考核力度，细化考核措施，建立明确的奖惩制度并落到实处；创新科研经费投入机制，加大经费支持力度，加快建立完备的资金监管体系；高度重视体系人员保障，切实推进人员保障制度建设。同时，还要营造有利的政策法规环境，注重科技政策的系统性与延续性，加大政策执行力度；进一步合理配置科技资源，提高资源利用效率；进一步推动农业经营制度改革，加快农村经营方式的转变，积极培育和扶持农民专业合作社；继续扩大农民职业教育和技术培训范围，切实提高农民科技文化素质，增加农业技术创新有效需求和提高创新技术采用率。

参 考 文 献

[1] 中共中央马克思恩格斯列宁斯大林著作编译局. 马克思恩格斯选集(第一卷)[M]. 北京：人民出版社，1995，108.

[2] 科斯，等. 财产权利与制度变迁——产权学派与新制度学派译文集[M]. 上海：上海三联店，1994，295-310.

[3] 拉坦 V. W. 诱致性制度创新理论科斯. 财产权利与制度变迁[M]. 上海：上海三联书店，1991，335.

[4] 速水佑次郎，拉坦. 农业发展的国际分析[M]. 北京：中国社会科学出版社，2000.

自然灾害和市场灾害对我国柑橘生产行为影响的对比分析
——基于自然实验法

Comparative Analysis of the Impact of Natural and Market Crisis on Citrus Grower Behavior
—Based on Natural Experiment Method

李志平　祁春节
Li Zhiping　Qi Chunjie

摘　要　本文将湖北某柑橘主产区 2007—2011 年连续五年的柑橘生产行为作为一个自然实验，根据实地调研的 354 份问卷，对比分析这五年来，自然灾害和市场灾害对柑橘生产行为的影响。研究结论显示：(1) 冻害等自然灾害增加了劳动投入而降低了资本投入，从细化比例上看，则是降低了在化肥、农药、长期用工上的投入比例，增加了在其他直接投资和采摘搬运用工的比例；(2) 市场灾害则同时降低了橘农对劳动和资本投入，从投入比例看，肥料、农药、短期投入用工支出的比例，而增加机械灌溉支出、长期投入用工和采摘运输用工投入的比例；(3) 果树数量受到自然灾害的影响大于市场灾害，而对土地流转的影响趋势相同。

关键词　柑橘；自然灾害；市场灾害；种植行为；实证

Abstract　Citrus product behavior in the main producing areas during five consecutive years (2007—2011) may be expected natural experiment and suit for natural experiment method. Based on 354 household survey questionnaires, the paper comparatively analysis the impact of natural and market crisis on citrus grower behavior. The results show that: (1) Frost damage increases labor resource and decreases capital resources; (2) market damage both decrease the labor and capital; (3) Frost damage has more effective on the number of fruit trees than market crisis, and land transfer policy have the same effect by two crisis.

Key words citrus, natural damage, market crisis, grower, empirical

与自然科学不同的是，经济等人文学科无法对研究对象给以实验性处理，因此常常难以得到精确的量化数据来为政策的实施提供指引。近年来，在经济管理领域，逐步兴起一种自然实验方法，来增加经济分析的有效性。具体方法是：借鉴自然科学的对照实验方法，采用实际发生的事件，比如自然灾害和市场灾害，作为外生变量，对比分析灾害发生前后微观个体特征的变化，并从这个变化中得到政策评估或者政策启示。本文就采用这种方法，使用连续五年实地调研的 354 份问卷的数据，对比分析自然灾害和市场灾害对柑橘生产行为的影响。以便采取针对性的措施，缓解自然灾害和市场灾害对我国柑橘产业的冲击，提升我国柑橘产业的综合能力。

一、湖北某柑橘主产区的自然灾害和市场灾害状况分析

本文的研究对象——湖北某柑橘主产区（下文简称 D），气候四季平和，降水丰富，土壤肥沃，柑橘种植历史超过千年。近十年的柑橘种植面积和产量，都得到了较大规模的提升，种植柑

橘有33万亩，2010年的产量已经达到3亿kg，柑橘产业初步形成规模，成为当地的主要经济作物和当地的主导产业之一。种植的品种大多是温州蜜橘，以兴津、龟井等品种为有名，具有皮薄、形好、味美的特点。在近五年的调研中，沿途总是可以看见连片的柑橘种植，尤其是成片的没有结果的幼龄树，大都郁郁葱葱，长势喜人，每年都有所增加。果树均得到相当优良的维护，地上的杂草、树的行距、间种均精致有序，通风良好，霉叶病较少。由于柑橘自身的成长特性和市场脆弱性，自然灾害和市场灾害成为影响当地柑橘产业的重要因素，甚至是决定性因素。

（一）柑橘产业遭受到自然灾害状况

由于柑橘是一种典型的亚热带果树，干旱和冻害一直是影响柑橘种植及其产量的最主要因素之一。一般的温州蜜橘，低于−7℃时植株即可遭到冻害，而气温下降到−11℃以下时出现毁灭性的冻害；若土壤中水分含量小，则会根系发育不良，生长缓慢，成熟期推迟，甚至直接导致柑橘无果现象发生。

1. 冻害。我国的低温冻害发生周期短、频率高。有资料显示，我国南方地区在1450—1979年共出现了79个柑橘冻害年份，平均每十年有1.5个。当地冻害比较典型的年份是2008年。2008年的低温灾害是全国性的。单湖南常德石门县2.94万hm^2柑橘园，其中2.13万hm^2受灾，枯枝死树3.6万株，全县柑橘将减少产量13万t，减少收入1.4亿元。在D区，同样遭遇30年一遇的持续大雪和低温天气，柑橘遭受严重冻害。在这个冻灾的过程中，有6.4万亩果园受灾，某镇新建立起来的800亩柑橘基地里面的柑橘几乎全部冻死，D区总共有3 800亩柑橘绝收。除此以外，当地也常常遇到一些小的低温冻害，比如，在2009年11月份和12月份，三次大雪降温天气，使得采摘和交通运输不便，进而影响了柑橘销售，但经过柑橘产业相关人员的共同努力，降低了这类低温冻害对柑橘销售和生产的影响，因而不具有代表性。

2. 干旱。就我国整体而言，我国是世界上13个贫水国之一，本身就缺水，在柑橘成熟的8～10月份，正好是柑橘果实膨大的关键时期，对水分的要求很高，缺水干旱使得不少地方损失惨重。2006年，重庆遭遇自1891年有气象记录以来最严重的特大干旱，夏旱连伏旱。全市农业受旱灾影响的区（县、市）达40个，柑橘总面积17.2万hm^2，受旱面积16.7万hm^2，占总面积的97%，其中基本绝产绝收的占总面积的30%，死树死苗450万株，约6 333.3hm^2，损失达5亿元。D区最典型的干旱年份是2011年。从2011年春节开始一直到6月23日的一场小雨为止，D区经历135天无降水的极端干旱。据调研人员的目测，当地80%的柑橘已经落果，调研中发现，部分柑橘农户的果园绝收。

（二）柑橘产业遭受到的市场灾害状况

随着我国柑橘产业市场化和国际化的进程加快，市场灾害对我国柑橘产业的影响，主要从两个方面展开：一是柑橘产品的价格；二是柑橘种植中所投入的农资产品价格。虽然农资产品价格的暴涨严重冲击了柑橘产业，橘农用不起、不敢用化肥农药，曾经几次成为当地柑橘生产的重要问题，但是，相比较而言，柑橘产品（当地主要是柑橘鲜果）的市场价格剧烈变动形成的市场灾害影响更大。

在2008年底发生的柑橘“蛆虫”事件导致的市场价格暴跌是一个典型的市场灾害。这次市场灾害使得好于往常年份的柑橘产品价格一落到底，柑农损失巨大。到2008年12月底，橘农以每千克0.10～0.40元的低价向客商出售柑橘，但还有大量柑橘在树上没有采摘（因为采摘和运输的成本大于销售价格），或者采摘后卖不出去导致霉烂，被当成垃圾倾倒在路边。整体看来，在2007年，柑橘种植收入最高是25万元，最低是0元（柑橘树还没有结果），户均柑橘销售收入是1.878万元；在2008年，户最高柑橘销售收入是10万元，最低收入是0元（柑橘没有销售出去），户均收入是0.862万元，有两户因小树开始挂果2008年的柑橘销售收入超过2007年，其他户均远远不及2007年，个别农户的下降幅度超过500%。柑橘销售未超过1 000元的农户超过10%。

二、自然灾害和市场灾害对柑橘生产行为影响的实证分析

出现自然灾害和市场灾害，当地橘农会对这次灾害采取应对性的措施，从而形成不同的柑橘生产行为。根据自然实验方法，通过对灾害发生前后橘农种植行为的变化，可以实证分析这些灾害对柑橘产业的影响[1]。根据第一部分的分析，首先在2007、2008、2009、2010和2011年五年的实地调研数据（由于调研是暑假调研，因此问卷中的实际时间需要前移一年，即本文实际的调研数据是2006—2010年）选择自然灾害（2008年初的冻害和2011年的干旱）、市场灾害（2008年年底的“蛆虫”事件对柑橘鲜果的重要冲击）作为事件，分析事件前后橘农生产行为的变化。由于2008年春天的冻灾直接反映在2008年的种植行为中，2008年针对2006和2007年的变化就应该反映出冻害的影响程度；而2008年底的市场灾害发生时，柑橘鲜果已经上市，生产行为不能调整，因此2008年的市场灾害影响的是2009年的柑橘种植行为，因此，可以用2006、2007和2010年的对比数据来说明市场灾害对柑橘种植行为带来的影响。

（一）数据来源和指标说明

本文采用的数据，均来自作者连续5年（2007—2011年），使用基本相同的问卷，在D区进行的实地调研所得。有效问卷是354份，其中，2006、2007、2008、2009和2010年分别有6份、41份、92份、136份和79份。相关的指标说明如下：

第一，生产行为。描述柑橘生产行为，可以使用生产函数。依据生产函数，将柑橘果园总产出作为产出，将劳动、资本、土地、技术作为要素投入。显然，劳动、资本、土地和技术的投入增加，有助于柑橘产出的增加。

第二，劳动投入。在柑橘生产中的劳动投入。生产中的劳动投入按照用工时间（日）乘以当地当年雇佣工资的平均值得到。用工时间主要包括如下几个部分：项目、耕整地、施肥、灌溉、田间管理、采摘、育苗移植、疏花、疏果、剪枝、运输和其他生产性用工等方面的投入时间。

第三，资本投入。资本投入分为种苗费、农家肥、化肥（氮肥、磷肥、复合肥之和，或者是壮果肥、还阳肥之和）、农药、地膜、耕畜使用、排水灌溉、农机、燃油、棚架、技术培训和其他直接费用等方面的支出。

第四，土地投入。使用转包土地面积来表示生产中土地投入的变化。

第五，其他变量。主要包括果树的数量、橘农的年龄、橘农的文化程度、人口规模、柑橘鲜果的平均价格、柑橘种植的户均利润等。

（二）自然灾害和市场灾害对柑橘农户生产行为的影响

在D区，自然灾害和市场灾害对柑橘生产行为影响，可以从表1中看出。在表1中的第一列为2006年的数据，当时调研的农户只有6户，且大都是种植能手或者大户，因此，整体看来，有别于其他几列的数据，比如，平均年龄是35.17岁，家庭平均规模是2.17人，果园利润是27 316.24万元，这些数据都是在五列中最大。所以，相对而言，农村的种植大户要年轻一些、家庭人口要少一些、户均利润要高一些。

表1　自然灾害和市场灾害对柑橘种植行为的影响

年　份	2006	2007	2008	2009	2010
年　龄	35.17	44.66	47.70	49.42	49.56
文化程度	3.00	2.68	2.67	2.68	2.72
家庭人口（人）	2.17	4.20	4.24	4.35	4.52
果树数量（株）	4 933.33	1 569.71	821.96	1 084.26	1 329.70

（续）

年　份	2006	2007	2008	2009	2010
柑橘平均价（元/千克）	1.36	1.16	0.4	0.66	1.02
雇佣工资（元）	30.00	31.71	34.90	50.50	56.43
劳动投入（元）	11 542.50	5 946.07	7 162.15	5 710.77	6 640.92
资本投入（元）	15 157.93	5 629.39	3 494	3 900.00	5 740.43
土地投入（元）	3.33	8.54	4.68	2.20	2.41
柑橘销售收入（元）	54 016.67	23 765.85	6 008.04	21 895.96	30 484.18
果园利润（元）	27 316.24	12 190.39	7 162.15	5 710.77	18 102.83

注：表中的数据均是当年农户数据的平均值。果园利润＝果园总收入－资本投入－劳动投入，柑橘的平均价是将每户柑橘销售收入除以销售量后再进行数学平均。平均价为元/kg。果树的数量为株。文化程度，小学以下为1、小学为2、初中毕业为3、高中毕业为4、其他为5，计算平均值。土地投入是指转包面积（亩）。

资料来源：调研数据的整理。

冻害的影响可以从2007年和2008年的对比数据中看出（2007年为基准年），发生了冻害后果树的数量急剧下降，从户均1 569.71株下降到821.96株，下降了47.64%，资本投入下降了37.94%。原因可能是农户对柑橘种植的资本投入主要是以“见树给肥”的方式改革，果树数量的减少导致化肥和农药的使用量下降，另外，农机、燃油和棚架可以采用“拆东墙补西墙”的方式，从而进一步下降了资本的投入。但是这必然要增加劳动投入，进一步使得劳动的工资上涨（劳动工资上涨了10元/小时），总的劳动投入增加了20%。另外，冻害也使得土地流转的速度下降了，从2007年的8.54亩/户，下降到了2008年的4.68亩，下降了45%。

市场灾害的影响使用2007、2009和2010年的数据进行对比分析（以2007年为基准）。与2007年相比，柑橘果树的数据，虽然经过2008年的大幅下降后，有所回升（从户均821.96株上升到了 1084.26 株)，但是仍然低于 2007 年 30.93%，到了 2010 年，果树的数量已经与 2007 年相差只有 15.29%。从这里可以看出，市场灾害对柑橘产业，并没有发生“砍树”的现象，相反橘农种植的热情仍然是存在的，但是在 2010 年数据中反映大约有 68%的农户不再扩大种植面积。与 2007 年相比，2009 年的资本和劳动投入都下降了，分别下降了 30.72%和 3.96%，考虑到劳动工资上升了 59.27%，实际的劳动时间投入下降了 40%，即发生了市场灾害后，劳动时间下降了 40%，资本投入下降了 30.73%。2010 年与 2009 年相比，资本投入增加了 47.19%，劳动投入增加了 16.28%，市场灾害后的柑橘劳动投入和资本投入的反弹速度较快，并不能很好地解释 2009—2010 年劳动投入和资本投入反弹转快。

（三）自然灾害和市场灾害对柑橘生产中的资本和劳动影响的进一步分析

在生产行为中，劳动和资本的投入无疑占据了非常重要的位置。为了更准确把握自然灾害和市场灾害对柑橘生产行为的影响，分析柑橘种植户如何调配自己的资源，有必要将柑橘生产所用的劳动投入和资本投入进行细化处理。具体是将劳动用工分为三个方面和资本投入方面分为五个部分[2]。劳动投入分为：一是长期投入用工（项目、育苗移植和耕整地）；二是短期投入用工（包括田间管理、疏花、疏果、剪枝、施肥、灌溉等）；三是采摘运输用工（包括采摘、运输、搬运及其他用工等）。资本投入分为五项：一是种苗费支出（从中部分看出种植户的生产信心）、二是肥料支出（包括农家肥和化肥支出之和）；三是农药支出；四是机械灌溉支出（包括地膜、耕畜使用、排水灌溉、农机、燃油、棚架、技术培训等支出之和）；五是其他直接支出[3]。通过计算劳动和资本的各组成部分占劳动和资本投入中的百分比及其变化情况，可以进一步分析自然灾害和市场灾害对柑橘生产中的资本和劳动影响，详见表 2。

在表2中，变化最大的种苗费支出比例。在2006年，种苗费支出占劳动和资本投入比重的30.29%，在2007年只有5.51%，在2008年初的雪灾后，补种和更新树苗，种苗费仍占到劳动和资本总投入的0.63%，但是经过2008年底的市场灾害后，2009年只有0.08%，到2010年种苗费在劳动和资本投入中的比重基本上看不见了。换言之，与2007年相比，种苗费占劳动和资本总投入的比重，冻灾之年下降了一个数量级，市场灾害后又下降了一个数量级。对照表1知，与2007年相比反映出，冻灾和市场灾害后，农户开始使用自我繁殖的树苗，开始有意识抛弃市场型柑橘种苗的更新和新增。这虽然降低了当前的成本，并可以及时补充种苗，但是却为后期的柑橘产业的稳定埋下隐患。

表2　自然灾害和市场灾害对柑橘生产中的资本和劳动影响（%）

年　份	2006	2007	2008	2009	2010
种苗费	30.29	5.51	0.63	0.08	0.00
肥料支出	13.59	23.21	6.12	18.60	25.96
农药支出	6.97	10.12	1.66	6.45	10.96
机械灌溉支出	5.92	8.67	6.45	14.45	9.09
其他直接支出	0.00	0.16	34.56	0.02	0.01
长期投入用工	9.74	8.66	4.70	35.90	8.23
短期投入用工	17.61	30.25	20.45	6.82	32.81
采摘运输用工	15.88	13.42	25.43	17.68	12.94

注：将劳动投入和资本投入之和进行单位化处理后，劳动投入和资本投入的各个部分所占的比重。工价是劳动时间乘以当地平均雇佣工资。

资料来源：调研数据计算所得。

在冻害中，肥料和农药在劳动和资本投入中的比重都下降了，这与表1的分析一致，农户使用的是按照株树来施肥和喷洒农药，种植数量的减少，肥料和农药的比重必然减少，但是冻灾却使得农户不得不拿出其 34.56%的资源用在其他直接支出，而在 2007 年这项费用几乎为 0。结合采摘运输用工支出的增加（从冻灾发生前的 13.42%上升到冻害后的 25.46%），得出在冻灾修复过程中，农户的主要应对措施是增加其他直接投入和增加采摘运输用工投入，却相对减少化肥、农药和长期投入用工、短期投入用工的数量。

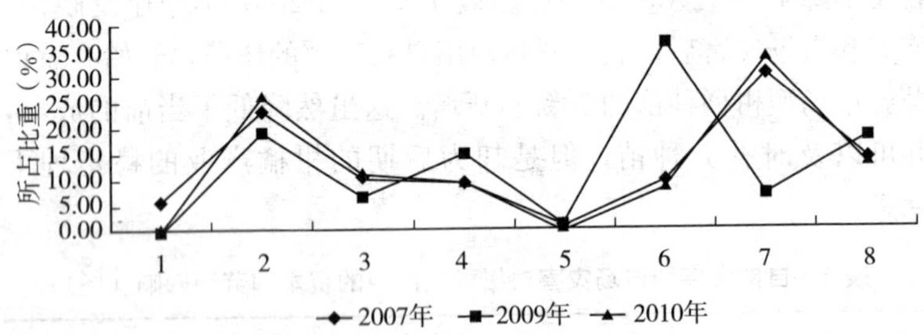

图 1　市场灾害对柑橘生产行为的影响

资料来源：1～8 分别代表表 2 中的种苗费、肥料支出、农药支出、机械灌溉支出、其他直接支出、长期投入用工、短期投入用工、采摘运输用工。

在市场灾害的前后，对比 2007、2009 和 2010 三年的数据。在表 1 中，2007 和 2010 年的数据保持惊人的一致性，详见图 1。在图 1 中，除了种苗费支出和肥料支出略有不同外，其他数据基本上是重合的。如果保持柑橘生产技术在短期不变，那么，从这里可以得到，市场灾害的危害期为 1 年。因此研究市场灾害的基准年份，无论选择 2007 年还是 2010 年是无差异的。下面就以 2009 年和 2010 年两年的对比来继续分析市场灾害对柑橘生产行为的影响。市场灾害对柑橘生产行为的影响，除了种苗费外，主要体现在：减少肥料、农药、短期投入用工支出的比例，而增加机械灌溉支出、长期投入用工和采摘运输用工投入的比例。

三、结论与对策建议

根据2006—2010年连续五年的数据，采用自然实验方法，对D区的柑橘生产行为进行了研究。研究结论显示：①冻害等自然灾害增加了劳动投入而降低了资本投入，从细化比例上看，则是降低了在化肥、农药、长期用工上的投入比例，增加了在其他直接投资和采摘搬运用工的比例；②市场灾害则同时降低了橘农对劳动和资本投入，从投入比例看，肥料、农药、短期投入用工支出的比例，而增加机械灌溉支出、长期投入用工和采摘运输用工投入的比例；③果树数量受到自然灾害的影响大于市场灾害，而对土地流转的影响趋势相同。

根据本文的结论，自然灾害和市场灾害的应对政策，应该从如下几个方面展开：

第一，大力增加财政等外部投入。因为无论是自然灾害还是市场灾害，都体现在橘农应得收入的下降，进而降低了柑橘生产中的资本投入[4]。随着资本投入缺口的加大，未来一段时间柑橘的产量和质量都因而会受到影响。一般来说，增加橘农的资本投入，可以继续使用以化肥、农药等实物形式或者以货币形式的补贴，但是需要充分利用金融资源，增加橘农灾害后的融资能力，能够尽快熨平灾害对生产行为的冲击波动。

第二，强化针对性的教育培训。无论是自然灾害后增加的其他直接投入和采摘搬运投入，还是市场灾害后的机械灌溉支出、长期投资支出的增加，都需要进行谋划和设计精巧的实施程序。而在本文的研究目的地，平均教育水平还不到初中，在这种教育水平下，即便是橘农找到了相应的谋划方案和实施程序，也难以贯彻下去[5]。因此必须增加针对性的教育培训。具体包括三个方面：一是知识的普及，可以采用走到田间地头、赠送书籍等方式进行；二是集中培训；三是增加农户获取信息的平台，比如手机短信。

第三，增加适宜性的技术。虽然近十年来，柑橘体系在处理冻害和市场灾害有了不少的成功经验，但是，如何防治柑橘树的冻死、防治病虫害，以及应对市场灾害的专门技术集还非常小，不足以应对。为此，一要增加高校等科研机构研究的针对性，加强产学研的结合；二要增加对适宜性技术的鼓励；三是要形成能够筛选技术适用性的工具或者指标。

参 考 文 献

［1］李树森，张世伟．财政扶持政策对西部地区农民参加新农村合作医疗的影响——基于自然实验的研究途径［J］．西北人口，2010（6）：35-39.

［2］李志平，祁春节．新农村建设中组织生产力研究［J］．生产力研究，2010（5）：61-63.

［3］李志平．柑橘消费为何望风而逃?［J］．世界农业，2009（2）：12-16.

［4］满志敏．历史时期柑橘种植北界与气候变化的关系［J］．复旦学报（社会科学版），1999（5）：72-77.

［5］周亚洲，徐兆林，周利，等．湖南柑橘灌溉现状及节水栽培技术研究［J］．湖南农业科学，2010（19）：46-48.

The Analysis of Technology Progress and Production of Chinese Citrus Fruit

Wang Xiaoyin Li Yuhong Qi Chunjie

Abstract This paper has figured out the output elasticity values of input factors of Chinese production using the model of widespread C - D production function and the input-output data of Chinese citrus fruit in recent 20years. They are the output elasticity of capital, that of labor and that of planting land. And their values are respectively 0. 31, 0. 27 and 1. 52. Furthermore, this paper has figured out the average rate 4. 165%of science and technology and the contribution rate 49. 73% of science and technology through the formula deduced by total factor production and used to figure out the progress of science and technology. According to the research, this paper has ended up with some constructive recommendations.

1. Introduction

Chinese citrus fruit industry has got an important position in Chinese fruit industry and global citrus fruit industry. In order to improve the competitiveness of Chinese citrus fruit, Chinese government and the experts of Chinese citrus fruit have done much work to research the technologies about citrus fruit and further widely spread. Unfortunately, nobody has systematically figured out the effect of technology progress on Chinese citrus fruit production, nobody has done further research on the input and output of Chinese citrus fruit production as well as the allocation of factor input either. However, by computing the concrete values of the effect of technology progress in recent 20 years, we could correctly estimate the true effect of the science research and technology transfer in improving the development of citrus fruit production, as well as the importance of the input of science and technology of citrus fruit industry, in addition, according to the position and effect of citrus fruit industry in agriculture economy, we could make scientific decision on the input of science and technology of citrus fruit in the future. Further more, by researching the relationship of input and output of citrus fruit and the current status of the allocation of factor input, we could learn of the rational degree of the factor input of Chinese citrus fruit production, then suggest for improving the usage rate of agricultural resources of Chinese citrus fruit and the benefit of input and for increasing the citrus fruit producers' income.

2. The Deduction of the Computing formula of Science and Technology Progress

There are several choices to compute the rate of science and technology progress. This paper has used the variation of total factor productivity to gauge the science and technology progress. So-called total factor refers to all the producing factors input within a period of time (one year for example)[1], so TFP (total factor productivity) could be written as:

$$TFP=\frac{Q}{Q_C} \quad (1)$$

Q is the Output index, Q_C is the cost index.

Then the variation of TFP could be figured out,

$$\frac{d\ln(TFP)}{dt}=\frac{d\ln Q}{dt}-\frac{dQ_C}{dt} \tag{2}$$

The production factors, in Chinese citrus fruit production, mainly include planting square (S), total capital (K) and total labor input (L). Thus, total factor input could be

$$C_T = Q_C P_C = P_S S + P_K K + P_L L \tag{3}$$

P_C, P_S, P_K, P_L respectively represents total cost price, land price, capital price and wage rate S, K, L, respectively represents Chinese planting square S, Chinese capital input and Chinese labor input in citrus fruit production P_C, P_S, P_K, P_L, S, K and are all function of t, So, from equation (3), the variation of total factor could be

$$\frac{d\ln Q_C}{dt}=\frac{P_S S\frac{dS}{dt}+P_K K\frac{dK}{dt}+P_L L\frac{dL}{dt}}{P_S S+P_K K+P_L L} \tag{4}$$

Substitute (4) into (2), we could reach the computing formula to compute the science and technology progress rate (PR) as the following:

$$PR=\frac{d\ln(TFP)}{dt}$$

$$=\frac{d\ln Q}{dt}-\frac{P_S S\frac{dS}{dt}+P_K K\frac{dK}{dt}+P_L L\frac{dL}{dt}}{P_S S+P_K K+P_L L} \tag{5}$$

The prices of the land used to plant citrus fruit in China and the capital of citrus fruit input as well its price are not certain, So equation (5) can't be used to compute the progress rate of science and technology of Chinese citrus fruit, and further deduction necessary.

The cost implication of the output elasticity of input factors was revealed and the following equation was proved to be correct by Zhou Fang[2] that is stated as the following:

Elasticity of input and output of factor given output level equals to the factor expenditure of unit production divided by marginal cost, that is to say, OEC (output elasticity of cost) could be figured out as:

$$OEC=\frac{\text{average cost}}{\text{marginal cost}}$$

Thus, the elasticity formulas of Planting Square α, Capital β and Labor γ respectively are:

$$\alpha=\frac{P_S S/Q}{C_M\ (Q)}=\frac{C_{AS}\ (Q)}{C_M\ (Q)} \quad (6)$$

$$\beta=\frac{P_K K/Q}{C_M\ (Q)}=\frac{C_{AK}\ (Q)}{C_M\ (Q)} \quad (7)$$

$$\gamma=\frac{P_L L/Q}{C_M\ (Q)}=\frac{C_{AL}\ (Q)}{C_M\ (Q)} \quad (8)$$

The sum of the elasticity of mentioned factors equals to the output elasticity of the cost, that is to say.

$$\alpha+\beta+\gamma=\frac{C_T/Q}{C_M(Q)}=\frac{C_A(Q)}{C_M(Q)} \quad (9)$$

C_{AS}, C_{AK}, C_{AL} respectively represents the land cost of unit production. The capital cost of unit production and the labor cost of unit production when the total output is Q. C_M (Q) is the marginal cost when the output is Q, C_A (Q) is the average cost when the total output is Q.

Substitute equations (5), (7), (8) and (9) into equation (5), the following result comes out:

$$\frac{d\ln\ (TFP)}{dt}=\frac{d\ln\ (Q)}{dt}-\frac{P_s S\frac{ds}{dt}+P_K K\frac{dk}{dt}+P_L L\frac{dL}{dt}}{P_s S+P_K K+P_L L}$$

$$=\frac{d\ln Q}{dt}-\left(\frac{C_{AS}}{C_A}\times\frac{d\ln S}{dt}+\frac{C_{AK}}{C_A}\times\frac{d\ln K}{dt}+\frac{C_{AL}}{C_A}\times\frac{d\ln L}{dt}\right)$$

$$=\frac{d\ln Q}{dt}-\left(\frac{a}{a+\beta+\gamma}\times\frac{d\ln S}{dt}+\frac{\beta}{a+\beta+\gamma}\times\frac{d\ln K}{dt}+\frac{\gamma}{a+\beta+\gamma}\times\frac{d\ln L}{dt}\right) \quad (10)$$

Transform the input-output formula of production $Q=F(S, K, L, t)$, then.

$$\frac{d\ln Q}{dt}=\frac{\partial\ln F}{\partial t}+\frac{\partial\ln F}{\partial\ln S}\times\frac{d\ln S}{dt}+\frac{\partial\ln F}{\partial\ln K}\times\frac{d\ln K}{dt}+\frac{\partial\ln F}{\partial\ln L}\times\frac{d\ln L}{dt}=\frac{\partial\ln F}{\partial\ln K}+\alpha\frac{d\ln S}{dt}+\beta\frac{d\ln K}{dt}+\gamma\frac{d\ln L}{dt} \quad (11)$$

Substitute equation (11) into equation (10) . Then,

$$\frac{d\ln(TFR)}{dt}=\frac{\partial\ln F}{\partial t}+\left(1-\frac{1}{a+\beta+\gamma}\right)\times\left(\alpha\frac{d\ln S}{dt}+\beta\frac{d\ln K}{dt}+\gamma\frac{d\ln L}{dt}\right) \quad (12)$$

Equation (12) is just the decomposing formula of the factor of Science and technology progress, another way of saying smart progress-a kind of narrowly defined technology progress, the second item is the effect of scale economy related to the variation of production scale.

3. The Input-output Regression Model of Chinese Citrus Fruit

3.1 The Choice of Model and Its Hypothesis

From equation (10), it's obvious that if it's expected to figure out the progress rate of the science and technology of Chinese citrus fruit, the output elasticity of planting square, the output elasticity of capital and that of labor must be first figured out. Having been balanced, the below widespread model of C - D production function is chosen to compute each output elasticity of Chinese citrus fruit.

$$Q = AS^{\alpha}K^{\beta}L^{\gamma}e^{\mu} \tag{13}$$

Take logarithm of the above equation, then,

$$\ln Q = \ln A + \alpha \ln S + \beta \ln K + \gamma \ln L + \mu \tag{14}$$

Q represents the total output of Chinese citrus fruit, S represents the total planting square, K represents total material expenditure of Chinese citrus fruit and L represents total labor of Chinese citrus fruit, μ is the random item, A is a constant.

For the convenience of computing and analysis of building the model, the following hypotheses are necessary:

① As we only collected the data of material cost of concrete input cost of Chinese citrus fruit $P_K K$, and for the feasibility of equation (10), the price of capital input must be supposed to be constant, thus,

$$\frac{d\ln K}{dt} = \frac{d\ln P_K K}{dt}$$

② Suppose there existed invariable input-output elasticity of each input factor during 1989 - 2006. It's obvious that's impossible, but we suppose it's true and the variation is treated as a random to reach our purpose.

③ The effect of each input factor of Chinese citrus fruit is independent it's obvious they affect each other, they have somewhat multicollinearity. By the test of relativity, there was strong relativity between planting square and material expenditure of Chinese citrus fruit, this kind of relativity interfered the computing to some extent. If the interference is not so prominent, it will be left alone.

④ Suppose the synthetic effect of all production factors on

the output of Chinese citrus fruit equals to the sum of their separated effect. Others unchecked are usually invariable or uncontrolled; their effect on the output of Chinese citrus fruit could be indicated by the constant of this model.

⑤ Suppose, at the time series, there are not effects of weather variation, frozen weather, flood disaster and drought disaster on the output of Chinese citrus fruit, in fact, the weather impacts it much. But there is not complete data of disasters of citrus fruit by now, they consequently can't be dealt with in the model though it's true that doing like that will impact on the accuracy of the computing.

⑥ The ages of the citrus fruit trees and their breed difference will not be considered when we build the model and analyze the issues.

3.2 The Processing and Collection of Data

The data of total planting square and total output of Chinese citrus fruit during 1989 - 2006 come from Chinese Rural Statistic Yearbook, the data of labor and total material expenditure come from The Combination of the Data of National Cost-Benefit of Agriculture Production The following should be notified: first, the data of labor and total material expenditure are just official and typical investigation data, not true national ones, but they can basically reflect the concrete situation; second, the data of material collected is $P_K K$ in, it can be substituted by K To be more convenient, $P_K K$ will be always substituted by K . The certain data can be shown as the table below.

Table 1 The Input and Output of Chinese Citrus Fruit in 1989 - 2006

year	Total output	Planting square	Total Material cost	Labor cost
unit	10^4 t	10^3 hm^2	10^4 yuan	10^4 day
1989	456. 11	938. 6	632 049	138 397
1990	485. 49	1 061. 2	702 493	134 348
1991	633. 25	1 122. 9	679 383	127 522
1992	516. 01	1 087. 3	755 179	125 355
1993	656. 1	1 125. 7	804 898	102 833
1994	684. 45	1 123. 94	718 788	104 662
1995	822. 2	1 214. 25	102 782	92 963
1996	845. 66	1 279. 74	132 067	93 293
1997	1 010. 2	1 309. 17	125 117	104 079
1998	859. 04	1 270. 34	118 492	111 415
1999	1 078. 71	1 282. 87	111 342	87 421. 2
2000	878. 31	1 271. 68	112 893	83 358. 6
2001	1 160. 7	1 323. 67	135 668	87 163. 7
2002	1 199	1 404. 6	214 695	128 100
2003	1 345. 37	1 505. 7	244 522	158 776
2004	1 495. 83	1 627. 3	266 584	151 632
2005	1 591. 91	1 717. 3	186 707	82 250
2006	1 789. 83	1 814. 5	205 348	127 432

3. 3 Compute the Input-output Elasticity

Fitting equation (14) while using SAS software and the data in table1 to compute, the standard regression and multi-regression results can be shown as the table below (Table 2) .

Table 2 Regression Values of Input-output Coefficient of Chinese Citrus Fruit Production in 1989 - 2006

Variable	parameter	Estimated value	t value	Pr > | t |	Standard value
In*A*	constant	−5. 358 12	−3. 00	0. 009 6 **	0
lnS	α	1. 522 46	4. 58	0. 000 4 **	0. 643 27
ln*K*	β	0. 310 73	2. 48	0. 026 3 *	0. 351 62
ln*L*	γ	−0. 265 75	−2. 38	0. 031 8 *	−0. 135 39
F Value=118. 64, Pr > F (p value=0. 001) R−Square : 0. 962 2 Adj R−Sq: 0. 954 0					
LM test of series correlation: Obs* R−square 2. 617 8 (p value=0. 105 665)					
WHITE test of heteroscedasticity: Obs* R−squared 4. 643 898 (p value=0. 590 227)					

Notification: ** indicates significant differences at p<0. 01, * indicates significant differences at p<0. 05.

Thus, the following input-output model comes out from Table 2.

$$\ln Q=-5.358\ 12+1.522\ 46\ln S+0.310\ 73\ln K-0.265\ 75\ln L \quad (15)$$

As F value=118. 64 and Pr>F is less than0. 000 1, so the hypothesis Ho: $\alpha=\beta=\gamma=0$ is ejected , It's accepted that the planting square, material expenditure and labor cost of Chinese citrus fruit and Chinese total output of citrus fruit have prominent logarithm linearity to each other, that is to say, the model is rational and efficient At the same time, each value, on condition of

Pr > | t |, of each elasticity value is less than 0.05, it indicates that a single input factor has prominent logarithm linearity to the total output of Chinese citrus fruit.

The result of LM statistics testing series correlation indicates that Obs* R-square is 2.617 893 and its Probability 0.105 665 is more than 0.05, that implies residual error series would be flat noise series, so the hypothesis that the series doesn't have self-correlation could be accepted.

The result of testing heteroscedasticity WTITE indicates that Obs* R-squared is 4.643 898, its probability 0.590 227 is more than 0.05, so the hypothesis of homoscedasticity could be accepted.

The above analyses can prove the model has met all the mathematical requirements.

The accurate fitting error rate of model (15) is only 6.45%, figure 1 indicates the comparison of the true value and fit value of the output of Chinese citrus fruit.

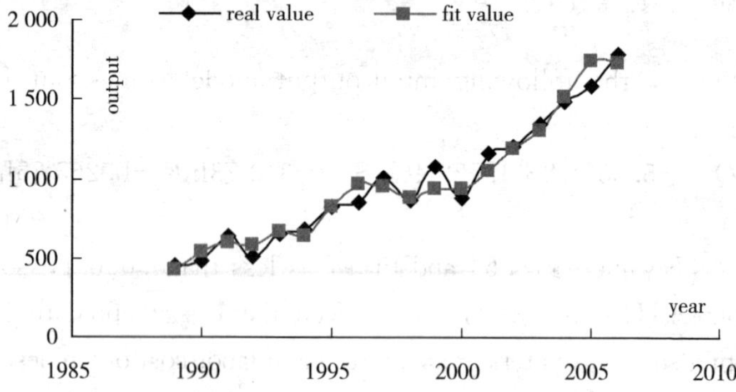

Figure 1 The comparison of the true value and fitting value of the output of Chinese citrus fruit

4. Compute Chinese Citrus fruit Contribution Rate of Science and Technology

4. 1 The Average Growth Rate of the Total Output of Chinese Citrus fruit

Suppose,

a= {Total Output of Chinese Citrus fruit in 1989}

b= {Total Output of Chinese Citrus fruit in 2006}

And r is average growth rate of Chinese Citrus fruit, then

$$b=a\ (1+r)^{17} \qquad (16)$$

It' s easy to figure out the average growth rate (r) of Chinese Citrus fruit during the years from 1989 to 2006.

r=0. 083 742

4. 2 Computing the Contribution of Science and Technology

Suppose $\Delta t=1$, the differentiation of equation (10) becomes difference, that is to say, the computing formula of progress of science and technology of Chinese citrus fruit becomes the following

$$\delta=\Delta \ln Q-\left(\frac{\alpha}{\alpha+\beta+\gamma}\Delta \ln S+\frac{\beta}{\alpha+\beta+\gamma}\Delta \ln K+\frac{\gamma}{\alpha+\beta+\gamma}\Delta \ln L\right) \qquad (17)$$

The progress rate of science and technology of each year could be figured out through equation (17), then the average rate could be figured out and the average progress rate of science and technology could be mδ=0. 041 645 294 in 1989－2006.

Further more, the contribution rate of smart progress and the contribution rate of scale economy effect respectively are 14. 32%, and 35. 389%.

5. Conclusion and Discussion

From the above research, the following mathematical and economical conclusions could be easily drawn.

(1) Table2 indicates that αequals to 1. 522 46 (standardization coefficient is 0. 643 27), $\beta=$ 0. 310 73 (standardization coefficient is 0. 351 62), and $\gamma=$0. 265 75 (standardization coefficient is 0. 135 39), that indicates the principal factor impacting on the output of Chinese citrus fruit is planting on the next is the input of material expenditure. The Output elasticity is negative; it implies that labor input has negative effect on the output of Chinese citrus fruit. This matches up Chinese real status of citrus fruit production.

(2) As $\alpha+\beta+\gamma=1.564>1$, when each factor increases by 1%, the total output of Chinese citrus fruit will increase by 1. 564% , this indicates expanding the scale of production could lead to more scale economy benefit without any technological change. In fact, given the average contribution rate of science and technology during 1989—2006, the 35. 3895%, 71. 6% of the total contribution of science and technology, this has revealed the importance of scale economy effect on increasing the output of Chinese citrus fruit in recent 20 years, simultaneously, it's proved that there is still a large climbing space of the production scale of Chinese citrus fruit.

(3) From the ratio of input and output, although 1% of material input could lead to the increment of 0. 310 735% of the output of Chinese citrus fruit, this input also suffered from deficit for the cheap unit price. If compute as the unit price of 2yuan per kilo, the input-output level in 2006 as an example, 1yuan of material expenditure just brought out 0. 54 Yuan of benefit.

Therefore, only citrus breeds are improved to increase the sale price, can the input of material expenditure well work on expanding the production scale.

(4) Chinese citrus fruit has developed on the basis of expanding Planting Square and intensive lands. It's obvious that the square of Chinese citrus fruit increased 93.32% by 3.95% every year during the 18 years from 1989 to 2006, the total output of citrus fruit increased nearly 3 times. According to the analysis, besides the contribution of the progress of science and technology on total output, the continuous increment of planting square dedicated to the increment of total output of Chinese citrus fruit. Also 2006 as example, $1hm^2$ of square increment brought out 15.0176 ton of total output.

(5) Chinese citrus fruit is extensive. It' s proved by the negative increment elasticity of labor. Science open-up and reform, lots of farm workers flew to cities, and the wide rural areas lacked strong labors. Even worse, the following generations nearly never experienced farming from their births to adults. Thousands of years of the view, paying much attention to industry but little to agriculture, urged them to leave their homestead. So, the following phenomenon emerges that the input is continuously decreasing though the total output is increasing. While without more labor input as well as limited level of industry feeding agriculture, Chinese citrus fruit production will continuously confront from the reality of extensive production.

(6) The average contribution rate of science and technology was 49.73% in 1989 – 2006 which surpassed the average level of national planting, it basically matched the reality. In order to improve the global competitiveness of Chinese citrus fruit, Chi-

nese government has strengthened relevant researches including planting technology, breed improvement, package and storage, marketing management etc. . In 2007, citrus fruit became one of the 12 priority crops. And China continuously attracted batches of outstanding research workers; they did much for the output increment.

According to the research, the following are the authors' recommendations:

First, the government should continuously to increase input. For one thing, it can improve citrus breeds to improve the meat quality; for the other thing, more input can accelerate the research on processing material and processing technologies; in addition, science and technology can help to resist insect disasters, freezing, draught to increase unit production.

Second, the government should enact relevant policies to urge eligible western provinces to expand Planting Square to build economical forests. This can increase the output and at the same time to increase the employments.

Third, the government should sooner build citrus fruit database, build complete marketing channels, strengthen market guide, and build market cooperation mechanism to form the integration of production, supply and sales.

Reference

[1] Kanji, Yoshioka. Sources of total factor productivity [J] . Keio Economic Observatory, 1994 (5): 187 - 203.

[2] Zhou Fang. The Hypotheses Related to Invariable Benefit of Scale Economy and the Computing of the Output Elasticity of Production Factors

[J] . Econometric Research, 1995 (6) .

[3] Zhu Xigan. The Analysis Methods and Applications of Agricultural Technology Economics. China Agricultural Press, 1997.

[4] Zhu Xigan. The Computing Methods of the Contribution of Technological Progress of Chinese Agriculture. China Agricultural Press, 1997.

[5] Qi Chunjie, Den Xiuxin. The comparison of Chinese and American Citrus Fruit Industries. World Agriculture, 2000, (3) .

[6] Crook, Frederick W. An Assessment of Shan Dong Province's Vegetable Situation, unpublished trip report, 2003, (11) .

[7] Food and Agriculture Organization of the United Nations. FAOSTAT Online Database, 2005, (11), accessed at http: //faostat. fao. org.

[8] Gale, Fred, and Robert Collender. New Directions in China's Agricultural Lending, WRS - 06 - 01, U. S. Department of Agriculture, Economic Research Service, 2006, (1), accessed at http: //www. ers. usda. gov/Publications/WRS0601/.

[9] Hu, Dinghuan. Case Study of Food Safety in China, China Academy of Agricultural Sciences, unpublished manuscript, 2005a.

[10] Hu, Dinghuan. Personal communication to authors, December 2005b. Huang, Sophia Wu. China Increases Exports of Fresh and Frozen Vegetables to Japan, VGS - 292 - 01, U. S. Department of Agriculture, Economic Research Service, August 2002, accessed at http: //www. ers. usda. gov/publications/vgs/aug02/vgs292—01/.

[11] Lohmar, Bryan, and others. Drought Mitigation Practices and Horticultural Production in China, unpublished trip report, U. S. —China Scientific Exchange Program, 2003, (11) .

[12] The Nikkei Weekly. "China hit by charges of tainted veggies," Japan: Nihon Keizai Shimbun, Inc. , 2002, 10 (7) .

交易成本对农户农产品销售方式选择的影响
——基于对柑橘种植农户的调查

The Impact of Transaction Costs on Rural Households' Selection of Marketing Model of Agriculture Products
—Based on the Investigation of Rural Households Planting Citrus

宋金田　祁春节
Song Jintian　Qi Chunjie

摘　要　基于交易成本理论，利用对湖北省宜昌市柑橘种植农户的调查数据，通过建立 Logistic 模型，本文重点分析了交易成本对农户柑橘销售方式选择的影响。研究结果表明，交易成本是影响农户农产品销售方式选择的重要因素，其中，反映信息成本的是否了解柑橘市场行情变量、反映谈判成本的农户对中间商报价公平程度的看法变量对农户选择自行销售方式有显著的正向影响；反映信息成本的是否通过中间商了解柑橘价格变量、反映谈判成本的自行销售同等级柑橘相比于通过中间商销售的销售价格差异变量、反映执行成本的农户到最近农产品市场的距离变量对农户选择自行销售方式有显著的负向影响；另外，户主受教育程度、家庭是否有成员从事非农产业这两个反映个体特征的变量对农户选择自行销售方式也有显著的影响，且其影响方向为正。

关键词 交易成本；销售方式；柑橘；湖北省

Abstract According to transaction cost theory and using the data of rural households planting citrus located in the city of Yichang, Hubei province, this paper analyses the impact of transaction costs on rural households' selection of marketing model of citrus fruits by building Logistic model.. The results show that, transaction costs have significant effects on citrus farmers' selection of sales model of citrus fruits. The variable reflecting information cost of whether farmers understand the market quotation or not, and the variable reflecting negotiation cost of whether the selling price which is given by brokers is justice or not, have significantly positive effects on citrus farmers' selecting the mode of self-selling. Meanwhile, some other variables have apparently negative effects on it, such as the variable reflecting information cost of whether farmers get the price information through mediators or not, the variable reflecting negotiation cost of the difference between selling price of self-selling and purchasing price which is given by brokers whilc selling the same grade citrus fruits, and the variable reflecting execution cost of the distance from the nearest market. Furthermore, the variables reflecting households' characters such as education degree of head of household and whether there are family members working in nonagricultural sectors also have significant effects on citrus farmers' selection of sales model.

Key words Transaction Costs, Selection of Marketing

Model，citrus，Hubei

一、引　言

经过 30 多年的改革，中国农产品流通方式已经从过去以供销社为主体的单一流通格局发展为多元化、多渠道、多层次的流通网络。而随着农村家庭承包经营的推进和农产品流通体系市场化的深化，“小农户”和“大市场”之间的矛盾日益突出，农产品流通体系存在着绩效低下、交易关系不稳定等一系列问题，农产品流通不畅已经成为制约农业经济发展的重要因素。完善农产品销售渠道，对于降低农户市场销售风险，提高农户的生产积极性和经济收入，满足城乡居民的农产品消费需求，促进农业的持续发展具有重要的作用和意义。

近年来，在农户农产品销售方式选择的影响因素方面，国内外学者已做了不少研究。Poole 等（1998）对西班牙水果种植农户的研究指出，农户面临的来源于价格和付款的不确定性是影响农户销售方式选择的主要因素[1]。Berdegue et al.（2006）对墨西哥石榴种植农户的研究指出，农户所拥有的固定资产的数量及农户所处的地理位置是影响小农户生产的石榴能否进入超市等渠道的主要因素，而种植规模、户主受教育程度及是否参加专业合作组织则对农户选择石榴销售方式不具有显著影响[2]。Balsevich et al.（2006）对尼加拉瓜番茄种植农户的研究指出，农户拥有的固定资产数量和是否参加农民合作组织是其番茄能否进入现代超市的关键因素[3]。郭红东、蒋文华（2005）的研究指出农户农业生产的专业化、商品化程度、农产品类型、农产品目标销售市场以及政府支持对农户参与订单农业的行为具有不同程度的影响[4]。周曙东、戴迎春（2005）的研究则指出，户主年龄、养殖规模、非农就业情况和地区差异等因素对养殖户销售渠道的选择有重要影响[5]。这些研究为研究农户农产品销售方式选择提供了多元化的视角和理论基础，不过，上述研究主要侧重于分析生产者和生产的社会经济特征对农户农产品销售方式的影响。Pingali（2007）指出，农户在竞争条件下选择某种销售方式面临着各种约束，这不仅因为进入市场需要必要的物质投资，还因为存在着与农产品市场相关联的交易成本[6]。交易成本理论为研究农户选择不同销售方式的影响因素和理解农户选择某种销售方式的内在原因提供了一个较好的视角。因此，本文将侧重分析交易成本对农户农产品销售方式选择的影响。

柑橘是中国种植面积最大和产量最多的水果之一。近年来，中国柑橘产业发展迅速，2009 年中国柑橘总产量达 2 506 万 t，超过巴西的 2 045 万 t，成为全球柑橘产量最大的国家。同时，随着柑橘产量的增加，由于柑橘具有上市期集中、不易保鲜等特性，柑橘生产与销售之间的矛盾日益突出，柑橘滞销现象时有发生，柑橘种植农户“增产不增收”的现象逐渐出现，严重影响了他们的生产积极性和生产投入，也影响了柑橘产业的健康发展。柑橘销售难的问题在中国大多数果蔬类农产品中具有代表性，因此，本文以柑橘为例，分析交易成本对农户农产品销售方式选择的影响。

二、理论综述与文献回顾

（一）交易成本的界定

交易成本的概念最早由 Coase（1937）提出。Coase 认为，在一个无摩擦的经济中，交易不会发生，而现实经济中任何交易都会产生成本，即交易成本[7]。一般认为，可以将交易成本定义为一系列制度成本，包括信息成本、谈判成本、签订及实施契约的成本、监督执行的成本。Coase（1960）把交易成本归纳为发现价格的成本、谈判和签订合同的成本以及保证合同履行的监督成本[8]。黄少安（1995）将 Coase 对交易成本的分类归结为两类：建立市场制度所需的交易成本和执行交易过程所需的交易成本[9]。弗鲁博顿和芮切特（2006）则把交易成本分为合约的准备成本、决定签约的成本以及监督成本和合约义务履行成本[10]。而实际研究中被广泛采用的交易成本的分类则来自于 Williamson（1986，1993）的研究[11,12]。Williamson 从资产专用性、交易频率和不确定性 3 个角度来刻画并度量交易成本，并把交易成本分成交易前的信息成本、交易时的谈判成本、交易后的执行成本 3 类。其中，信息成本产生于为完成某项交易获得价格信息和产品信息的成本以及搜寻合适交易对象的成本，而获得价格信息的成本又取决于获得价格信息的难易程度和价格本身的不确定性程度（Hobbs，1997）[13]；谈判成本是实际达成某项交易的成本，包括委托成本、交易条款达成的成本和正式起草合约的成本；执行成本是确保交易一方遵守交易条款所耗费的成本，Jaffee 和 Morton（1995）把执行成本划分为甄别成本和转移成本[14]。此外，还有学者在实证研究中把运输成本纳入了交易成本的范畴，例如 Renkow（2004），Alene（2008）等[15,16]。

（二）农产品销售方式的界定

农产品销售方式是指农产品通过一系列相互依存的组织或个人从生产领域转移到消费领域的途径、过程以及相互关系（齐文娥、唐雯珊，2009）[17]。在现阶段，中国的农产品销售方式呈现多元化态势，在不同地区，不同农产品的销售方式存在很大差异，结合本文的研究范畴，本研究涉及的农产品销售方式主要有：

1. “农户＋消费者”。农户通过零售市场或沿街贩卖将农产品销售给个体消费者，交易双方在交易时间、交易价格、交易地点等方面都没有事前约定，交易是随机的、一次性的，交易充满了不确定性。这种销售方式的特点是单次的销售量小，运输成本较高。

2. “农户＋中间商”。农户通过上门收购的农民经纪人、商贩等中间商销售农产品。农户将农产品销售给这些中间商时，通常是大批量、一次性地销售完农产品，所以，其销售价格比“农户＋消费者”的销售价格低。不过，相比于零散的市场交易而言，农户与中间商之间的交易关系更加稳固。

3. “农户＋城镇批发市场”。是指农户自己将农产品运输到乡（镇）或县城的农贸市场、农产品批发市场，再把农产品销售给批发商。这种销售方式下农产品的销售价格与销售数量介于“农户＋消费者”与“农户＋中间商”之间。

4. “农户＋企事业单位”。农户通过各种关系，自己联系政府、学校等企事业单位销售农产品。这种销售方式需要农户自己联系客户，自己组织运输，因而其销售价格一般高于前 3 种销售方式。

（三）交易成本对农户农产品销售方式选择的影响

国外学者对农户农产品销售方式选择的研究，更多的是以农产品垂直协作[①]为基础来研究农户农产品销售方式以及农户与交易对象的关系。而交易成本理论是分析农产品垂直协作的重要理论基础。现有文献利用交易成本理论研究农产品垂直协作的视角主要有以下两个：

一是分析交易成本对农户及农业生产组织在农产品销售中利用垂直协作[①]模式的作用。例如 Williamson（1986）认为，交易成本是影响生产组织形式的重要因素，出于最小化交易成本的考虑，生产者将增强垂直协作的紧密程度；Frank 和 Henderson（1992）的研究指出，交易成本是农户及农业生产组织选择某种垂直协作模式的决定性因素[18]；Martinez（2002）、Martinez 和 Zering（2004）从资产专用性和交易不确定性角度对肉鸡和生猪营销方式的比较研究指出，交易成本是决定肉鸡和生猪营销体系

---

① 垂直协作是指在某种产品的生产和营销整个过程中各个环节的联系方式。这些联系方式包括市场交易、合同、合作社和垂直一体化等各种形式（Martinez，2002）。市场交易和垂直一体化是垂直协作的两个极端，居于两者之间的是各种紧密程度不同的形式，包括不同的合同关系、合资关系或战略伙伴等。

中垂直协作模式存在差异的关键[19,20]。

二是运用交易成本理论对特定农产品销售中垂直协作模式的选择进行定量分析。例如，Hobbs（1997）认为，交易成本对农户是选择活体销售肉牛还是将牛肉出售给肉类加工企业这两种不同销售方式有着重要的影响；De Bruyn（2001）对影响纳米比亚北部地区农户的农产品销售渠道选择的因素进行了研究，发现养殖规模、到销售点的距离、市场信息获得的难易程度以及风险偏好等变量的影响较为显著[21]；Ferto 和 Szabó（2002）从交易成本理论出发研究了匈牙利水果和蔬菜部门农户选择不同销售渠道的影响因素，研究发现，户主年龄、信息成本、谈判成本和监督成本对农户选择批发市场销售农产品有显著的正向影响，年龄和信息成本则对其选择合作社销售农产品有显著的负向影响，上一年的投资对农户选择生产者组织销售农产品有显著的正向影响[22]；Lapar（2003）对菲律宾中小牲畜养殖户的研究表明，交易成本、劳动力流动、信贷等因素会影响农户的销售方式[23]；Maltsoglou 和 Tanyeri-Abur（2005）对秘鲁马铃薯种植户的研究表明，获得市场价格信息的难易程度、实施交易监督的成本和运输成本对农户的市场参与程度影响显著[24]。Alene（2008）对肯尼亚玉米种植农户的研究发现，信息成本、谈判成本和运输成本阻碍了农户的市场参与程度，而合作组织可以在一定程度上降低这些交易成本，改变农户的销售方式，进而增加农户参与市场的机会。上述研究表明，信息成本、谈判成本、执行成本等交易成本以及农户的个人特征、家庭特征、生产特征等因素影响了农户对农产品销售方式的选择——尽管在不同的国家和地区，对于不同的农产品，各个因素对农户销售方式选择的影响存在较大差异。

目前国内利用交易成本理论分析农户农产品销售方式选择的实证研究则主要利用可以量化的指标测度交易成本，在此基础上再分析交易成本对农户农产品销售方式选择的影响。例如，王桂霞等（2006）研究了影响肉牛养殖户选择销售合同形式的因素，发现价格有保证程度、市场能否及时销售等执行成本对有一定饲养规模的农户选择销售渠道具有不同程度的正面影响，而运输成本及风险程度、销售中的损失具有负影响[25]；黄祖辉等（2008）分析了交易成本对梨农销售梨时契约选择的影响，认为交易前的信息成本、交易中的谈判成本以及交易后的执行成本对不同规模农户选择销售渠道有不同程度的影响[26]；应瑞瑶、王渝（2009）探究了影响生猪养殖农户选择生产合同的因素，认为信息成本和谈判成本对养猪农户垂直协作方式选择的影响比较显著[27]；姚文、祁春节（2011）分析了交易成本对农户鲜茶叶交易中垂直协作模式选择意愿的影响，研究结果表明交易频率、信息搜寻成本、谈判成本和监督成本对不同生产规模的农户都有较强的约束[28]。

纵观上述研究，利用交易成本理论分析农户农产品销售方式与契约选择影响因素的研究取得了丰硕的成果，这为本文研究提供了很好的文献基础。尽管如此，本文认为仍有值得作进一步深入探讨的空间。目前，国内关于交易成本对农户销售方式选择影响的定量研究并不多，可查的相关研究仅涉及生猪、苹果、梨和茶叶等农产品，而不同性质的农产品由于其交易方式不同，其销售产生的交易成本也不同，因而交易成本对农户不同农产品销售方式选择的影响亦不同。本研究以柑橘为例，以 Williamson（1986）对交易成本的分类为理论基础，通过建立二元 Logistic 模型，试图细致解释信息成本、谈判成本和执行成本等不同类型交易成本对农户柑橘销售方式选择的影响。

三、数据来源及样本统计

（一）数据来源

本文研究数据来源于课题组在湖北省宜昌市的调查。原因是，湖北省宜昌市是中国柑橘的重要产地之一，是《中国柑橘优势区域布局规划（2008—2015）》中长江中下游柑橘带和鄂西—湘西柑橘带的重要组成部分。近年来，随着柑橘产业向中西部转移，宜昌市的柑橘种植面积和产量持续增长；同时，和其他柑橘产区一样，柑橘种植农户也遇到了增产不增收、销售困难、种植柑橘的积极性下降等共性问题。为了了解宜昌市柑橘种植农户的柑橘生产、销售和发展愿景等方面的情况，在国家柑橘产业技术体系专项资金的支持下，通过进行预调查并多次修改问卷，课题组在湖北省宜昌市秭归县、夷陵区和当阳市 3 个柑橘主产区进行了问卷调查。这 3 个县（区、市）是宜昌市的柑橘主要产区，其柑橘发展情况基本上可以反映宜昌市的柑橘发展现状。由于秭归县柑橘产业的发展程度在这 3 个受调查县（区、市）中最高，因此在秭归县抽取的样本数量最多。调查采用分层抽样方法，先从当地政府主管部门了解当地柑橘发展的总体情况，抽取重点乡（镇），所选择的乡镇主要有秭归县的两河口镇、郭家坝镇、九畹溪镇、水田坝镇、茅坪镇和归州镇，夷陵区的小溪塔街道办事处和三斗坪镇，当阳市的庙前镇和玉泉镇；然后在重点乡（镇）进一步抽取重点村，接着在每个村随机抽取 5 户柑橘种植农户进行调查。为了保证调查质量，调查采取调查员入户和农户进行面对面访谈、调查员代为填写问卷的方式进行。调查共获得问卷 302 份，剔除数据不全及存在矛盾数据的问卷 30 份，共获得有效问卷 272 份。调查结束后，笔者对部分被调查农户通过电话进行了核实。被调查农户在地域上的具体分布情况见表 1。

表 1　被调查农户的地域分布情况

项　目	两河口镇	郭家坝镇	九畹溪镇	水田坝镇	茅坪镇	归州镇	小溪塔街道办事处	三斗坪镇	庙前镇	玉泉镇
农户数（户）	50	18	16	20	42	46	16	23	23	18
比例（%）	18.38	6.62	5.88	7.35	15.44	16.91	5.88	8.46	8.46	6.62

（二）样本的统计描述

1. 农户的基本特征。第一，被调查农户以小规模生产为主，果园面积在4亩以下的农户所占比例超过了70%；第二，被调查农户户主的平均年龄为48.7岁，年龄在40～60岁的户主所占比例接近70%，这说明，从事柑橘种植的农民主要是中老年劳动力；第三，户主受教育程度为初中及以下的农户在被调查农户中的比例超过了80%，而高中以上学历的户主为0，这说明，柑橘种植农户户主的受教育程度普遍偏低。综合来看，被调查户主都是具体负责柑橘种植、销售的，因此调查能在一定程度上反映实际情况（表2）。

表2　被调查农户的基本特征

项　目	选　项	户数	占总户数的比重（%）
果园面积	4亩以下	198	72.79
	4～8亩	60	22.06
	8亩以上	14	5.15
户主年龄	40岁以下	60	22.06
	40～60岁	190	69.85
	60岁及以上	22	8.09
户主受教育程度	小学以下	16	5.88
	小学	85	31.25
	初中	125	45.96
	高中及职业中专	46	16.91
	高中以上	0	0

2. 农户的柑橘销售方式选择情况。调查发现，与其他农产品的销售方式相似，调查区域的农户同样采用“农户＋消费者”、“农户＋中间商”、“农户＋城镇批发市场”、“农户＋企事业单位”这4种方式销售柑橘。根据这4种销售方式的特征，本文将这4

种销售方式归结为两类：一类为自行销售，包括“农户＋消费者”、“农户＋批发市场”和“农户＋企事业单位”3种方式；另一类为通过中间商销售，指“农户＋中间商”的销售方式。从被调查农户柑橘销售方式的选择情况看（表3），大多数被调查农户选择通过中间商销售柑橘。

表3　被调查农户的柑橘销售方式选择情况

销售方式	户数（户）	比例（%）
自行销售	59	21.69
通过中间商销售	213	78.31

四、模型构建与变量说明

（一）模型构建

本文主要考察农户柑橘销售方式选择及其影响因素，农户柑橘销售方式的选择属于离散选择问题，因此，分析这一问题需要采用概率模型（包括Logistic模型、Probit模型）。根据本文的研究对象和数据基础，本文采用二元Logistic模型来进行分析。

设因变量为 y，取值1表示农户选择自行销售方式销售柑橘，取值为0表示农户选择通过中间商销售柑橘（即农户没有选择自行销售柑橘）。影响 y 的 m 个自变量分别记为 $x_1, x_2, \cdots, x_m$。设农户 i 选择自行销售方式的概率为 p_i，$1-p_i$ 则表示农户 i 选择通过中介者销售柑橘的概率，它们均是由自变量向量 X 构成的非线性函数

$$p_i = F(y) = F(\beta_0 + \sum_{j=1}^{m} \beta_j x_j)$$

$$= 1 \Big/ \Big[1 + \exp(-\beta_0 + \sum_{j=1}^{m} \beta_j x_j)\Big] \quad (1)$$

对 $p_i/(1-p_i)$ 进行对数变换，得到 Logistic 模型的线性表达式为

$$\ln\frac{p_i}{1-p_i}=\beta_0+\sum_{j=1}^{m}\beta_j x_j \tag{2}$$

（1）式和（2）式中，β_0 为常数项，m 为自变量的个数，β_j 为自变量的系数，反映自变量影响农户柑橘销售方式选择的方向与程度。

（二）变量说明

本文将影响农户柑橘销售方式选择的解释变量确定为包括信息成本、谈判成本、执行成本和农户特征在内的 4 类变量。其中，每一类变量分别选取若干具体可测度的变量作为描述变量，共确定了 17 个解释变量。各个变量的含义、描述性统计分析结果及其对被解释变量的预期影响方向见表 4。

1. 信息成本。信息成本包括为完成某项交易获得价格信息和产品信息的成本以及搜寻合适交易对象的成本。诺斯（1994）认为，信息成本是交易成本的核心。根据 Hobbs（1997）和屈小博、霍学喜（2007）的研究，是否了解市场行情和是否通过中间商了解价格这两个变量可以说明农户是否能及时获得准确的信息以及信息的主要来源[29]。根据 Maltsoglou 和 Tanyeri-Abur（2005）的研究，交易前知道销售价格可以降低交易的不确定性，有利于增强农户进行市场交易的信心。与买主取得联系的方式反映了农户搜寻买主的成本。根据应瑞瑶、王渝（2009）的研究，是否接受过培训反映了农户是否能获得种植管理技术、销售渠道等方面的信息。因此，本文用以下 5 个变量来反映农户柑橘销售的信息成本：是否了解柑橘市场行情（x_1）、是否通过中间商了解柑橘价格（x_2）、何时知道柑橘销售价格（x_3）、与买主取得联系的方式（x_4）和是否接受过培训（x_5）。

2. 谈判成本。谈判成本包括农户对中间商报价公平程度的

看法（x_6）、自行销售同级别柑橘相比于通过中间商销售的销售价格差异（x_7）、农户与中间商在柑橘等级认定上的差异（x_8）、销售柑橘时是否与买主签订销售合同（x_9）4 个变量。根据 Hobbs（1997）、屈小博、霍学喜（2007）等人的研究，前 3 个变量反映了农户与买主达成交易的难易程度以及农户的讨价还价能力。而根据 Frank et al.（1992）的研究，是否与买主签订销售合同则反映了交易双方起草正式合约的成本。

3. 执行成本。根据屈小博、霍学喜（2007）的研究，结算方式体现了交易的支付形式，该变量和违约情况反映了交易双方遵守交易条款所耗费的成本。根据黄祖辉等（2008）、蔡荣（2011）的研究，运输困难程度和农户到最近农产品市场的距离可以反映农户完成交易所付出的交通成本[30]。因此，本文将反映交易后的执行成本的变量确定为柑橘销售的结算方式（x_{10}）、柑橘销售的运输困难程度（x_{11}）和农户到最近农产品市场的距离（x_{12}）3 个变量。

4. 农户特征变量。本文将反映农户特征的变量确定为以下 5 个：户主年龄（x_{13}）、户主受教育程度（x_{14}）、是否是合作社成员（x_{15}）、柑橘种植规模（x_{16}）、家庭是否有成员从事非农产业（x_{17}）。根据 Boehlje（1992）、Peterson et al.（1999）的研究，前 3 个变量反映了农户的人力资本和社会资本状况，后 2 个变量则反映了农户的柑橘生产特征[31][32]。根据周曙东（2005）、孙艳华（2007）、应瑞瑶（2009）等人的研究，农户的人力资本特征以及生产特征会影响农户销售方式的选择，当然具体影响在不同农产品销售中有差异。

表 4　变量说明及描述性统计分析

变量名称	测量及赋值	均值	标准差	预期方向
农户的柑橘销售方式选择（y）	选择自行销售＝1，选择通过中间商销售＝0	0.22	0.42	—

（续）

变量名称	测量及赋值	均值	标准差	预期方向
信息成本				
是否了解柑橘市场行情（x_1）	了解=1，不了解=0	0.23	0.42	+
是否通过中间商了解柑橘价格（x_2）	是=1，不是=0	0.92	0.30	−
何时知道柑橘销售价格（x_3）	销售时知道=1，销售前知道=0	0.84	0.37	−
与买主取得联系的方式（x_4）	农户自己联系=1，经纪人介绍=2，买主主动联系=3	1.38	0.6	+
是否接受过培训（x_5）	是=1、否=0	0.59	0.508	+
谈判成本				
农户对中间商报价公平程度的看法（x_6）	公平=1，有些不公平=2，不公平=3	1.10	0.31	+
自行销售同等级柑橘相比于通过中介商销售的销售价格差异（x_7）	经常有差异=1，有时有差异=2，没有差异=3①	1.35	0.57	−
农户与中间商在柑橘等级认定上的差异（x_8）	一致=1，有时有差异=2，经常有差异=3②	1.75	0.7	+
销售柑橘时是否与买主签订销售合同（x_9）	是=1、不是=0	0.07	0.26	?
执行成本				
柑橘销售的结算方式（x_{10}）	现金结算=1，其他=0	0.98	0.14	?
柑橘销售的运输困难程度（x_{11}）	运输困难=1，运输不困难=0	0.31	0.46	−

（续）

变量名称	测量及赋值	均值	标准差	预期方向
农户到最近农产品市场的距离（x_{12}）	0～5km＝1、5～10km＝2、10～15km＝3、15～20km＝4、20km 以上＝5	3.29	1.14	－
农户特征				
户主年龄（x_{13}）	户主的实际年龄（岁）	48.7	10.39	?
户主受教育程度（x_{14}）	小学以下＝1、小学＝2、初中＝3、高中＝4、高中以上＝5	2.75	0.81	＋
是否是合作社成员（x_{15}）	是＝1、否＝0	0.18	0.38	?
柑橘种植规模（x_{16}）	农户的柑橘种植面积（亩）	3.7	2.47	＋
家庭是否有成员从事非农产业（x_{17}）	有＝1，没有＝0	0.31	0.46	?

注：①一般而言自行销售柑橘价格要比卖给中间商的价格高，自行销售同等柑橘相比于中间商销售的销售价格经常有差异，表示多数情况下自行销售价格比卖给中间商的销售价格高，有时有差异表示自行销售价格有时比卖给中间商的价格高，没有差异表示两种销售方式价格相等。

②一般而言中间商在收购柑橘时会有意压低柑橘的级别，农户与中间商在柑橘等级认定有时有差异，表示有时中间商会故意压低柑橘的等级，农户与中间商在柑橘等级认定经常有差异，表示中间商在收购柑橘间经常故意压低柑橘的等级；“－”表示负向影响，“＋”表示正向影响，“?”表示影响方向不确定。

五、模型估计结果与分析

利用 SPSS 软件，本文通过建立 Logistic 回归模型来分析农户柑橘销售方式选择的影响因素。从回归结果看（表 5），模型的拟合情况较好，农户的基本特征和交易成本对其柑橘销售方式选择有重要影响。

（一）信息成本的影响

是否了解柑橘市场行情变量通过了10%统计水平的显著性检验且系数为正，与预期相符。这表明，在其他条件不变的情况下，了解柑橘市场行情的农户会更多地选择自行销售方式来销售柑橘，其选择自行销售柑橘的意愿是不了解柑橘市场行情农户的3.879倍。统计数据显示，在了解柑橘市场行情的农户中，选择自行销售方式的农户占42.6%；而在不了解柑橘市场行情的农户中，选择自行销售方式的农户仅占28.8%。这说明，能够及时了解柑橘市场行情的农户，面临的价格不确定性小，因此倾向于选择自行销售方式。相比之下，不了解柑橘市场行情的农户面临着较大的价格不确定，其获取信息的难度较大，信息获取成本较高。值得注意的是，被调查农户中了解柑橘市场行情的农户所占比例仅为23%，这表明，被调查农户普遍不能及时了解柑橘市场行情。

是否通过中间商了解柑橘价格变量通过了5%统计水平的显著性检验且符号为负，与预期相符。这表明，在其他条件不变的情况下，通过中间商了解柑橘价格对农户选择自行销售方式有负向影响。统计结果显示，在通过中间商了解柑橘价格的农户中，选择自行销售方式的农户仅占18.6%；而在通过中间商了解柑橘价格的农户中，这一比例达到了92%。这表明，农户获取市场信息的来源较为单一。而农户在自行销售柑橘时，需要对各种市场信息进行搜集、分析和甄别，农户获取准确市场信息的难度较大。在这种情况下，农户会更多地选择通过中间商来销售柑橘。

何时知道柑橘销售价格变量对农户选择自行销售方式变量没有通过显著性检验，可能的原因是，被调查农户中，无论是选择自行销售方式还是选择通过中间商销售，买主主动联系的农户所占比例都很高：在选择自行销售的农户中，有59.3%的农户是买者主动上门联系的；而在选择通过中间商销售的农户中，中间商主动上门联系的农户所占比例也达到了51.5%。是否接受过培训变量没有通过显著性检验。可能的原因是，当地各级政府部门组织的各种培训主要集中在柑橘种植、栽培和病虫害防治等种植技术方面，关于市场营销和市场开拓等内容的培训较少，因此，是否接受过培训对农户柑橘销售方式选择的影响不显著。

（二）谈判成本的影响

对中间商报价公平程度的看法变量通过了5%统计水平的显著性检验且符号为正，与预期相符。这表明，在其他条件不变的情况下，农户如果认为中间商对柑橘的报价不公平，农户会转而选择自行销售方式。结果显示，农户认为中间商报价不公平程度每提高一个层次，农户选择自行销售柑橘的发生比将增加8.614倍。

自行销售同等级柑橘相比于通过中间商销售的销售价格差异变量通过了5%统计水平的显著性检验且符号为负，与预期相符。这表明，如果自行销售同等级柑橘相比于通过中间商销售的销售价格差异不大，农户会更多地选择通过中间商销售。其原因是，农户选择自行销售方式的目的是想卖得更高的价格，从而获得更多的收益。如果两种销售方式的销售价格差异不大，则其销售收益大致相同，农户选择通过中间商销售便能因交易成本更低而获得更多净收益。

农户与中间商在柑橘等级认定上的差异变量没有通过显著性检验。其可能的原因是，被调查农户与中间商在柑橘等级认定上的差异较小。调查结果显示，90.44%的被调查农户与中间商在柑橘等级认定上的意见是一致的，只有9.19%的被调查农户与中间商在柑橘等级认定上的意见有时一致，这表明，绝大部分被调查农户对柑橘的自我评价等级与中间商所认定的等级一致，在这种情况下，农户柑橘销售方式选择所受到的影响很小。是否与买主签订销售合同变量同样没有通过显著性检验，可能的原因是，被调查农户中，与买主签订销售合同的农户很少。调查结果显示，在被调查农户中，与买主签订销售合同的农户仅占8.09%。其中，在选择自行销售方式和选择通过中间商销售的两类农户中，与买主签订销售合同的农户所占比例分别为8.47%和7.04%。由于和买主签订销售合同的农户所占比例过低，使得是否与买主签订销售合同变量的影响不显著。

（三）执行成本的影响

农户到最近农产品市场的距离变量通过了1%统计水平的显著性检验且符号为负，与预期相符。这表明，农户到最近农产品市场的距离越远，农户选择自行销售方式的可能性越低。调查结果显示，在到最近农产品市场的距离超过5km的农户中，选择自行销售方式的农户仅占3.7%。出现这一状况的主要原因是，被调查农户由于地处山区，交通很不方便，因而，距离最近农产品市场较远，尤其是一些地处海拔较高地区的农户更多地会选择通过中间商来销售柑橘。

柑橘销售的结算方式对农户选择自行销售方式的影响不显著，其原因可能是，无论选择哪种销售方式，现金结算都是当地柑橘销售的主要结算方式。调查结果显示，88%被调查农户在销售柑橘时都采用现金交易，这使得结算方式对农户柑橘销售方式选择的影响不显著。柑橘销售的运输困难程度变量同样没有通过显著性检验，其原因可能是，被调查农户所处地区农村的主干道路已基本上完成了硬化，两种柑橘销售方式所面临的外在运输条件大致相同。

（四）农户特征的影响

户主受教育程度变量通过了5%统计水平的显著性检验且系数为正，与预期相符。这表明，在其他条件不变的情况下，户主受教育程度高的农户更愿意选择自行销售方式。调查结果显示，在户主受教育程度为小学以下、小学、初中、高中及职业中专的被调查农户中，选择自行销售方式的农户所占比例分别为0、

12.94%、25.6%和36.96%。也就是说，随着户主受教育程度的提高，选择自行销售方式的农户所占比例呈现逐渐上升趋势。可能的原因是，户主受教育程度越高，农户的知识面可能越广，见识越多，对市场变化的认识和分析能力越高，越能及时掌握市场信息的变化，因而越有信心选择自行销售方式。

家庭是否有成员从事非农产业通过了1%统计水平的显著性检验且系数为正，与预期相符。这表明，在其他条件不变的情况下，家庭有成员从事非农产业对农户选择自行销售方式有正向影响。结果显示，其发生比是家庭没有成员从事非农产业农户的7.997倍。调查结果显示，在家庭有成员从事非农产业的农户中，选择自行销售方式的农户占45.78%，而家庭没有成员从事非农产业农户的这一比例仅为11.64%。可能的原因是，如果家庭有成员在外从事非农产业，则农户与外界的交流相对更多，农户可以更及时地了解柑橘的市场行情，且能获得更多市场信息。

年龄变量对农户选择自行销售方式的影响不显著，可能的原因是被调查农户户主年龄的分布比较集中，69.9%的被调查农户户主的年龄为40～60岁。是否是合作社成员变量没有通过显著性检验，可能的原因有：第一，被调查农户中，参加合作社的农户所占比例较低，仅为18%；第二，调查结果显示，合作社仅在病虫害防治、灌溉、农资采购等方面为农户提供帮助，其在柑橘销售方面对农户的帮助很有限。柑橘种植规模变量同样没有通过显著性检验，可能的原因是被调查农户的柑橘种植面积普遍较小，柑橘种植面积在8亩以上的农户仅约占5%。

表5　农户柑橘销售方式选择影响因素的Logistic模型回归结果

影响因素	β	Wald值	exp (β)
常数项（β_0）	0.884	0.024	2.421
信息成本			

（续）

影响因素	β	Wald 值	exp (β)
是否了解柑橘市场行情（x_1）	1.355*	3.462	3.879
是否通过中间商了解柑橘价格（x_2）	−2.717**	4.444	0.066
何时知道柑橘销售价格（x_3）	1.137	1.180	3.118
与买主取得联系的方式（x_4）	0.096	0.030	1.101
是否接受过培训（x_5）	0.838	1.009	2.311
谈判成本			
农户对中间商报价公平程度的看法（x_6）	2.263**	6.308	9.614
自行销售同等级柑橘相比于通过中间商销售的销售价格差异（x_7）	−2.069**	6.463	0.126
农户与中间商在柑橘等级认定上的差异（x_8）	0.628	1.787	1.874
销售柑橘时是否与买主签订销售合同（x_9）	−2.224	2.655	0.108
执行成本			
柑橘销售的结算方式（x_{10}）	−1.597	0.126	0.202
柑橘销售的运输困难程度（x_{11}）	−0.248	0.110	0.780
农户到最近农产品市场的距离（x_{12}）	−2.868***	37.698	0.057
农户特征			
户主年龄（x_{13}）	0.052	1.707	1.054
户主受教育程度（x_{14}）	1.023**	4.384	2.782
是否是合作社成员（x_{15}）	1.008	1.080	2.740
柑橘种植规模（x_{16}）	0.097	0.556	1.102
家庭是否有成员从事非农产业（x_{17}）	2.079***	7.763	7.997
负 2 倍对数似然比	75.861		
伪判决系数	0.828		

注：***、**和*分别表示变量在1%、5%和10%的统计水平上显著。

六、基本结论和政策含义

本文利用湖北省宜昌市的实际调查数据，借鉴前人的理论研究与经验研究成果，通过建立 Logistic 模型分析了交易成本对农户柑橘销售方式选择的影响。分析结果表明：第一，尽管选择自行销售方式销售柑橘可以获得更高的价格，但受交易成本以及农户自身特征的影响，通过中间商销售柑橘仍然是被调查农户的首要选择。第二，交易成本是影响农户柑橘销售方式选择的重要因素。在反映信息成本的变量中，是否了解柑橘市场行情和是否通过中间商了解柑橘价格变量对农户选择自行销售方式有显著影响，两者的影响方向分别为正向和负向；在反映谈判成本的变量中，农户对中间商报价公平程度的看法、自行销售同等级柑橘相比于通过中间商销售的销售价格差异变量分别对农户选择自行销售方式有显著的正向和负向影响；在反映执行成本的变量中，农户到最近农产品市场的距离变量对农户选择自行销售方式有显著的负向影响。第三，农户个体特征也会影响农户柑橘销售方式的选择。其中，户主受教育程度、家庭是否有成员从事非农产业对农户选择自行销售方式有显著的正向影响。

基于以上结论，相关主管部门在制定柑橘产业化政策时应注意以下几点：第一，应加快农村信息化建设和基础设施建设，降低农户销售柑橘的信息成本与执行成本；第二，应加强农民专业合作组织的建设，提高农户的组织化程度，以此来增强农户在市场中的谈判地位，提高农户的议价能力，降低农户的谈判成本；第三，应通过成人教育、远程教育等提高农民的文化水平，重视农村人力资本建设，采取灵活多样的培训方式在技术、组织等方面给农户提供帮助。

参 考 文 献

[1] Poole, N. D., Campo Gomis, et al. Formal Contracts in Fresh Produce Markets, Food Policy, 1998, 23 (2).

[2] Berdegue. J. A., Reardon T, Balsevich, F. Supermarts and Michoacán Guava Farmers in Mexico, Staff Paper Series of Department of Agricultural Economics, Michigan State University, 2006.

[3] Balsevich, F, Berdegue, J, Reardon, T. Supermarket, New-generation Wholesalers, Tomato Farmers, and NGOs in Nicaragua, Staff Paper Series of Department of Agricultural Economics, Michigan State University, 2006.

[4] 郭红东，蒋文华．影响农户参与专业合作经济组织行为的因素分析[J]．中国农村经济，2004 (5)：10-16.

[5] 周曙东，戴迎春．供应链框架下生猪养殖户垂直协作形式选择分析[J]．中国农村经济，2005 (6)：30-36.

[6] Pingali, P. Westernization of Asian Diets and the Transformation of Food Systems: Implications for Research and Policy, Food Policy, 2007, 32 (3).

[7] Coase, R. H. The Nature of the Firm, Economica, 1937, 4 (11).

[8] Coase, R. H. The Problem of Social Cost, Journal of law and Economics, 1960, 3 (10).

[9] 黄少安．产权经济学导论[M]．北京：经济科学出版社，2004.

[10] 埃里克·弗鲁博顿，鲁道夫·芮切特．新制度经济学：一个交易费用分析范式[M]．姜建强、罗长远（译）．上海：上海人民出版社，2006.

[11] Williamson, O. E. Economic Organization: Firms, Markets and Policy Control, New York University Press, 1986.

[12] Williamson. O. E. Transaction Cost Economics Meets Posnerian Law and Economics, Journal of Institutional Economics, 1993, 149 (1).

[13] Hobbs, J. E. Measuring the Importance of Transaction Costs in Cattle Farming, American Journal of Agricultural Economics, 1997, 79 (4).

[14] Jaffee, S. Morton, J. Marketing Africa's High Value Foods, Kendall Hunt Pub Co., 1995.

[15] Renkow, Mitch, Hallstrom, et al. Rural Infrastructure, Transactions Costs and Market Participation in Kenya, Journal of Development Economics, 2004, 73 (1).

[16] Alene, Arega D., Manyong, V. M., et al. Smallholder Market Participation under Transactions Costs: Maize Supply and Fertilizer Demand in Kenya, Food Policy, 2008, 33 (4).

[17] 齐文娥，唐雯珊．农户农产品销售渠道的选择与评价——以广东省荔枝种植者为例 [J]．中国农村观察，2009 (6)：14-22.

[18] Frank, S. D., Henderson, D. R. Transaction Costs as Determinants of Vertical Coordination in U. S. Food Industries, American Journal of Agricultural Economics, 1992, 74 (4).

[19] Martinez, S. W. Vertical Coordination of Marketing Systems: Lessons from the Poultry, Egg and Pork Industries, paper provided by United States Department of Agriculture, Economic Research Service in its series Agricultural Economics Reports, 2002.

[20] Martinez, S. W., Zering, K. Pork Quality and the Role of Market Organization, paper provided by United States Department of Agriculture, Economic Research Service in its series Agricultural Economics Reports, 2004.

[21] De Bruyn, P., De Bruyn, J. N., Vink, N., et al. How Transaction Costs Influence Cattle Marketing Decisions in the Northern Communal Areas of Namibia, Agrekon, 2001, 40 (3).

[22] Ferto, I., Szabó, Gábor G. The Choice of the Supply Channels in Hungarian Fruit and Vegetable Sector, paper provided by American Agricultural Economics Association in its series 2002 Annual meeting in Long Beach, 2002.

[23] Lapar, M. L., Holloway, G., Ehui, S. Policy Options Promoting Market Participation among Smallholder Livestock Producers: A Case Study from the Philippines, Food Policy, 2003, 28 (3).

[24] Maltsoglou, Irini, Tanyeri-Abur, Ayen. Transaction Costs, Institu-

tions and Smallholder Market Integration: Potato Producers in Peru, paper provided by Agricultural and Development Economics Division of the Food and Agriculture Organization of the United Nations in its series working papers.

[25] 王桂霞，霍灵光，张越杰．我国肉牛养殖户纵向协作形式选择的影响因素分析［J］．农业经济问题，2006（8）：54-58.

[26] 黄祖辉，张静，Kevin Chen. 交易费用与农户契约选择——来自浙冀两省15县30个村梨农调查的经验证据［J］．管理世界，2008（9）：76-81.

[27] 应瑞瑶，王渝．交易成本对养猪户垂直协作方式选择的影响——基于江苏省542户农户的调查数据［J］．中国农村观察，2009（2）：46-56.

[28] 姚文，祁春节．交易成本对中国农户鲜茶叶交易中垂直协作模式选择意愿的影响——基于9省（区、市）29县1394户农户调查数据的分析［J］．中国农村观察，2011（2）：52-66.

[29] 屈小博，霍学喜．交易成本对农户农产品销售行为的影响——基于陕西省6个县27个村果农调查数据的分析［J］．中国农村经济，2007（8）：147.

[30] 蔡荣．"合作社＋农户"模式：交易费用节约与农户增收效应——基于山东省苹果种植农户问卷调查的实证分析［J］．中国农村经济，2011（1）：58-65.

[31] Boehlje，M. Alternative Models of Structural Change in Agriculture and Related Industries，Agribusiness，1992，8（3）.

[32] Peterson，H. C.，Robison，L.，Siles，M. E. The Social Capital Foundations of Trust in Global Agri-food Systems Transactions，paper provided by Michigan State University，Department of Agricultural，Food，and Resource Economics in its series staff papers，1999.

我国脐橙市场价格行情分析及预测

Forecasting and Analysis of the Navel-Orange Market Price

王伟新　祁春节

Wang Weixin　Qi Chunjie

摘　要　本文分析了2010—2011年我国脐橙市场价格走势，并从影响脐橙价格变动的生产成本和供求形势两个方面出发，对我国脐橙未来市场价格行情做出预测，认为在生产资料价格快速上涨和脐橙市场需求尤其是橙汁工业对脐橙的需求不断增大的推动下，我国脐橙的市场价格总体上将保持稳中有升的态势。

关键词　中国；脐橙；价格行情；预测

Abstract　This paper analyses the trend of market price of navel orange in 2010 of China and predicts the quotation of orange market in terms of the production cost and supply and demand situation. The thesis indicates the price of navel orange will improve steadily on the whole because of the rapidly increasing production cost and market demanding, especially as the development of the orange juice processing industry.

Key words　China, navel orange, market price, prediction

一、问题的提出

脐橙是甜橙类中的重要的品种，主要以鲜食为主，被誉为“甜橙之王”、“柑橘皇后”。我国是脐橙种植大国与生产大国，脐橙生产主要集中在江西、重庆、湖北、湖南。脐橙种植与生产活动给相关种植农户带来很大的经济利益，据预计，2011 年国内消费者对脐橙鲜果以及橙汁加工业对于脐橙的需求量将会达到近 400 万 t。由于农产品受自然条件和市场双重影响的特殊性，脐橙的市场价格波动频率高，幅度大，再加上脐橙的种植周期较长，脐橙种植农户对脐橙收益有较大的顾虑。鉴于此，作为种植活动风向标的脐橙价格研究与预测显得十分必要。

目前，国内关于柑橘类水果价格的文献大多集中于价格波动与柑橘生产的相关性分析以及柑橘价格形成和利益分配机制的研究[1]。这些研究都在一定程度上揭示了柑橘类水果价格的运行特点。而具体到脐橙，现有相关资料多停留在描述产业发展现状和问题的层面，或是具体针对某个地区的脐橙生产成本等的研究[2]。鲜有针对脐橙价格的具体研究。

本文基于近年来我国脐橙批发市场价格数据，分析了 2010—2011 年脐橙市场价格行情，并从脐橙市场价格变动的影响因素着手，剖析了未来我国脐橙市场价格可能的变动趋势。

二、脐橙市场价格波动分析

（一）数据来源

本文数据来源于中国农业信息网，将全国各地脐橙批发市场上的每日价格的汇总平均得到当日的平均日报价，将平均日报价汇总平均得到各个月份的平均月报价，选择平均月报价作为分析的基础数据。

（二）脐橙批发市场价格波动分析

脐橙批发市场价格 2010—2011 年表现出持续攀升，年底小幅回落的走势。其中 1～5 月份表现平稳，仅从 1 月的 3.34 元/kg上涨到 5 月份的 4.75 元/kg，平均涨幅为 8.4%，6 月份以后，脐橙价格开始大幅上涨，并维持在较高价位。从 11 月份开始，脐橙批发价格价格开始回落，由最高的 7.86 元/kg 降至 2011 年 1 月份的 4.62 元/kg。期内价格最低月出现在 2010 年 1 月份，最高月出现在 2010 年 10 月份脐橙产出淡季，全期价格极差 4.52 元/kg。

1. 2010 年 1～10 月脐橙批发市场价格波动状况

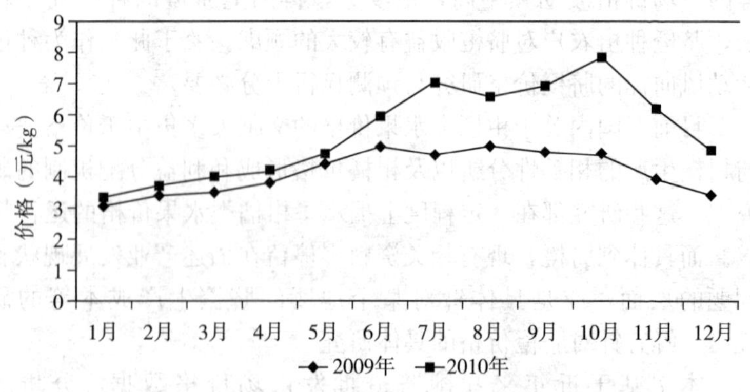

图 1　2010 年 1～12 月脐橙批发市场价格走势

2010 年 1～10 月份脐橙平均批发价格持续上涨，从 1 月份的 3.34 元/kg 攀升到 10 月份的 7.86 元/kg。年初，随着脐橙上市，供应量的增加，脐橙价格保持在较低水平，一直在 4 元/kg 以下；在随后的 4～7 月期间，价格快速攀升至 7.03 元/kg。8 月份脐橙价格虽然出现了小幅回落，但由于这个阶段市场上没有鲜橙供应，脐橙价格仍保持在较高价位，并最终在 10 月达到全年最高的 7.86 元/kg。值得一提的是，与 2009 年同期相比，2010 年 1～10 月份的脐橙价格始终处于较高水平。究其原因是受不利天气的影响，导致 2010 年脐橙减产。其中作为我国脐橙主要产地的赣南地区，在 2010 年 2 月底 3 月初遭受了“倒春寒”，造成开花时大量落花，上半年又遭受了持续的阴雨天气，造成了大量落果。这可能是7月以来脐橙价格居高不下的主要原因。

2. 2010年11月以来脐橙批发市场价格波动情况

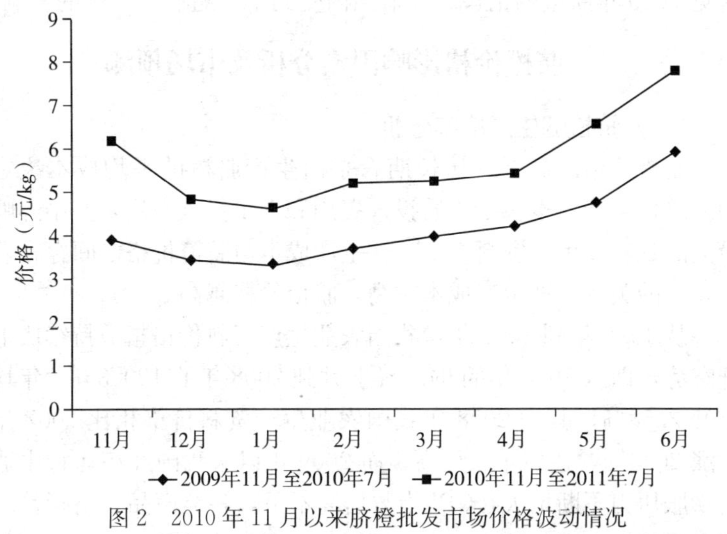

图2　2010年11月以来脐橙批发市场价格波动情况

2010年11月以来，各种柑橘类水果，尤其是早熟类蜜橘、橘子开始大量上市。由于鲜果上市过于集中，从总体上看，各类柑橘价格开始大幅下降。

进入11月份，多种柑橘的平均批发价一直在不断下降，例如橘子的批发价格，从9月的5.1元/kg逐步下降，尤其是在10月份“蛆橘”事件曝光后，到11月中旬跌到了2.3元/kg左右。而与其不同的脐橙价格则表现出居高不下的态势，仅从11月的6.18元/kg回落到1月的4.62元/kg，之后又出现了小幅上涨，价格也一直高于5元/kg。究其原因，一方面是因为国内脐橙大多为中熟品种，上市时间相对较晚；另一方面脐橙虽然受到了“蛆橘”事件的影响，但相较其他柑橘品种来讲，所受影响较小。

从 2009 年与 2010 年 11 月以来脐橙批发价格对比中来看，2009 年 11 月以来的脐橙批发价格相对稳定，基本上稳定在 4 元/kg左右，波动幅度不大。而 2010 年同期脐橙价格则一直处于较高水平，不但高于 2009 年同期而且还表现出了较大的波动。可见 2010 年脐橙的销售，在短期内受到了“蛆橘”事件的影响。

三、脐橙价格影响因素分析及市场预测

（一）脐橙的生产成本分析

脐橙价格的高低，从长期看是由生产脐橙的平均成本决定的。脐橙生产成本包括物质投入费用和人工投入费用，其中影响最大的是农业生产资料投入[3]。生产成本与脐橙价格之间存在着正相关的关系，即生产成本越高，脐橙价格越高。

从 1998 年到 2008 年，我国农业生产资料价格指数持续成上升态势，即从 1998 年的 94.5%上升到 2008 年的 120.3%，年均上升 2.58%，其中 2008 年我国农业生产资料价格相比 2007 年上涨 20.3%，达历年来最高。而 2009 年以来我国经济运行中通货膨胀压力不断增大，CPI 指数居高不下，各类商品价格指数均表现出较快上涨的趋势，由此可以推断近期内我国农业生产资料价格仍将保持持续上升。快速上涨的生产资料价格加大了脐橙种植的生产成本，这将推动脐橙市场价格不断提升。同时，生产资料价格的过快上涨，有可能损害农户利益，从而打击农户的种植积极性，减少脐橙市场的有效供给，这无疑又会提升脐橙的市场均衡价格。

据有关部门统计，化肥投入在柑橘类生产成本中约占 40%，因此化肥的市场价格波动在很大程度上影响着脐橙价格的走势[4]。从 1998—2008 年我国化肥零售价格指数统计显示，我国化肥零售价格指数呈现持续快速上升势头，即由 1998 年的 91.4%上升到 2008 年的 131.7%，年均上升 4.03 个百分点，如此之快的上涨速度，无疑是脐橙的生产成本上涨的巨大推动力。

因此从生产成本的角度来看，由于我国农业生产资料，尤其是化学肥料的零售价格持续上涨，直接加大了我国脐橙种植的生产成本，这将有可能在未来一段时期内抬高脐橙的市场价格。

（二）脐橙供求形势分析

脐橙价格受市场上脐橙的供求形势影响，一般，当市场上的脐橙鲜果供给大于需求时，脐橙鲜果价格就会下降，反之则会上升。

1. 脐橙供给形势分析。由于2009—2010年我国脐橙价格稳中有升的趋势，较好的保护了农户的种植积极性，再加上各脐橙主产区的增产增植规划，使得我们可以预计2011年我国脐橙种植面积和产量都会稳定增加，这还可以通过2011年全国新增脐橙种植面积来预测，但由于整体数据收集的难度非常大，所以我们可以从我国脐橙最大主产区江西赣州的统计资料来分析。赣南脐橙种植面积到2009年发展到158万亩，产量从2000年的5万t发展到2009年的112万t，虽然经过初期大规模的种植开发后，果园开发土地在逐渐减少及价格回落令果业种植面积增幅下降，但预计2011年脐橙产量仍将保持增长。由此可以预计2011年，我国脐橙产量不会有较大幅度变动，仍将会保持稳定增长。

2. 脐橙需求形势分析。

（1）鲜果需求。国内消费者对脐橙鲜果的需求，是我国脐橙需求中最重要的。目前我国水果人均消费量与世界人均消费水平相差较大。据统计，当前我国人均消费甜橙鲜果4.93kg，而同期世界人均消费量为5.3kg，发达国家为5.7kg，发展中国家为5.1kg，我国的人均消费量不仅低于世界人均消费量，与发达国家存在较大差距，而且低于发展中国家平均水平，未来发展空间很大。以脐橙鲜果消费量约占甜橙消费量的50%测算，如果2011年我国的甜橙人均消费量达到目前世界平均水平，则将有381万t的脐橙需求空间。

另一方面随着我国人民生活水平不断提高，我国人均水果消费量并没有同步提高。我国居民对水果的消费占食物的支出比例无论是绝对量还是相对量都是不稳定的。由此，进入2011年以来，国内CPI水平不断攀升，较高的物价使得消费者消费支出迅速增加。为了平衡预算，保证食品、能源、住房消费等必须性的支出，消费者势必将减少包括脐橙在内的部分非必需品的消费，这使得对未来脐橙价格走势判断的难度加大。

（2）橙汁加工对脐橙的需求。橙汁加工是另外一个具有巨大潜力的市场需求。目前我国人均橙汁原汁年消费量大约0.3L，同世界人均3L左右和欧美等国的15～20L相比，差距很大。

近年来中国橙汁消费量增长很快，中国橙汁消费量从2004年的27万t增加到2008年的50万t，4年增长85%。尽管近年中国橙汁产量提高很快，从2004年的2万t增加到2008年的20万t，4年增加9倍。但是由于中国橙汁产量起点太低，增长的量远远不能满足国内需求，因此橙汁的消费主要依赖进口。受原料发展速度的限制，在今后相当长一段时间，可能还要大量进口橙汁，国内橙汁生产将长期处于供不应求的局面，是极具发展潜力的产业。而从橙汁来源看，目前我国橙汁加工企业所需浓缩橙汁90%以上依赖进口。2004年我国冷冻橙汁进口量为4.7万t，2007年达到6.7万t，预计2011年将达到8.7万t，这对于我国脐橙等甜橙的未来需求将是一个很大的刺激。

从总体形势来看，近期内我国脐橙的种植面积和生产量都将会继续保持稳定增长，同时由于我国消费者对橙汁消费的偏好不断增加，国内橙汁加工等产业的快速发展，对脐橙的需求量也在迅速增加。在不考虑气候、病虫害等不可预知的影响因素情况下，受供需同向变动的作用，可以预测近期内我国的脐橙市场价格不会出现较大变动，仍将会随淡旺季交替而正常波动。

（三）其他影响因素分析

除生产成本、供求形势等主要因素外，影响脐橙价格变动的因素还有很多，包括国家政策、国际因素、消费者心理、生产者预期等等，这些影响因素由于不能被市场准确把握，所以难以用来进行价格预测，但不能忽略的是，这些因素同样也会对脐橙价格变动产生或大或小的影响。例如东盟零关税政策对脐橙出口的拉动可能会支撑脐橙价格提高，而“蛆橘”、冰冻雨雪灾害等突发事件的发生就可能在短期内导致市场价格的大幅波动。

四、结论和建议

分析结果认为，我国脐橙价格受明显的淡旺季影响，季节性波动显著。在近期内由于农业相关生产资料价格的持续上涨加大了脐橙的生产成本，而且国内橙汁加工业的快速发展，加大了对脐橙的市场需求，所以脐橙的市场价格总体上将保持稳中有升态势。但不能忽视的是由于近期国内通胀压力加大，CPI 指数不断攀升，消费者对水果等非生活必需品的消费可能会受到一定影响，所以脐橙的市场价格波动在所难免。为此，提出以下对策建议：

（一）合理化布局脐橙产业，防止盲目生产

由于市场对脐橙的需求不断增加，近年来，全国很多地区都在大力发展脐橙产业，尤其是赣南、奉节等脐橙传统主产区，短短几年内种植面积和产量都得到突飞猛进的发展，这对于当地的经济发展可能起到了一定作用[5]。但就全国来看，在脐橙产业的发展过程中一定要加强对脐橙产业发展的宏观引导，形成科学合理的产业布局，防止盲目跟风式的发展。各地要根据实际情况选择种植的规模、品种等，以免一窝蜂地扩张导致脐橙市场价格的剧烈波动。

（二）优化脐橙种植结构，提升脐橙均衡供给能力

从我国脐橙现状看，以中熟的纽荷尔、朋娜品种占绝大多数，这就导致脐橙上市时间过于集中。为减缓果品上市期短，价格季节性波动较大的压力，迫切需要更早与更晚熟的脐橙品种。

因此今后应重视早、晚熟品种的选育，考虑适当发展早熟和特早熟脐橙品种，重点发展春节前后上市的晚熟脐橙，以调节脐橙的上市期，提升脐橙的均衡供给能力，保持脐橙市场价格的相对稳定。

（三）健全现代冷链物流体系，调节脐橙时空供给

目前脐橙上市时间集中，种植区域分配不均衡，仅通过优化种植结构短期内无法缓解，因此发展现代冷链物流，推广脐橙保鲜技术，延长脐橙的贮运及销售时间，提高跨省调配能力就显得格外重要。这就需要加大科技投入，提升冷链物流设施水平，一方面开发推广脐橙采后低温包装和储藏保鲜技术，建设大型恒温贮藏冷库，延长脐橙上市期；另一方面建设功能强、辐射广、物流水平高的现代水果批发市场，提高脐橙区域调配能力，满足各地脐橙市场供给。

（四）加强农资市场价格调控力度，稳定脐橙生产成本

由于农业生产资料占脐橙种植农户生产性投入的很大一部分，所以一旦农业生产资料价格大幅上涨就会直接导致脐橙生产成本增加，脐橙的市场价格上扬，这对于供给弹性小，需求弹性大的脐橙产业来讲并无益处。政府应该采取宏观调控措施加强农资市场的价格调控力度，抑制农资价格的过快上涨。另外可以考虑对农户实行农资价格直接补贴，对冲农资价格提高所带来的消极影响，从而可以有效稳定脐橙生产成本。

（五）建立脐橙市场预警与应急机制，降低突发事件对脐橙价格的影响

在市场运行过程中，突发事件可能导致脐橙价格产生较大波动，因此有必要建立脐橙市场预警与应急机制，降低突发事件对脐橙价格的影响。一方面可以加强脐橙生产和销售的预测，积极引导农户科学地把握市场行情，有效防止“果贱伤农”和歉收价格暴涨的现象；另一方面应该在脐橙生产中积极引入农业保险，通过保险机制降低农户的种植风险，切实保护农户利益，进而可

以稳定脐橙的市场价格。

参考文献

[1] 何劲，祁春节．我国柑橘生产成本和价格变动的实证研究［J］．经济纵横，2009（2）：84－86.

[2] 陈新建，曾继吾，金燕，等．广东省柑橘产量与价格波动的实证研究［J］．中国热带农业，2009（5）：30－33.

[3] 孙蕾，郭恒，柳鹏程，等．湖北省秭归县脐橙成本函数分析［J］．当代经济，2008（9）：103－104.

[4] 巫国兴．我国农产品价格波动研究［J］．农业经济问题，1997（6）：18－23.

[5] 余艳锋，祁春节．中国甜橙国际竞争力实证分析［J］．新疆农垦经济，2007（7）：13－19.

2011年中国柑橘产销形势分析

Production and Marketing Situation Analysis of Chinese Citrus in 2011

宋金田　祁春节
Song Jintian　Qi Chunjie

摘　要　2010—2011年度，我国柑橘主要品种如蜜橘、脐橙等水果的销售价格与上一年度相比有一定幅度的增长，带动柑橘种植农户收入同比增加，这也增强了柑橘种植户的信心，农户对柑橘的日常管理、农资、人工投入都有所增长，加之前几年各地区新增柑橘树开始结果并进入丰产期，因此，尽管部分地区遭受自然灾害的影响，预计我国2011—2012年度柑橘产量仍将保持一定幅度的增长，柑橘供给大于需求的态势仍将持续。本文分析了2011年以来我国主要柑橘品种的价格变动趋势，从生产、销售、出口、加工等方面分析我国2011—2012年中国柑橘产销状况与形势。

关键词　中国；柑橘；产销形势；2011

Abstract　The price of citrus, in the year 2010—2011, have certain scope growth then before, the growers' income is increased in the meantime, which enhances their confidence. Therefore, they put more capital and labors into the management of the citrus. Even some areas are suffered from natural disaster, the harvest of the citrus is predicted to keep increasing with new plant trees going into the high yield period in 2011. Moreover, it will last for some time that the supply of the citrus is beyond the requirements. This paper analyses the trend of citrus' s price, and forecasts the future marketing in terms of production, sales, export and processing in 2011.

Key words China, citrus, production and marketing situation, 2011

在过去的 2010—2011 年度，我国柑橘产业继续保持良好的发展趋势，柑橘种植面积、总产量都稳健增长。主要柑橘品种销售价格同比有一定幅度增长，销售形势有所好转。柑橘种植农户收益有一定提高，柑橘主产区农户对柑橘种植的积极性有所提高，在日常管理、农药、化肥、人工等方面投入都比较积极，再加上前几年种植的幼树开始结果进入丰产期，预计 2011—2012 年度柑橘产量同比仍将有一定程度增长。

本文首先分析了 2011 年以后中国主要柑橘品种批发价格变动趋势，并根据历史数据以及国家现代柑橘产业体系在我国柑橘主产区调研搜集的第一手资料，从生产、销售、出口、加工等方面分析 2011—2012 年度中国柑橘产销状况与形势。

一、2011 以来柑橘主要品种批发价格波动分析

近年来，柑橘价格随季节变动而变动。下面以蜜橘、脐橙、柚子为例，并与 2010 年同期批发价格相比较，分析 2011 年柑橘批发价格波动趋势。文中的批发价格指各地批发市场上报的大宗商品交易价格的平均价格。数据来自新农村商网。

（一）2010、2011 年蜜橘价格批发变动状况分析

从图 1 中可以看出，2010 年、2011 年蜜橘价格走势相同，1～8月总体呈现上升趋势，8 月以后总体出现下降趋势，这主要

是受蜜橘供应期的影响，每年 3～8 月市场上蜜橘供应量较少，导致价格上涨，进入 8 月份以后，新一年度的蜜橘开始上市，随着供应量增加，价格呈下降趋势。2011 年以来，柑橘价格批发价格区间在 3.54 元/kg 到 5.23 元/kg 之间，平均价格都要高于 2010 年同期价格，而且多数月份差距在 1 元以上，说明 2011 年蜜橘批发价格高于 2010 年。

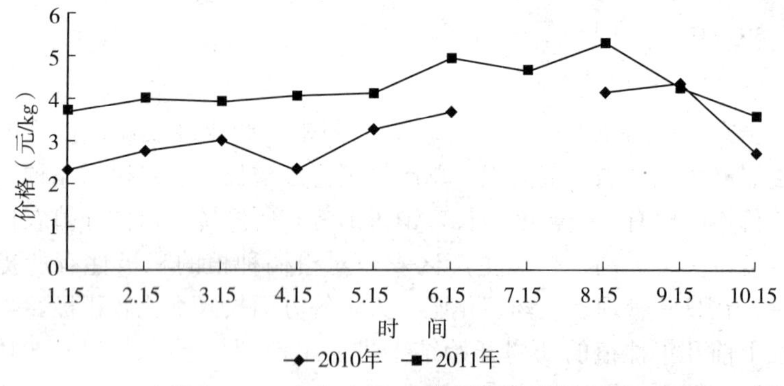

图 1　2010 年与 2011 年蜜橘批发价格对比

资料来源：根据中国农业信息网价格日报数据绘制（2010 年 7 月蜜橘价格空缺）。

（二）2010、2011 年脐橙批发价格变动状况分析

从图 2 中可以看出，2011 年脐橙批发价格波动区间为 4.58 元/kg 到 8.4 元/kg，高于 2010 年同期价格。2011，2010 年前 6 个月份走势非常相似。

二、2011—2012 年度我国柑橘生产状况分析

（一）我国柑橘生产状况分析

1. 种植面积与产量

近几年来，由于政府以及各地主管部门的大力引导，我国柑橘种植面积和产量一直保持稳步增长的态势（图 3）。

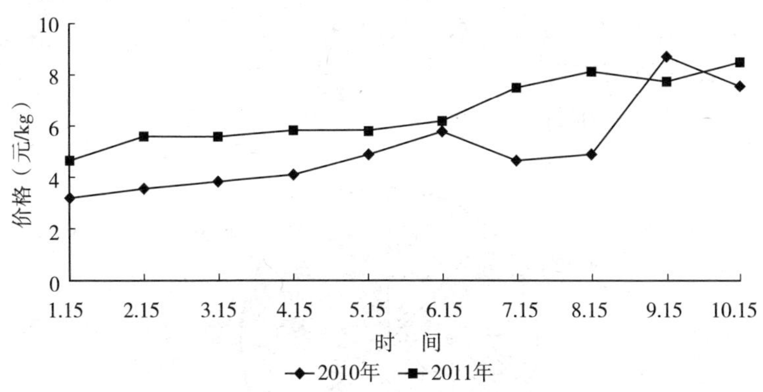

图2　2010年与2011年脐橙批发价格对比

资料来源：根据中国农业信息网价格日报数据绘制。

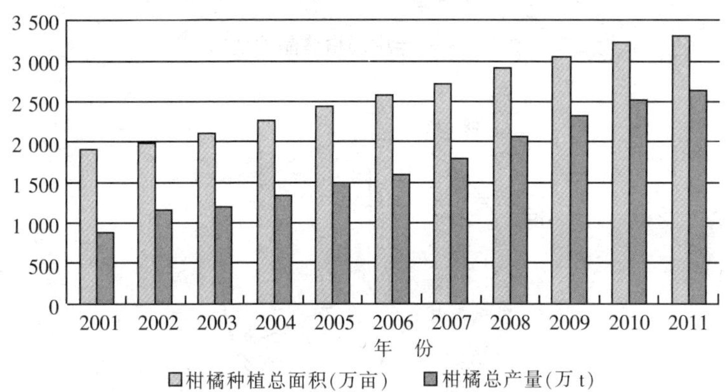

图3　2001年至2010年中国脐橙种植面积与产量

资料来源：中国农业统计资料（2001—2010）。

2010年与2001年相比，中国柑橘种植面积从1 907万亩增加到3 316万亩，增幅为73.9%；自2005年以后，柑橘种植面积每年增长率为6.4%、12.4%、14.9%、13.2%、8.1%、2.3%。总产量由2001年的878万t增加到2010年2 645万t，增幅为201%；自2005年以后，柑橘总产量每年增长率为5.5%、

5.6%、7.01%、4.6%、6.4%、4.9%。

2. 品种与结构

品种与结构见图 4 与图 5。

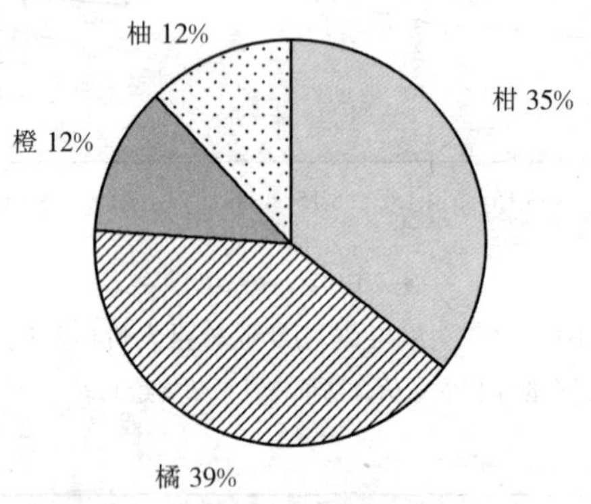

图 4 2001 年中国柑橘品种结构

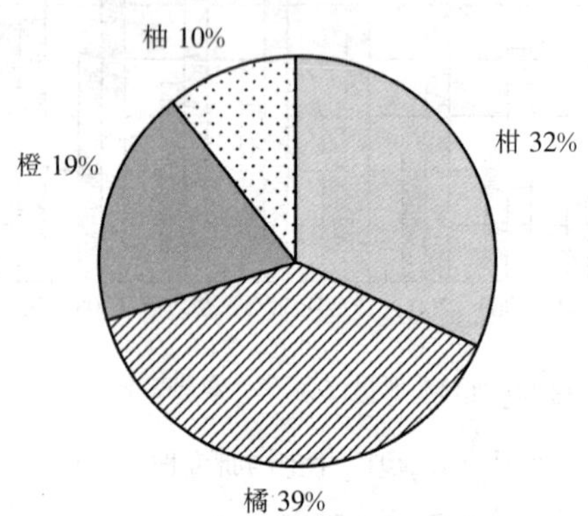

图 5 2010 年中国柑橘品种结构

资料来源：中国农业统计资料（2001，2010）

由图 4 可以看出，在 2001 年，我国柑橘类水果中，柑为 35%，橘为 41%，橙的比重为 12%，柚为 12%。从图 5 可以看出，到 2010 年，柑的比重为 32%，橘的比重为 39%，橙的比重为 19%，柚的比重为 10%。这说明经过多年品种优化和结构调整，柑橘品种结构有所优化，尤其是橙的比重得到显著上升，当然与世界其他国家相比，我国橙、柚所占比例过小，而柑、橘所占比例大的局面仍然没有得到根本改变。这种结构决定了中国柑橘大部分要用于鲜销而不是加工，所以当柑橘集中上市时不可避免的会出现销售难的问题。

3. 生产布局

我国主要有19个省（自治区、直辖市）生产柑橘，其中湖南、广东、广西、四川、福建、湖北、江西、浙江、重庆等9个省（直辖市）为主产区（表1）。

表1 2009年中国柑橘主产省份栽培面积及其产量

省份	产量（万t）	所占比例（%）	面积（万亩）	所占比例（%）
广东	350.0	13.23	423.9	12.78
湖南	343.8	13.00	388.9	11.73
广西	313.2	11.84	296.9	8.95
湖北	301.0	11.38	342.8	10.34
四川	292.9	11.07	379.8	11.45
江西	268.6	10.16	450.9	13.60
福建	272.3	10.29	263.1	7.93
浙江	190.8	7.21	171.8	5.18
重庆	139.0	5.26	207	6.24

资料来源：中国农业统计资料2010。

2010年，这9个省份总产量占全国产量的93.44%，种植面积占全国的88.21%，广东省柑橘产量居全国第一位，产量占全国的比重为13.23%，江西省种植面积居全国第一位，占全国比重为13.60%。

（二）2011—2012年度我国柑橘产量估计

由于当下我国柑橘刚进入收获期和上市期，只能对其产量进行估测。产量估测主要依据历年来产量变动趋势，以及柑橘主产区抽样调查数据（表2）。

表 2　2011 年我国柑橘种植面积产量预测

地　域	2009 年产量（万 t）	2010 年产量（万 t）	比上年增长（%）	2001—2010 年平均自然增长（%）	考虑受灾情况下静态增减（%）	2011 年预测增长（%）	2011 年产量预测（万 t）
全　国	2 521.1	2 645.24	4.92	14.21	6.53	7.57	2 845.57
浙　江	197.5	190.78	−3.42	1.83	0	1.84	194.29
福　建	266.8	272.30	2.05	5.61	2.4	2.52	279.16
江　西	299.4	268.60	−10.28	57.69	20	16.67	313.37
湖　南	274.7	301.04	9.59	20.10	−5.75	2.63	308.96
湖　北	338.5	388.92	14.90	16.09	12	10.2	428.58
广　东	322.1	350.04	8.69	23.16	10	8.3	379.09
广　西	289.2	313.21	8.29	15.24	8.9	5.4	330.12
重　庆	126.3	139.02	10.05	14.68	9.3	10.54	153.68
四　川	277.4	292.94	5.62	10.62	15	12.05	328.24
主产区合计	2 391.8	2 516.84	5.22	14.10	7.5	7.89	2 715.49
其他产区	129.2	128.40	−0.63	16.71	0	1.3	130.07

资料来源：中国农业统计资料（2001—2010），国家现代柑橘产业技术体系各地试验站统计数据。

表 2 列出了 2009 年与 2010 年我国柑橘总产量、柑橘主产区总产量、其他产区的柑橘总产量，2001—2010 年产量平均增长率、柑橘主产区上报的本年度考虑受灾情况下柑橘产量的静态增减率、2011 年柑橘产量预测增长率、2011 年柑橘产量预测。

结合 2001—2010 年各年柑橘产量增长率以及主产区考虑受灾情况下增减率，2011 年与 2010 年相比，柑橘预计增长 7.57% 左右，柑橘预测产量为 2 845.57 万 t。

三、2011—2012 年我国柑橘需求状况

目前来看，对我国柑橘需求主要有以下渠道：柑橘的鲜果消

费需求、出口需求、加工需求。

（一）国内居民的鲜果消费需求

国内居民对柑橘鲜果的需求，是我国柑橘需求中最重要的，历年数据显示，我国柑橘95%以上以鲜销为主。随着我国经济水平的不断发展，人民生活水平不断提高，但是据统计，我国人均水果消费量并没有同步提高。据统计，2000年我国人均消费水果数量57.48kg，2008年54.48kg，2009年为56.55kg，2010年为54.23kg，可见，我国人均水果消费量并没有随人民生活水平提高而显著提高。此外从以往统计资料来看，我国居民对水果的消费占食物的支出比例非常稳定（表3）。

表3　2003—2009年我国城镇居民水果消费支出与食物消费支出

	2004	2005	2006	2007	2008	2009	2010
食物支出（元）	2 709.6	2 914.39	3 111.92	3 628.03	4 259.81	4 478.54	4 804.71
水果支出（元）	189.59	173.96	203.75	272.24	293.48	332.73	378.75
水果支出占食物支出比重（%）	6.99	5.97	6.55	7.50	6.89	7.43	7.89

资料来源：中国统计年鉴（2004—2010）。

如表3所示，从2004年到2010年，我国食物支出绝对量随人民生活水平提高而稳步增长，但水果消费量占食物支出比重并没有明确的增长趋势，2005年和2004年，2008年与2007年相比，水果支出占食物支出的比重都分别呈现下降的趋势。

据统计柑橘一般占水果消费的20%左右，所以对水果支出增长缓慢和不稳定性，必然也会影响到对柑橘的需求。

（二）出口贸易

从对柑橘的出口需求来看，主要有两个方面，一是鲜果的出口，二是橘瓣罐头的出口。这两者的变化也会在一定程度上影响到我国柑橘的销售。

1. 鲜果出口

2001 年我国柑橘出口量为 17.1 万 t，2009 年增加到 111.2 万 t，但 2010 年出口量出现回落，出口量只有 93.3 万 t（表 4）。出口占产量的比重分别为 4.47 和 3.5%。而据《商务部中国农产品出口月度统计报告——柑橘属水果》报告显示的数据，2011 年截止到 2011 年 8 月份，我国柑橘属水果出口量只有 35.99 万 t，同比下降 26.6%，尤其是在西方主要国家经济增长乏力的大背景下 2010—2011 年度，中国柑橘属水果出口前景并不乐观。

表 4　2001—2010 年我国柑橘总产量与出口量及其所占比重

年度	柑橘出口量（万 t）	柑橘总产量（万 t）	出口所占比重（%）
2001	17.1	1 161	1.5
2002	21.7	1 199	1.8
2003	29.2	1 345	2.2
2004	36.1	1 496	2.4
2005	46.6	1 592	2.9
2006	43.5	1 790	2.4
2007	56.4	2 058	2.7
2008	86.2	2 331	3.7
2009	111.2	2 521	4.4
2010	93.3	2 645	3.5

数据来源：UNcomtrade。

2. 柑橘罐头的生产与出口

我国生产的柑橘罐头主要是橘子罐头，由于我国没有对柑橘罐头生产数据进行统计，所以无法掌握生产橘子罐头所消耗的柑橘数量，因此这里生产柑橘罐头所消耗的柑橘量采用 USDA 发布的 Citrus：World Markets and Trade（201106）提供的中国宽皮橘加工量。其中，2008—2009 年度为 55 万 t，而 2009—2010

年度年为 52 万 t，而 2010—2011 年度的预测加工数据为 42 万 t，按照生产 1 万 t 橘瓣罐头大约需要 1.5 万 t 橘子的比例计算，这样算来 2008—2009 年、2009—2010 年我国柑橘罐头产量约为 36.6 万 t 和 32.6 万 t，2010—2011 年度我国柑橘罐头产量预测为 28 万 t。

从罐头出口角度来看，从中国加入 WTO 后，我国的柑橘罐头出口一直呈上升的趋势（图 6）。2000 年出口量为 17.5 万 t，2007 年达到 33.9 万 t，2008 年达到了 35.3 万 t，受 2008 年国际金融危机以及 2008 年 7 月欧盟宣布对从中国进口的柑橘罐头征收临时反倾销税等不利因素的影响，2009 年柑橘罐头出口量有所下降，为 32 万 t，2010 年罐头出口量为 33.7 万 t，仍然没有达到 2008 年的 35.3 万 t。据最新数据显示，2011 年 1～9 月出口总量 26.57 万 t，与 2010 年同期相比，数量减少 3% 。因此，预计本年度罐头出口形势并不乐观。

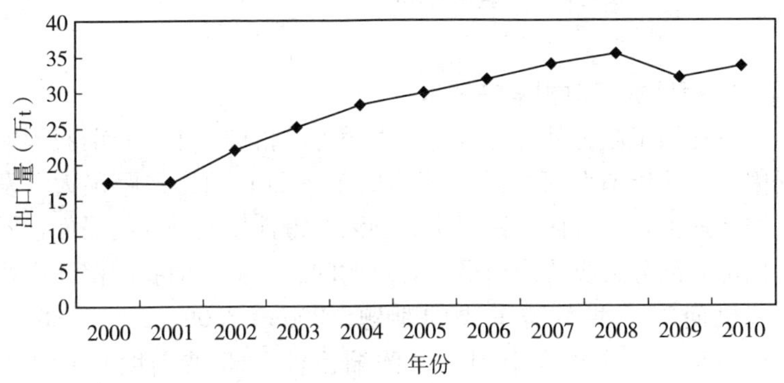

图 6　2001—2010 年中国柑橘罐头出口量

数据来源：UNcomtrade。

另一方面，目前中国柑橘罐头产量占世界总产量 70%左右，在欧盟等重要罐头消费地区都面临反倾销反垄断调查的危险，因此想通过提高柑橘罐头产量及其出口来消耗柑橘鲜果的潜力已经不大。图 7 中可以看出，2007 年以来我国出口欧盟的柑橘罐头数量明显下降，这主要是欧盟为保护盟内产业而对中国实施反倾销措施，导致中国出口欧盟柑橘罐头由 2007 年的 6.61 万 t 下降到 2009 年的 3.44 万 t。下降幅度达 48%。

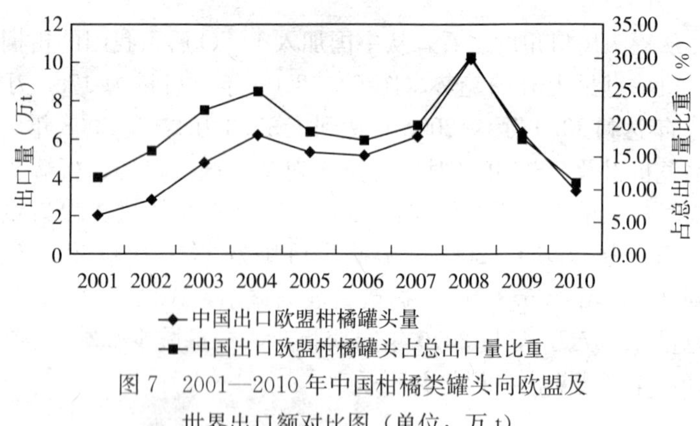

图 7　2001—2010 年中国柑橘类罐头向欧盟及世界出口额对比图（单位：万 t）

数据来源：UNcomtrade。

3. 橙汁加工对柑橘的需求

橙汁加工是另外一个具有巨大潜力的柑橘需求。目前我国人均橙汁原汁年消费量与欧美等国的 15～20L 相比差距很大。发展橙汁加工，一方面可以解决我国浓缩橙汁依赖进口的局面，同时也可以部分解决我国柑橘销售难的问题。但目前我国橙汁产业发展也面临一些急需解决的难题。2008—2009、2009—2010、2010—2011 三个年度中国生产浓缩橙汁（65 波美度）分别为 1.4 万 t、1.6 万 t、1.4 万 t；国内对浓缩橙汁的需求量分别为 6 万 t、6.1 万 t、6.2 万 t，进口的橙汁分别为 4.3 万 t、6.0 万 t、4.2 万 t。从这个数据来看，虽然我国人均消费橙汁与世界水平相比很低，但我国橙汁消费增加并不快。尤其是近两年，无论是本国生产量还是进口量都有下降的趋势。本国对橙汁的需求量、进口量下降，可能是受 2009 年全球橙汁价格大幅上升，导致生产者、消费者更多的选择生产、消费其他饮品。而中国浓缩橙汁产量持续低迷，与中国加工用鲜橙供应不足，加工成本过高有关。

橙汁加工可以消耗大量鲜橙，一般来说生产1t浓缩橙汁需11～15t鲜果，因此，大力发展我国橙汁加工产业，是解决我国鲜橙销售困难的一个重要途径之一。近几年来，我国各地陆续上马新建了多条浓缩橙汁加工线，随着加工能力提高以及各地鲜果供应能力提高，可以预计中国的橙汁加工将会有较大幅度的增长。

除了橙汁加工以外，再考虑其他柑橘类产品对柑橘的需求大约为14万t，以及每年柑橘损耗率为10%。

综合上面的分析，可以给出2006—2011年我国柑橘产销平衡表（表5）：

表5　2006—2011年中国柑橘产销平衡分析表

年份	供给量（万t）		需求量（万t）					
	产量	进口量	加工原料用量			损耗量	出口量	消费量
			罐头	橙汁	其他			
2006	1 789.8	7.89	65	13.2	8	179	43.51	1 667.98
2007	2 058.3	7.44	68	21.6	9	206	56.45	1 910.69
2008	2 331.3	10.60	70	40	12	230	86.20	1 903.70
2009	2 521.1	9.16	48	50	13	252	111.18	2 055.98
2010	2 645	10.5	42	60	14	264	93.3	2 161.2
2011预测	2 845.87	11	45	65	15	284	90	2 335.87

资料来源：国家柑橘体系产业经济研究室。

从表5可以看出，如果2011—2012年度柑橘产量为2 845万t，则有2 335万余t就要寄希望于国内鲜销。以2010年年底我国总人口13.7亿来计算的话，人均柑橘消费要达到17kg。而2010年我国人均水果消费量为54kg，柑橘消费要占到水果总消费的 31.5%才能完成。所以说 2011 年柑橘销售形势仍然严峻。就最新信息显示，2011 年全国橙、柚和南丰蜜橘、砂糖橘均大幅增产，只有温州蜜橘略减产，椪柑持平。加之 2011 年春节来得比较早，无形中缩短了销售旺季的时间，这也增加了市场竞争的压力。据相关媒体报道，江西南丰蜜橘 10 月中旬进入成熟采摘期以来，部分产区收购价甚至跌至 1.6 元/kg。赣南脐橙在北京新发地双桥农产品批发市场上的均价为 3.4 元/kg，比 2010 年市场价格降了三成。

四、中国柑橘销售影响因素及建议

（一）我国柑橘“销售难”影响因素分析

由以上分析，我国柑橘销售难是由于多种因素共同造成的，而且这些因素在短期内难以得到解决，因此柑橘销售困难在今后一段时间内是中国柑橘销售面临的主要问题（图 8）。

1. 通货膨胀因素影响柑橘销售

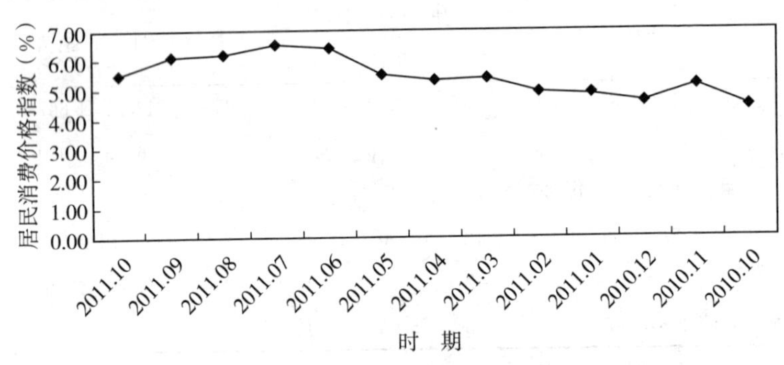

图 8　通货膨胀对柑橘销售的影响

2010 年 10 月份以来，中国消费价格指数居高不下，物价同比上升显著。通货膨胀对柑橘销售有两方面的影响，一是由于化肥、农药、人工费用等主要投入提高，导致柑橘种植成本相应提高，为了保证正常的收益，橘农销售时也不得不相应提高销售价格。二是通货膨胀会隐性降低居民的可支配收入，使得居民在水果消费上的支出增长缓慢甚至出现下降。

2. 柑橘种植结构导致销售压力大

目前我国柑橘品种以宽皮橘为主（2010 年比重为 71%），适宜制汁的橙比重较小（19%）。我国大量柑橘销售主要依赖鲜销和罐头加工。而其他一些柑橘产量大国，柑橘主要用于加工，因此销售压力不大。如 2010 年巴西甜橙产量为 2 019.6 万 t，用于加工 1 407.6 万 t，占总产量的 69.7%；美国 2010 年甜橙总产量为 796.3 万 t，其中用于加工的有 585 万 t，占总产量的 73.5%。

3. 国际贸易形势的不利变化影响出口需求

我国是柑橘生产大国，但鲜果出口占总产量比重很小。而近年来受西方主要国家经济增长乏力的影响，鲜果出口量增长缓慢。再加上欧盟对我国罐头企业进行反倾销调查，也影响了柑橘的加工需求。同时随着各国对食品安全问题的关注日益提高，产品出口的技术壁垒越来越高。对柑橘的检验检疫标准逐渐提高，造成我国柑橘出口受到影响。

（二）一些建议

1. 加强柑橘产业的宏观引导，引导形成科学合理的产业布局

近几年全国很多地方都在大力发展柑橘等水果产业，尤其是一些新兴柑橘产区，柑橘种植面积增长较快，局部来看，这种做法为各地农业结构调整做出一定贡献，但由于没有统一宏观规划，存在盲目跟风扩大种植面积的现象，使全国柑橘栽培面积和产量迅速提高，造成市场供过于求、品质优劣不一等问题，影响了柑橘产业长远健康发展。

因此政府及相关领导部门要进一步完善和优化柑橘的布局，结合各地区的特点，落实国家关于农产品优化布局的规划，发展具有地方特色的基地。稳定现有栽培面积，优化品种结构，适当缩减宽皮橘的种植面积，增加甜橙的比例；在成熟期上应避免大部分柑橘同时成熟、上市的时间集中，增加特早熟和早熟品种，加大科研力度，加快新品种的开发，开发优质、符合消费者需求的果品。

2. 加强信息服务与基础设施建设，塑造品牌，拓宽营销渠道

目前我国柑橘供求状况从短缺转向过剩，卖方市场转为买方市场，柑橘“卖难”问题时有发生，并成为困扰柑橘产业发展的主要障碍。作为单个经营主体，果农对市场信息的了解有限，主产区的政府及协会应充分发挥信息服务功能，及时收集柑橘的供求信息，及时发布，引导果农应对市场价格的变化，最大限度地避免市场风险。尽快完善农村的流通基础设施建设，包括仓储、冷冻、保鲜、分级、包装、配送等一系列条件，进而建立起强大的市场运作体系。各级政府应及时通报市场信息，引导农民适时适价销售，吸引更多客商前来收购。

同时要加强地方柑橘果品目标市场的定位与选择。柑橘果品的销售应立足柑橘非产区，关注周边市场，着眼国内外大市场，寻求销售空间，开辟新市场，抢占市场份额。按地区、层次、口味进行市场定位，除满足大众消费外，积极开发高档礼品果品特色果品供应市场。检验检疫部门应加强对水果出口企业的引导服务，帮助企业开拓国外市场。

3. 促进橙汁加工产业的发展

目前，我国橙汁加工企业布局基本完成，橙汁加工能力迅速提高，阻碍橙汁加工产业发展的主要因素还是在于鲜果供应期过于集中以及加工成本过高。我国适合加工的甜橙上市时间较集中，甜橙上市时，加工厂没有能力及时收购并完成加工，而上市季节过后，加工厂又没有原料可以加工，只能闲置，造成了设备浪费。此外中国加工用甜橙收购价格较低，果农不愿意把质量好的果子卖给加工厂。

因此提高甜橙生产基地的技术和管理水平，建立大型冷储基地，推广简单实用保鲜和储运技术，延长柑橘的储存、运输和销售时间，从原料果实加工适应性、原料果实数量及供应期、价格等方面，突破制汁业发展的原料“瓶颈”是发展橙汁加工业的关键。

4. 加强对果农引导，发展新式种植模式

当前柑橘供销形势关键还是在于供给大于需求。要从总体来扭转这一趋势，需要较长时间才能完成。短期来看，可以从引导农户改变自己的经营模式入手。由追求产量向追求质量转变，例如现在有些产区已经开展隔年生产模式，这种模式结的果实质量更高，一年的收入比以往两年收入还要高，同时又节约了农药、化肥、人工的投入，取得了较好的效果。此外，要注重树立地区特色品牌，要分地区、分层次、按口味进行市场定位，除了满足大众消费外，要发展高档果品市场和特色果品市场，提高果品利润率。

我国脐橙市场价格预测

——基于SARIMA模型的实证分析

Forecasting and Analysis of the Navel-Orange Market Price Based upon SARIMA Model in China

陆　玮　王伟新　祁春节

Lu Wei　Wang Weixin　Qi Chunjie

摘　要　本文利用2004—2010年各月我国脐橙市场价格数据，运用SARIMA模型对我国脐橙市场价格进行了预测分析。模型预测数据与实际数据的比较结果显示，模型短期预测精度较高。利用该模型对下一期脐橙市场价格进行预测发现，2011年后三个季度我国脐橙市场价格较往年相对偏高，而这也与当前我国农产品价格不断上涨的趋势相吻合。

关键词　脐橙；价格；SARIMA模型；预测

Abstract　This paper set up SARIMA model according to the Navel-orange market price data of various months from 2006 to 2010 in china, and used the software Eviews5. 0. The result showed that the model fitting is more successful by comparing the model forecast data and the actual data, proved that the model short-term forecast precision is high. The study can offer better theory reference of data process for navel-orange production and circulation.

Key words navel-orange, price, SARIMA model, forecasting

一、引　言

脐橙是甜橙类中的重要的品种，主要以鲜食为主，被誉为“甜橙之王”、“柑橘皇后”。我国是脐橙种植大国与生产大国，脐橙生产主要集中在江西、重庆、湖北、湖南。此外，四川、广西、福建、广东和台湾也有少量生产。脐橙种植与生产活动也给相关种植农户带来很大的经济利益，据预测，到 2015 年，国内外，特别是国内消费者对脐橙的需求量将会有更显著的增长。另一方面，由于农产品受自然条件和市场双重影响的特殊性，脐橙的市场价格波动频率高，幅度大，影响因素也十分复杂，再加上脐橙的种植周期较长，脐橙种植农户对脐橙收益有较大的顾虑[1]。鉴于此，作为种植活动风向标的脐橙价格研究与预测显得十分必要。

目前，国内关于柑橘类水果价格的文献大多集中于价格波动与柑橘生产的相关性分析（陈新建等，2009；鲁晓旭等，2010）以及柑橘价格形成和利益分配机制的研究（何劲等，2008，2009）。这些研究都在一定程度上揭示了柑橘类水果价格的运行特点，但鲜有针对脐橙价格的具体研究，而利用脐橙价格时间序列，构建模型对未来脐橙价格进行预测的研究还未有涉及。本文将通过分析脐橙市场价格序列的特征，建立 SARIMA 模型并检验其预测精度，探索适合我国脐橙市场价格预测的时间序列模型，并对下一期脐橙市场价格进行预测，力图为相关部门引导脐橙种植户生产提供可靠的决策依据。

二、模型与数据

（一）SARIMA 模型

SARIMA 模型来源于自回归移动平均模型（ARIMA），用符号表示为 SARIMA（p，d，q）×（P，D，Q）s。其中，s 代表周期，AR 代表自回归，MA 代表移动平均，I 代表积分，p 表示简单模型的自回归阶数，q 表示简单模型的移动平均阶数，d 表示简单模型的差分阶数，P 表示季节模型的自回归阶数，Q 表示季节模型的移动平均阶数，D 表示季节差分的阶数。其表达式为：

$$\Phi_p(L)A_p(L^s)(\Delta\Delta_{12}X)=\Theta_q(L)B_Q(L^s)v_t \quad (1)$$

SARIMA 模型是表述最全面的时间序列预测模型，其他的模型都可以由它简化变型后得到。其建模思想是，将预测对象随时间推移而形成的数据序列看作一个随机序列，时间序列是一组依赖时间 t 的随机变量，构成该时间序列的单个序列值虽然具有不确定性，但整个序列的变化却是有一定的规律性，可以用数学模型近似描述的[2]。这组随机变量所具有的依存关系或自相关性表征了预测对象发展的延续性，而一旦这种自相关性被相应的数学模型描述出来，就可以从时间序列的过去值预测其未来值，通过 SARIMA 模型可以消除趋势性和季节性，转化为平稳时间序列进行建模。

（二）数据来源及说明

数据来源于中国农业信息网，将全国各地脐橙批发市场上的每日价格的汇总平均得到当日的平均日报价，将平均日报价汇总平均得到各个月份的平均月报价，选择平均月报价作为预测模型的基础数据，整理后共得到 84 个样本数据，研究选取的时间段为 2004 年 1 月至 2010 年 12 月。利用 Eviews5.0 软件处理样本后，将实际值和模型的预测值进行对比验证，检验预测模型的精确程度。

三、我国脐橙市场价格预测的实证分析

（一）模型的平稳化检验及处理

将脐橙市场价格月度数据记为序列 X，单位为元/kg。为了

克服数据的异方差性，对脐橙市场价格原始数据进行对数化处理：lnx=log（x），得到新序列 LNX（图 1）。

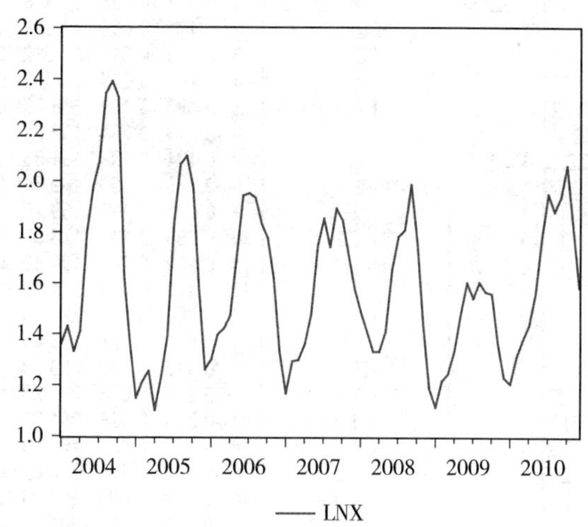

图 1　脐橙价格对数序列

图 1 反映了 2004 年 1 月至 2010 年 12 月间我国脐橙市场价格的变化规律。从图中可以清晰地看出，我国脐橙市场价格在每一年的第一季度达到最低点，在第三季度达到最高点，存在明显的季节性。

通过观察 LNX 序列的自相关和偏自相关图（图 2）可以看到 LNX 序列是一个非平稳序列，且与其 12 倍数的滞后期存在显著的自相关关系，需要对其进行季节性差分处理。为消除季节性并使得序列趋于平稳，我们首先对 LNX 序列进行一阶差分处理：dlx=lnx−lnx（−1），得到序列 DLX。继续对 DLX 序列进行季节差分处理，用 Y 表示：y=dlx−dlx（−12），得 Y 序列（图 3）。

从图 3 中可直观看出，经过一阶差分和季节差分处理后的数据已经基本消除了趋势性，并且从序列 Y 的自相关和偏自相关图（图 4）也可以看到 Y 序列近似为一个平稳时间序列。

Autocorrelation	Partial Correlation		AC	PAC	Q-Stat	Prob
		1	0.826	0.826	59.316	0.000
		2	0.474	-0.652	79.086	0.000
		3	0.069	-0.211	79.512	0.000
		4	-0.268	-0.033	85.993	0.000
		5	-0.493	-0.187	108.25	0.000
		6	-0.578	-0.061	139.20	0.000
		7	-0.491	0.188	161.83	0.000
		8	-0.289	-0.060	169.74	0.000
		9	-0.021	0.116	169.79	0.000
		10	0.250	0.191	175.87	0.000
		11	0.430	-0.146	194.18	0.000
		12	0.470	-0.051	216.32	0.000
		13	0.360	-0.007	229.48	0.000
		14	0.186	0.125	233.04	0.000
		15	-0.018	-0.119	233.08	0.000
		16	-0.214	-0.074	237.93	0.000
		17	-0.353	0.024	251.36	0.000
		18	-0.397	-0.039	268.66	0.000
		19	-0.302	0.194	278.82	0.000
		20	-0.118	0.021	280.38	0.000
		21	0.078	-0.201	281.07	0.000
		22	0.242	0.166	287.88	0.000
		23	0.334	0.094	301.12	0.000
		24	0.328	-0.248	314.09	0.000
		25	0.258	0.350	322.24	0.000
		26	0.143	-0.034	324.80	0.000
		27	-0.011	-0.439	324.82	0.000
		28	-0.150	0.782	327.72	0.000
		29	-0.232	-0.873	334.80	0.000
		30	-0.255	-8.348	343.50	0.000

图 2　LNX 的自相关和偏自相关

（二）单位根检验

通过序列折线图只能对序列平稳性作出较为直观的判断，利用自相关与偏自相关图也只是对序列平稳性进行了粗略判断。而时间序列模型要求序列必须是平稳的，否则建立的经济模型将会出现虚假回归问题，因此有必要对时间序列的平稳性作出更为严格的检验[3]。下面采用较为正式的时间序列平稳性检验方法（单位根检验法）对三种序列分别进行分析。ADF 检验和 PP 检验结果见表 1：

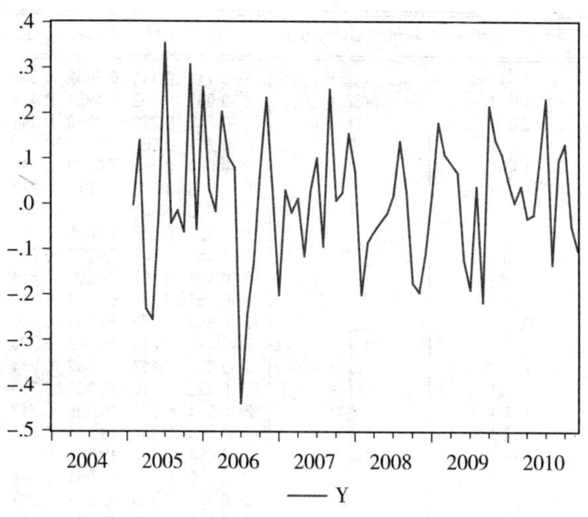

图 3 脐橙价格对数差分、季节差分序列

表 1 各序列的 ADF 检验和 PP 检验

检验类型 \ 序列	LNX	DLX	Y
ADF 检验	−5.596 685	−6.537 873	−7.311 462
1% level	−3.512 290	−3.520 307	−3.527 045
5% level	−2.897 223	−2.900 670	−2.903 566
10% level	−2.585 861	−2.587 691	−2.589 227
PP 检验	−3.695 918	−4.998 833	−7.453 663
1% level	−3.511 262	−3.512 290	−3.527 045
5% level	−2.896 779	−2.897 223	−2.903 566
10% level	−2.585 626	−2.585 861	−2.589 227

ADF 检验和 PP 检验的原假设是存在单位根的，一般 Eviews 输出的 ADF 检验和 PP 检验的统计值，只要这个统计值小于 1%水平下的临界值就可以极显著的拒绝原假设，认为数据平稳。从表 1 中可以明显地看出：序列 Y 的 ADF 检验

Autocorrelation	Partial Correlation		AC	PAC	Q-Stat	Prob
		1	0.111	0.111	0.9062	0.341
		2	-0.088	-0.102	1.4924	0.474
		3	-0.240	-0.223	5.8982	0.117
		4	-0.106	-0.069	6.7617	0.149
		5	-0.064	-0.093	7.0832	0.215
		6	-0.016	-0.077	7.1041	0.311
		7	0.010	-0.041	7.1116	0.417
		8	-0.022	-0.079	7.1496	0.521
		9	0.058	0.027	7.4272	0.593
		10	0.121	0.092	8.6692	0.564
		11	-0.061	-0.111	8.9954	0.622
		12	-0.283	-0.273	16.031	0.190
		13	-0.078	-0.013	16.569	0.220
		14	-0.035	-0.117	16.682	0.274
		15	0.123	-0.010	18.088	0.258
		16	0.034	-0.077	18.198	0.312
		17	0.060	-0.027	18.541	0.355
		18	-0.094	-0.141	19.404	0.367
		19	0.073	0.061	19.941	0.398
		20	0.169	0.128	22.841	0.297
		21	0.052	0.025	23.126	0.337
		22	0.024	0.134	23.186	0.391
		23	-0.007	0.063	23.191	0.450
		24	-0.035	-0.040	23.327	0.501
		25	-0.066	-0.016	23.825	0.529
		26	0.055	0.101	24.169	0.566
		27	-0.044	-0.029	24.397	0.608
		28	-0.018	0.027	24.438	0.658
		29	-0.026	0.004	24.522	0.703
		30	0.034	-0.057	24.664	0.741
		31	-0.073	-0.024	25.351	0.752
		32	-0.047	0.024	25.647	0.779

图 4　Y 的自相关和偏自相关

值－7.311 462和 PP 检验值－7.453 663均明显小于 1％水平的临界值－3.527 045，所以拒绝原假设，由此可知该序列是平稳的，可以进行模型识别。因此，可以确定能够建立脐橙价格的 SARIMA（d＝1，D＝1）模型。模型的一般表达式为：

$$\Phi_p(B)U_p(B^s)(\Delta\Delta_{12}LNX)=\Theta_q(B)V_Q(B^s)\ \varepsilon_t \qquad (2)$$

式中　t ——时间；

B ——滞后算子；

Δ ——$1-B$；

Δ_{12}——$1-B^{12}$ ；

$\Phi_p(B)$ ——$1-\varphi_1 B-\varphi_2 B^2-\cdots-\varphi_p B^p$；

$\Theta_q(B)$ ——$1-\theta_1 B-\theta_2 B^2-\cdots-\theta_q B^q$；

$U_P(B^s)$——$1-u_1 B^s-u_2 B^{2s}-\cdots-u_P B^{Ps}$；

S —— 一个季节循环中观测的个数；

$V_Q(B^s)$——$1-v_1 B^s-v_2 B^{2s}-\cdots-v_Q B^{Qs}$ 。

(三) 模型的识别及参数估计

由于序列 Y 是对序列 LNX 进行一阶逐期差分和一阶季节差分得到的，因而有 d=D=1；由平稳序列 Y 的自相关和偏自相关图（图 4）可知，该序列的自相关和偏自相关都是拖尾的，但都有显著不为零的相关系数。通过直观判断，我们初步选定季节自回归阶数 P=1，季节移动平均阶数 Q=1。由未经季节差分的序列 LNX 的自相关和偏自相关图（图 2）可知，该序列的自相关和偏自相关均为一阶截尾，故我们初步判断非季节自回归阶数 p=1，非季节移动平均阶数 q=1。经过多次检验，综合比较各个模型的可决系数，AIC 和 SC 值。各模型的检验结果比较见表 2：

表 2　各模型的可决系数与 AIC、SC 值

检验类型 \ 模型	(0，1，0) × $(1，1，1)_{12}$	(0，1，1) × $(1，1，1)_{12}$	(1，1，0) × $(1，1，1)_{12}$	(1，1，1) × $(1，1，1)_{12}$
可决系数	0.199 355	0.232 026	0.258 950	0.409 194
AIC 值	−1.342 115	−1.367 578	−1.385 792	−1.596 238
SC 值	−1.271 690	−1.261 940	−1.279 217	−1.454 139

比较表 2 中各模型的检验结果，第四个模型调整后的样本可决系数最大，AIC 和 SC 值都相对最小，因此选择第四个即 SARIMA（1，1，1）×（1，1，1）$_{12}$模型比较合适。其展开式为：

$$(1+0.858\,365B)(1+0.512\,917B^{12})(1-B)(1-B^{12})\log(x)=(1-1.267\,532B)(1+0.018\,276B^{12})\varepsilon_t \quad (3)$$

(−7.072 978)　(−5.670 402)　　(7.024 112)　(0.109 299)

其中，ε_t 为白噪声序列，括号中的数值为 t 检验值，其值大小说明各个变量系数的显著程度。该模型的回归标准差为0.105 368，因变量标准差为 0.137 084，D－W 统计量为1.618 520，因而，我们判断此模型拟合程度较好，可以进行下一步诊断检验。

（四）模型的诊断

参数估计后，对模型进行检验，即对模型的残差序列进行白噪声检验。若残差序列不是白噪声序列，意味着残差序列还存在有用信息没被提取，需要进一步改进模型。针对模型 SARIMA（1，1，1）×（1，1，1）$_{12}$，利用残差相关性 Q 检验以及观察残差的自相关系数和偏自相关系数法和对残差序列做单位根检验法，判断该模型的残差序列是否为白噪声序列[4]。对模型 SARIMA（1，1，1）×（1，1，1）$_{12}$的残差进行检验，得到残差的自相关图和偏自相关图（图 5），以及单位根检验见表 3：

Autocorrelation	Partial Correlation		AC	PAC	Q-Stat	Prob
		1	0.183	0.183	2.0467	0.153
		2	-0.132	-0.171	3.1288	0.209
		3	-0.214	-0.164	6.0223	0.111
		4	-0.365	-0.343	14.608	0.006
		5	-0.056	0.002	14.814	0.011
		6	-0.040	-0.207	14.922	0.021
		7	0.133	0.052	16.129	0.024
		8	0.095	-0.136	16.763	0.033
		9	0.011	-0.002	16.771	0.052
		10	0.080	0.013	17.233	0.069
		11	-0.019	0.027	17.260	0.100
		12	-0.010	-0.004	17.267	0.140
		13	-0.019	0.029	17.294	0.186
		14	-0.080	-0.049	17.806	0.216
		15	-0.043	-0.020	17.956	0.265
		16	-0.047	-0.054	18.137	0.316
		17	0.045	0.024	18.305	0.370
		18	0.009	-0.098	18.312	0.435
		19	0.070	0.075	18.746	0.473
		20	0.060	-0.037	19.080	0.517
		21	0.123	0.222	20.495	0.490
		22	0.094	0.048	21.342	0.500
		23	-0.127	0.006	22.952	0.464
		24	-0.167	-0.093	25.790	0.364

图 5　残差序列的自相关和偏自相关

表 3　残差序列的 ADF 检验和 PP 检验

检验类型		1% level	5% level	10% level	Prob
ADF 检验	−6.183 058	−3.550 396	−2.913 549	−2.594 521	0.000 0
PP 检验	−6.245 423	−3.550 396	−2.913 549	−2.594 521	0.000 0

通过对残差序列进行检验，由图 5 可以看出模型的残差值较小，残差的自相关值和偏自相关值基本上在置信区间内，与零无显著差异，近似于白噪声序列，显示出符合平稳数据的特征。而且从表 3 得知残差可以通过 ADF 单位根检验和 PP 单位根检验。因此，残差序列是白噪声过程。模型的诊断效果比较好，所以判断该模型可行，能够用于预测[5]。

（五）预测及效果分析

利用上面脐橙价格 X 的 SARIMA 模型对某一时间段进行预测，我们用 X 表示脐橙市场价格的实际值，由此我们可以推出脐橙市场价格的预测值 X_f。我们首先利用 SARIMA（1，1，1）×（1，1，1）$_{12}$模型对 2011 年 1 月至 6 月的脐橙市场价格进行预测，通过计算，脐橙市场价格的预测值和实际值比较见表 4：

表 4　脐橙市场价格预测值与实际值比较

	X	X_f	绝对差异	相对差异（%）
2011.1	4.62	4.635 198	0.015 198	0.329
2011.2	5.20	5.158 474	−0.041 526	0.799
2011.3	5.26	5.414 445	0.154 445	2.936
2011.4	5.66	5.829 254	0.169 254	2.990
2011.5	6.54	6.668 023	0.128 023	1.958
2011.6	7.79	7.926 497	0.136 497	1.752

表 4 列出了我国脐橙市场价格预测值与实际值对比的情况。模型每月的预测值与实际值的百分误差均在 3%以内，平均相对

差异仅为1.79%，模型的整体预测能力较好。但是需要指出的是，从表中也可以看出，随着模型预测区间的延长，该模型预测误差会逐渐增大，这也是SARIMA模型的局限性。表5是利用该模型对2011年7月至12月我国脐橙市场价格的预测，2011年7月的预测值为8.34元/kg，而利用不完全日均价格计算出来的当月实际均价为8.44元/kg，两者差距较小，再次说明该模型具有较好的预测效果。同时，从表中也可以看出，2011年后三个季度我国脐橙市场价格较往年相对偏高，而这也与当前我国农产品价格不断上涨的趋势相吻合。

表5 脐橙市场价格预测值

时间	2011.7	2011.8	2011.9	2011.10	2011.11	2011.12
预测值	8.34	8.33	8.39	8.92	7.18	5.96

四、结论与政策含义

本文运用SARIMA模型对我国脐橙市场价格预测进行了实证研究。结果表明：该模型短期预测精度较高，可以为我国脐橙的生产与流通提供重要的数据指导。从对下期脐橙价格的预测结果看，与当前我国大多数农产品价格的不断攀升的情况一样，脐橙市场价格也将面对持续上涨的趋势。有关脐橙生产、流通的农户和企业可以据此做出适当的决策安排[6]。应当指出的是，脐橙等水果产品价格的影响因素很多，诸如供求关系、新鲜程度、收入水平、消费习惯、天气变化等，这些因素都会对脐橙价格产生影响。

因此，为了保持中国脐橙市场价格的稳定，在政策举措方面可以从以下三个方面入手：

1. 加大对专业合作社和种植大户的支持力度。生产者组织起来可以提高其市场谈判能力，这样脐橙市场价格波动才不致损害脐橙种植户利益。

2. 优化脐橙种植结构，提升脐橙均衡供给能力。重视早、晚熟品种的选育，以调节脐橙的上市期，避免脐橙在短期内大量上市导致市场上供过于求的假象，从而保证脐橙市场价格的稳定。

3. 积极发展脐橙加工业，延长脐橙产业链。脐橙加工业的发展可以有效地缓解脐橙鲜果集中上市带来的供需压力，稳定脐橙市场价格，而且还可以提高脐橙产品的附加价值。

参 考 文 献

[1] 张华初．我国社会消费品零售额 ARIMA 预测模型［J］．统计研究，2006（7）：58－60.

[2] 张正．关于价格形成及预测的理论研究［J］．农业经济，2005（12）：33－34.

[3] 汪艳涛，王志奇．中国农产品贸易 ARIMA 模型的建议及预测：2009—2012 年［J］．经济与管理，2009（7）：119－123.

[4] 何劲，祁春节．中国柑橘生产成本及市场价格变动的实证研究［J］．中国物价，2009（1）：25－28.

[5] 肖龙阶，仲伟俊．基于 ARIMA 模型的我国石油价格预测分析［J］．南京航空航天大学学报（社会科学版），2009（4）：41－46.

[6] 郭志武．基于 ARIMA 模型的季节调整方法及研究进展［J］．中国医院统计，2009（1）：65－69.

我国柑橘消费行为及其影响因素的实证研究

——以武汉市城乡居民柑橘消费为例

Empirical Study of Citrus Consumption Behavior and Its Influencing Factors

—Take Urban and Rural Residents' Citrus Consumption in Wuhan City for Example

何　劲　祁春节

He Jin　Qi Chunjie

摘　要　进入后金融危机时代，我国柑橘产业发展面临着国内供求失衡和国际贸易疲软的严峻形势，柑橘消费受到了新的挑战。本文综述了我国柑橘消费行为的特点及其基本类型，以武汉市城乡居民消费为例，实证分析了柑橘消费行为的主要影响因素，并针对性提出了调整优化柑橘产品结构、推行柑橘标准化品牌化生产、重构柑橘行业渠道模式、创新柑橘营销策略等对策建议。

关键词　柑橘；消费行为；影响因素；对策建议

Abstract　Entering the post-finance crisis era, citrus industry is facing the grim situation such as domestic supply and demand imbalances and international trade depression in China and Citrus consumption take new challenges. This paper reviews the citrus consumer behavior characteristics and its basic type in China, have empirical analysis on the main factors of citrus consumer behavior on taking urban and rural residents in Wuhan for example and makes suggestion such as optimizing citrus products structure, implementing standardized and branded citrus production, reconstruction marketing channel mode of citrus industry, innovating citrus marketing strategy.

Key words citrus, consumer behavior, influencing factors, suggestion

一、问题的提出

进入后金融危机时代，我国柑橘产业发展面临着产出大于需求的结构性过剩和国际市场贸易疲软的严峻形势，柑橘消费受到了新的挑战。如何应对挑战走出困境，一条重要的路径就是了解和分析柑橘消费行为，开拓国际国内两个市场。就国内市场而言，当前的首要任务就是要深入了解和分析我国城乡柑橘消费行为变化及其影响因素，创新以满足城乡居民消费需求为目标的柑橘生产模式、柑橘营销渠道和营销策略，挖掘国内柑橘消费空间，不断提升柑橘产品的市场竞争力和消费群体的忠诚度。本文试图以武汉市城乡居民的柑橘消费为例，通过对柑橘消费行为及其影响因素的实证分析，得出研究结论并提出相应的对策建议，可为政府相关部门制定宏观政策和柑橘生产经营者微观决策提供有益的参考。

二、我国柑橘消费行为的特征及基本类型

（一）柑橘消费行为的特征分析

改革开放以来，我国柑橘产业得到了快速发展，随着柑橘生

产现模的逐年扩大和城乡居民收入水平的不断提高，柑橘产品越来越多的从果园走进千家万户的国民餐桌，柑橘市场从产地批发到销地零售数量之多遍及城乡各地，广大柑橘消费者的消费理念和消费行为也悄然发生巨大变化。从柑橘消费行为来看，具有以下明显特征：

1. 柑橘消费正在由季节性消费向常年性消费转变。一方面是柑橘品种结构和成熟期结构的不断优化为常年性柑橘消费提供了丰富的物质基础，加之淡季的少量柑橘进口，能基本保障柑橘产品的常年供给；另一方面是充足的市场供给和先进的柑橘贮藏保鲜技术的应用以及遍布全国的柑橘营销网络，有效保证了城乡消费者一年四季都可以买到柑橘鲜果和柑橘加工品。可见柑橘消费正在由过去的季节性消费向现代的常年性消费转变。同时这种消费行为的转变也表明我国柑橘消费市场正在由小规模走向大规模，由低水平走向高水平，由国内走向国际大市场。

2. 柑橘消费正在由单一化消费向多样化消费转变。由于我国柑橘种类和品种的多样化、柑橘品质特征的差异化以及加工技术和营销渠道的现代化，又给消费者提供了在品种、品质、购买时间与地点等方面的多种选择购买机会，从而使不同消费者的不同消费需求可以在同一时间和地点得到满足；而对于同一消费者也有了更多的机会来满足其对不同品种或同一品种柑橘不同品质的消费需求。柑橘消费的多样化为柑橘生产者和经营者创造了更多的生产机会和商机，也是柑橘消费从单一化走向多样化、从趋同化走向差异化、从不理性化走向成熟化的行为表现。

3. 柑橘消费正在由特殊群体消费向大众化消费转变。在我国城乡居民生活水平已由过去贫穷迈向现代基本小康的新时期，柑橘的消费量和柑橘消费群体都在不断增加和扩大，柑橘已不再是过去老人、小孩、客人及病人的享用品，也不仅是走亲访友的携带礼品，而正在成为每个家庭的生活必需品和社会大众的普通消费品。据有关专家提示，经常鲜食质量安全的柑橘果品，不仅能获得香、甜、润、美的享受，而且还能得到了强身健体、养颜延年，夏饮美味香甜的柑橘果汁还可收到解暑降温的效果，尤其是小品种柑橘还具有特殊的保健功能和医用价值。

（二）柑橘消费行为的基本类型

根据消费行为学的观点，一般来说柑橘消费行为的发生与变化，不仅取决于柑橘消费者的消费水平、消费心态、消费理念和消费习惯，而且取决于柑橘果品的生产数量、市场价格、品种品牌和质量与安全等诸多因素[1]。就现阶段而言，从我国柑橘消费行为的主要特征分析来看，城乡居民的柑橘消费行为大致可分为以下三种基本类型：

1. 经济实用消费型。此类消费群体的柑橘消费行为常易受柑橘价格、本人收入水平等因素的影响而变化。其柑橘消费的基本目标是价廉物美，对柑橘价格变化比较敏感和在乎，甚至还会在心中确立一个目标消费价格，只有柑橘不同品种的市场价格和自己的理想价格相一致时，才会有可能去购买食用，或者是在降低价格促销时乘机多购买一些放在家中食用更长一点时间，可谓精打细算细水长流，而当柑橘销价上升时，其消费量就会明显减少。这类消费者对当前柑橘价格走低的认同度和满意度最高，而对柑橘的质量安全和品牌形象并不在乎，他们购买柑橘的频率不高，一般喜好到城乡农贸市场或找个体“扁担”商贩购买，其购买动机是满足营养和口味或是家中老人或小孩消费需要。这种类型的消费群体一般为城乡中低收入家庭，更多是低收入家庭。

2. 跟随体验消费型。此类消费群体的柑橘消费行为易受市场柑橘品牌、价格和周围消费者消费行为的影响，自己没有明确的柑橘消费目标，往往是跟随大流看到别人购买他也跟随购买，乐于购买尝试刚上市柑橘和柑橘新品种，而到柑橘淡季或者周围人群购买减少时，柑橘消费也很快减少或被遗忘。这类消费喜好新鲜柑橘新品种，对柑橘包装和产地有要求，较关注产品质量与安全，但没有固定的品牌意识，而对当前市场柑橘价格认为比较合适，购买柑橘频率较高，一般进连锁超市购买很少去农贸市场购物，其购买动机是体验新鲜、尝试稀缺口味，对柑橘销价并不在乎，多为满足个人消费需要。这种类型的柑橘消费群体一般为大、中学生和企业、事业单位的年轻人，更多为女性年轻员工和职工以及年轻夫妻城乡居民家庭。

3. 追求品质消费型。此类消费群体的柑橘消费行为不受外部条件影响而改变，消费目标明确有主见，当他认识到食用柑橘有益身体健康时，一般会坚持经常购买，把柑橘消费作为一种健身的必需品。其柑橘消费品种具有多样性，为了实现既定的消费目标，柑橘价格波动不会影响其消费行为的变化，他们有较厚实的经济基础和追求生活品质的动机，不在乎柑橘销价的高低和品种的时尚，而关注柑橘的品质和安全，更关注柑橘的产地和品牌，把有益于身体健康和其医用保健功能放在追求柑橘品质消费的第一位。这种类型的柑橘消费群体一般为月均收入水平较高的大中城市中、老年人和文化科技素养较高的人群以及柑橘个性化消费强烈的少数消费者，他们经常进出大中型超市购买品牌柑橘或进口名牌柑橘产品，对可信赖的柑橘品牌和知名超市卖点保持很高的忠诚度。

三、我国柑橘消费行为影响因素的实证分析

（一）消费者人口统计变量分析

本文研究以武汉市城乡柑橘消费者为例，并以江汉、汉阳、武昌三个城区和汉南郊区居民为抽样调查对象。由于消费者行为受居民收入的影响较大，选择经济发展处于中等、人口规模大且居民收入水平差距较大的武汉市为典型案例具有一定的代表性；

加之武汉市城乡居民有鲜食柑橘消费的偏好，既能兼顾我国经济发展地区的差异性，又能坚固消费者的代表性，因而以调查武汉市为研究总体，能客观反映出柑橘消费行为的不同特征。本文研究共发放调查问卷 400 份，回收有效问卷 388 份，有效回收率为 97%，问卷采取即时发放即时回收的方式，进行了简单的随机抽样。

本文调查的有效问卷样本，男性为 166 人（42.78%），女性为 222 人（占 57.22%）。从性别结构来看，女性购买柑橘人数多于男性。一般来说，女性在家庭食品消费中比男性拥有更多的支配权，对家庭成员的身体健康状况关心程度高于男性，同时女性更注重膳食结构的调整，所以无论是在样本设计还是具体的实地调查中，样本消费者中女性比例都相对比男性高些。

在年龄结构上，18～24 岁年龄段有 83 人（占 21.39%），25～34岁年龄段有 165 人（占 42.53%），35～44 岁年龄段有 78 人（占 20.1%），45～54 年龄段有 54 人（占 13.9%），55 岁以上的有 8 人（占 2.1%）。在调查的有效问卷中 18～34 岁的消费者最多，占总比例的 63.92%。一方面是随着营养知识的普及，年轻人更注重饮食健康；另一方面是中老年人更关注膳食与保健，消费者容易接受这种问卷调查，因此问卷回答的整体质量较高，有效问卷的比例也较大。

在接收教育程度统计中，初中文化及以下的消费者有 45 人（占 11.60%），高中、中专或高职文化的消费者有 137 人（占 35.31%），大学（本科及专科）文化的消费者有 144 人（占 37.11%），而硕士及以上学历的消费者有 62 人（占 15.98%）。有效问卷中消费者受教育水平均较高。

在职业结构中，学生消费者有 126 人（占 32.47%），教师消费者有 67 人（占 17.27%），公务员消费者有 28 人（占 7.22%），公司员工消费有 63 人（占 16.24%），工人消费者有 39 人（占 10.05%），农民消费者有 37 人（占 9.54%），其他消费者有 28 人（占 7.22%）。

在月收入水平统计中，月收入在 1 000 元以下的消费者有 135 人（占 34.79%），月收入在 1 001～2 000 元的消费者有 121 人（占 31.19%），月收入在 2 001～3 000 元的消费者有 82 人（占 21.13%），月收入在 3 001～4 000 元的消费者有 38 人（占 9.79%），月收入在 4 000 元以上的消费者有 12 人（占 3.09%）。在调查中，中低收入消费者较多，这是由于调查对象中的学生、农民、工人所占的总体比例较大。

表 1　调查样本的人口特征信息

样本特征	样本内容	各项样本数	所占百分比（%）
性别	女	222	57.22
	男	166	42.78
年龄层次	18～24 岁	83	21.39
	25～35 岁	165	42.53
	36～45 岁	78	20.10
	46～54 岁	54	13.90
	55 岁及以上	8	2.10
教育程度	初中及以下	45	11.60
	高中、中专或职高	137	35.31
	大学（本科及专科）	144	37.11
	硕士及以上	62	15.98
职业状况	学生	126	32.47
	教师	67	17.27
	公务员	28	7.22
	公司员工	63	16.24
	工人	39	10.05
	农民	37	9.54
	其他	28	7.22

（续）

样本特征	样本内容	各项样本数	所占百分比（%）
平均月收入	1 000 元以下	135	34.79
	1 001～2 000 元	121	31.19
	2 001～3 000 元	82	21.13
	3 001～4 000 元	38	9.79
	4 000 元以上	12	3.09

资料来源：通过调查问卷统计分析得出。

（二）柑橘消费行为影响因素的实证分析

1. 收入差异对柑橘消费行为的影响。从武汉市的江汉区、汉阳区、武昌区三个城区和汉南区（远城区）的 388 份问卷调查数据显示，武汉市城乡居民年人均柑橘消费量为 14kg，高于全国年人均柑橘消费 12.8kg 的 9.38 个百分点。但不同收入水平的消费者其柑橘消费有明显差异，其中月均收入在 1 000 元以下的消费者年人均柑橘消费量为 15kg；月均收入在 1 001～2 000 元的消费者年人均柑橘消费量为 16kg；月均收入在 2 001～3 000 元的消费者年人均柑橘消费量为 16.5kg，月均收入在 3 001～4 000元的消费者年人均柑橘消费量为 12.5kg，月均收入在4 000 元的消费者年人均柑橘消费量为 12.5kg，月收入在 4 000 元以上的消费者年人均柑橘消费量为 10kg。可见，家庭人均收入水平是影响柑橘消费量的重要因素，增加居民收入是增加柑橘消费量的重要途径。但是值得关注的是，较高收入和高收入消费者其柑橘消费量比中低收入消费者明显减少。究其原因，可能是较高收入的消费人群增加了对其他新、特水果品种的消费量，从而使柑橘消费量减少[2]。

2. 季节差异对柑橘消费行为的影响。柑橘消费量具有明显的季节性，其中，9～11 月份人均消费量为 7kg，12～2 月份人均消费量为 4kg，3～5 月份人均消费为 2kg，6～8 月份人均消费量为1kg，分别占全年消费量总量的50%、28.6%、14.3%和7.1%。究其因，主要是受柑橘成熟季节性的影响，秋季是柑橘上市旺季，果品新鲜价格便宜，是柑橘消费的最佳时期，其消费量最大，约占全年消费总量的50%；而夏季则是柑橘青黄不接的淡季，市场仅有少量的进口柑橘和夏橙零售，价格较高口味也不合适，消费量自然很少。可见，我国柑橘成熟上市时间过于集中是影响柑橘消费量的又一重要因素，加快调整柑橘熟期结构、延长上市时间是增加柑橘消费量的有效路径。但是值得关注是，家庭人均收入水平的不同不仅是影响中低消费群体柑橘年消费量的主要因素，而且也是影响其季节消费差异的原因，而对中高收入的消费群体而言，其柑橘消费的季节性差异则相对很小[3]。

3. 城乡差异对柑橘消费行为的影响。从调查中发现，武汉市城乡居民柑橘消费行为显现较大差异。其中，城区居民人均年消费柑橘量为17kg，而城郊居民人均消费柑橘量为11kg，分别比全市人均年消费柑橘量14±3kg，可见城区居民年人均柑橘消费量是远城区（城郊区）居民的1.55倍。究其原因，一方面是城区居民的年人均收入要远高城郊居民年人均收入水平，购买力相对较强；另一方面是城区柑橘市场较城郊柑橘市场更为完善、经销行为较为规范，居民消费更加便利；再一方面是城区居民对食品营养、身体健康等方面的认识程度要高于城郊居民，并对柑橘的医用保健功能有所了解，所以购买柑橘的欲望要强一些、消费量要大些。

4. 性别差异对柑橘消费行为的影响。从调查中也发现性别不同柑橘消费量有较大差异。其中，女性年人均柑橘消费量为18kg，比全市人均柑橘消费高4kg；男性年人均柑橘消费量为12kg，比全市人均柑橘消费量低2kg，女性年人均柑橘消费量为男性的1.5倍。究其原因，一方面是男女消费者的消费动机有别，男性可能只从消费习惯和偏好角度去食用柑橘果品，而女性除了考虑自己消费喜好之外，更多地考虑柑橘鲜食的营养因素和保健功能，认为多食新鲜柑橘尤其是鲜食小品种柑橘更有利于身体健康，因此女性鲜食柑橘较之男性多；另一方面是男女饮食习惯不同，男性一般把食用水果视为可有可无之事，只是在柑橘上市旺季价廉可口时才会多买些喜好的柑橘品种消费，或者用来招待客人；而女性则一般把柑橘果品当作生活必需品，饭前餐后都要吃一点。

5. 品质差异对柑橘消费行为的影响。调查结果表明，中低档柑橘消费量占主要部分，其人均年消费量为12kg，占全年人均消费量的86%；而高档柑橘人均年消费量为2kg，占全年人均消费量的14%。以上结果说明武汉市的柑橘消费总体上处于中低水平。究其原因，一方面是受家庭收入水平限制，武汉市大多数城乡居民收入仍处于全国的中等水平，因而中低档次的柑橘消费成为武汉城乡居民的必然选择。另一方面是受柑橘品质与安全的制约。由于长期以来，柑橘生产者重产量轻质量，忽视柑橘生产的标准化和品牌化，导致我国柑橘果品整体档次低、质量不优、品牌不多、知名度不高、竞争力不强，因此绿色、有机柑橘品牌少、产量小，不能满足中高收入消费者需要，尤其是不能满足高消费群体追求高品质高营养柑橘消费需求，季节和价格已不是影响他们个性化消费行为的因素，而高档柑橘果品的供给不足可能是影响高收入消费者柑橘消费数量的主要原因。

四、结论及对策建议

柑橘是我国种植面积最大、年产量最多的大宗消费水果之一，因其具有较高的营养价值和独特的医用保健功能，深受广大消费者喜好。根据上述实证分析可以得出这样结论：家庭收入差异、柑橘季节差异、城乡区位差异、居民性别差异是影响柑橘消费行为、决定柑橘消费量变的主要因素；柑橘品质差异是影响柑橘消费行为、决定柑橘消费质量的重要因素。为了从柑橘消费数量和消费质量上来提高我国柑橘消费的整体水平，挖掘国内柑橘消费空间，促进柑橘产业的持续健康发展，提出以下对策建议：

（一）调整优化柑橘产品结构，满足城乡居民柑橘消费需求

一方面要以市场为导向，优化柑橘产业带布局，加大柑橘熟期调整力度。重点扩大早熟、晚熟鲜食柑橘品种，减少中熟传统品种，逐步实现柑橘果品的均衡供给，不断满足城乡居民常年的柑橘消费需求。另一方面要围绕柑橘产业带建设，大力引进国外优质高产的柑橘新品种和栽培新技术，加强我国特色柑橘新品种的研发与推广，从根本上改变我国柑橘品种不优、产品档次不高的现状，逐步满足高端水果市场高收入群体个性化高消费需求[4]。

（二）推行柑橘标准化、品牌化生产，提升柑橘消费质量

一是要建立健全我国柑橘质量标准体系，大力推进柑橘标准化生产，推广普及柑橘栽培“七改技术”，强化柑橘栽培现代管理和采后商品化处理，有效提升柑橘产品整体质量。二是打造柑橘行业品牌，建立健全柑橘行业品牌标准，整合提升企业/产品品牌。以柑橘产业带为依托，突破地域壁垒，实行柑橘生产企业资产重组，塑造柑橘行业联合品牌；以特色柑橘产品品牌为载体，塑造柑橘行业属性品牌；以优势主导柑橘产品为重点，培植柑橘行业知名品牌，从根本上提升我国柑橘的消费质量。三是加快柑橘质量安全可追溯体系建设，建立健全柑橘产品质量安全监管体系和质量安全监管法规，加强柑橘质量安全执法与监督，条块结合、部门配合共建一个全国统一、高效的柑橘质量安全可追溯的信息平台，确保柑橘产品的质量与安全。

（三）重构柑橘行业渠道模式，降低柑橘产销成本促进柑橘快速消费

一是要改造升级农村合作经济组织，重建跨地区的柑橘行业

协会，加大财政扶持力度，通过为橘农提供“五统一”的产前、产中、产后一条龙服务和产销合约的他律与自律，实现柑橘小生产与大市场的有效对接，从源头降低柑橘产销成本。二是统筹规划科学布局，重构柑橘产地批发市场。健全市场功能，完善配套设施，加强科学管理，充分发挥现代产地批发以销定产的龙头带动功能、高效运转的集散功能、均衡供给的市场调节功能和满足消费需要的冷链配送功能。三是培育、引进结合，做大做强柑橘产业化龙头企业，按照柑橘生产环节扁平化、零售环节的多元化要求，构建连锁直销的现代高效的柑橘行业营销渠道，从根本上降低柑橘的生产流通成本，从而实现柑橘生产者和消费者的互利共赢[5]。

（四）创新柑橘营销策略，强化居民消费理念引导柑橘科学消费

一方面要充分利用广播、电视、报刊、网络等传播媒体，加强对柑橘的自然属性、营养价值和医用保健功能的宣传力度，强化民众的柑橘消费理念，促使广大柑橘消费者了解柑橘、认识柑橘、乐意消费柑橘。另一方面要大力开展柑橘品牌的促销活动，通过国内各种名优农产品展销会、恳谈会、专家论谈、网络营销、送货上门等多样化促销、推销手段，宣传推销柑橘企业/产品品牌和柑橘行业知名品牌，不断强化城乡居民品牌柑橘的消费理念，引导广大柑橘消费者科学消费，有效提高柑橘消费者的满意度和忠诚度，从而提高国内水果消费的柑橘占有率[6]。

参 考 文 献

[1] 卢泰宏．消费行为学：中国消费者透视［M］．北京：高等教育出版社，2005.

[2] 王川．中国柑橘生产与消费现状分析［J］．农业展望，2009（1）：8－12.

［3］青平．水果消费行为的实证研究［J］．果树学报，2008，25（1）：83－88.

［4］祁春节．中国柑橘产业经济分析与政策研究［M］．北京：中国农业出版社，2003.

［5］何劲，祁春节．中外柑橘产业发展模式比较与借鉴［J］．经济纵横，2010（2）：110－113.

［6］安玉发，藏日宏．农产品市场营销理论与实践［M］．北京：中国轻工业出版社，2005.

西亚地区柑橘鲜果消费现状及预测

The Situation and Prediction of Fresh Citrus Consumption in West Asia

李秋萍　祁春节

Li Qiuping　Qi Chunjie

摘　要　柑橘类水果是世界第一大类水果。据联合国粮农组织数据统计，大部分发达国家的柑橘消费量一直远远高于世界平均消费量。随着经济的发展、国民收入的增加和生活水平的提高，西亚地区逐渐成为柑橘鲜果消费的新市场。本文介绍了西亚地区柑橘的生产情况，分析了柑橘鲜果消费情况，包括总消费量、人均消费量和各大品种消费量，并对西亚地区的柑橘鲜果消费量进行了简单预测。预计西亚地区未来柑橘消费量呈阶梯状上升趋势。

关键词　西亚；柑橘鲜果消费量；柑橘鲜果人均消费量；柑橘鲜果消费量预测

Abstract　Citrus is one of the most important fruits in the world. According to UNFAO, citrus consumption of most developed countries is far higher than that of the world average level. With the economic development, the increase of national income and the growth in living standards, West Asia becomes the new market of fresh citrus gradually. The paper presents the citrus production in West Asia and analyzes the fresh citrus consumption situation, including total consumption, consumption per capital and consumption of several major varieties. Then fresh citrus consumption in West Asia is predicted with simple linear regression, and it is expected to increase staged.

Key words West Asia, fresh citrus consumption, fresh citrus consumption per capital, fresh citrus consumption prediction

一、西亚地区柑橘生产情况

图 1 显示，西亚[①]大部分地区属于热带和亚热带干旱与半干旱气候，气候干旱，降水稀少，灌溉在西亚农业发展中占有重要地位。柑橘生产主要集中在降水较为丰富的土耳其、叙利亚、以色列和黎巴嫩等国。

从 1998 年以来，土耳其和叙利亚的柑橘收获面积处于逐渐上升的趋势，分别从 83 906 公顷和 27 999 公顷上升到 2009 年的 100 540 公顷和 38 422 公顷。而以色列的柑橘收获面积从 1998 年的 28 510 公顷减少到 2009 年的 17 031 公顷。黎巴嫩的柑橘收获面积从 1998 年到 2004 年也缓慢上升，后来一直稳定在 17 000 公顷左右。西亚总的柑橘收获面积处于上下波动的状态，2004 年低至 242 239 公顷，2009 年高达到 283 979 公顷。

图 1 显示，西亚柑橘总产量虽然有所波动，但大体上处于上升的趋势，2009 年产量大幅增长到 750. 3 万 t。1998 年，土耳其的柑橘产量为 194. 3 万 t，到 2005 年一直处于小幅波动但整体增长的状态，2005—2008 年稳定在 300. 0 万 t 左右，2009 年增长到451. 4 万 t。1998 年，以色列的柑橘产量为 89. 9 万 t，随后产

① 西亚地区采用联合国粮农组织的界定，不包括伊朗和阿富汗，根据数据的可得性，消费量不包括伊拉克。

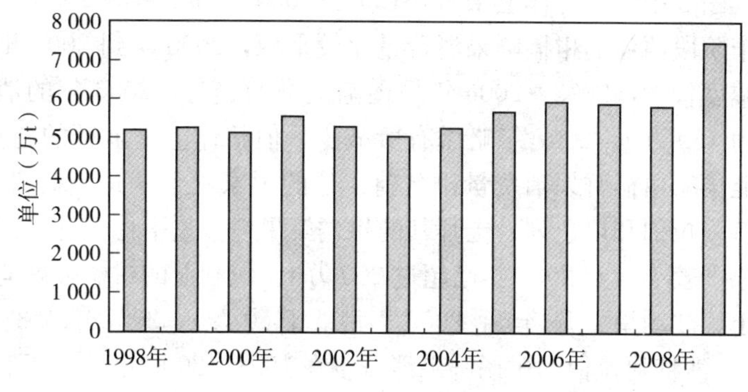

图 1　1998—2009 年西亚柑橘产量变化

量有所波动，但整体上有下降的趋势，2004 年产量低至 51.0 万 t，而 2009 年产量为 59.2 万 t。叙利亚的柑橘产量在 2003 年低至 65.2 万 t，而 2009 年上升到 109.3 万 t。黎巴嫩的柑橘产量过去几年一直稳定在 39.0 万 t 左右。

二、西亚地区柑橘鲜果消费情况

（一）消费总量

图 2 中，1998—2007 年，西亚柑橘鲜果消费量平均接近西亚水果总消费量的 27%。可见柑橘鲜果消费在西亚水果消费中占有重要地位。

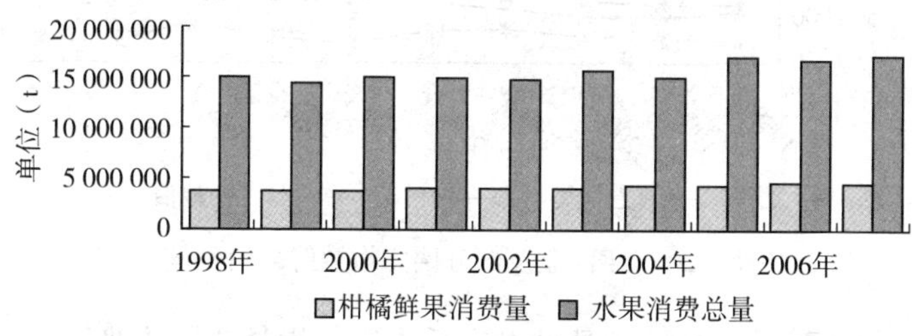

图 2　1998—2007 年西亚地区柑橘鲜果和水果消费量统计

图 3 中，从总体上来看，1998—2000 年和 2001—2003 年这两个阶段西亚的柑橘鲜果消费量比较平稳，2000 年到 2001 年增长幅度较大，2003—2006 年呈逐渐上升的趋势，2006 年的消费量为 460 万 t，2007 年略微有所减少，但整体上呈上升的趋势。西亚国家柑橘鲜果消费量排名前 4 位的国家是土耳其、叙利亚、沙特阿拉伯和以色列。土耳其的柑橘鲜果消费量平稳上升，但上升幅度较小，到 2007 年已超过 200 万 t。叙利亚的柑橘鲜果消费量小幅波动呈上升趋势，2003 年稍低于 60 万 t，2007 年为 87 万多 t。沙特阿拉伯的柑橘鲜果消费量在 1998—2000 年呈小幅下降的趋势，2000—2003 年保持增长，2005 年接近 79 万 t，随后减少至 2007 年的 61 万 t。以色列的柑橘鲜果消费量虽有小幅波动，但整体上较平稳，除 2005 年高达 45 万 t 之外，都在 30 万 t 上下波动。

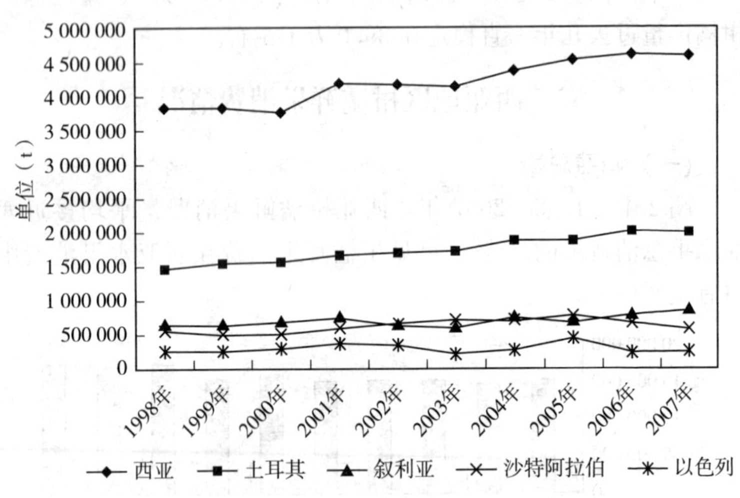

图 3　1998—2007 年西亚及部分国家柑橘鲜果消费量变化趋势

图 4 显示，从大的品种上来看，橙、柑是鲜果消费量最高的品种，其次是柠檬、莱檬，鲜果消费量最低的是葡萄柚。

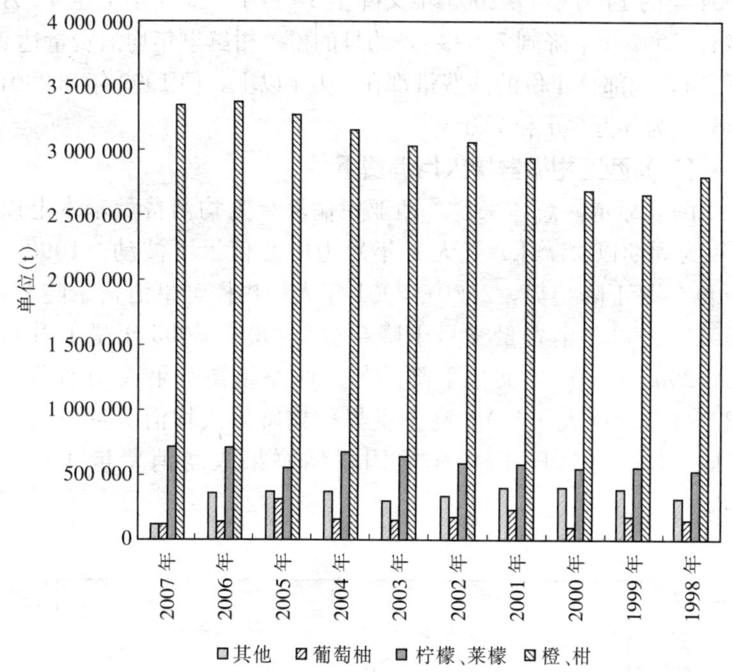

图4　1998—2007年西亚柑橘鲜果消费量

1998—2007年，土耳其的橙、柑鲜果年均消费量接近142万t，整体上有增长的趋势。叙利亚的橙、柑鲜果年均消费量达40万多t，波动较大，2000年低至35万多t，2007年高达54万多t。以色列的橙、柑鲜果年均消费量达17万多t，1999年最低为13万多t，2003年猛增至21万多t，随后波动较大，2007年回升到20万多t。沙特阿拉伯和也门的橙、柑鲜果年均消费量都接近15万t，沙特阿拉伯从1998年的10万t逐渐增长到2005年的17万多t，也门从1998年的16万t逐渐增长到2003年的18万t，2004年骤降至8万多t，2007年回升到14万t。黎巴嫩的橙、柑鲜果年均消费量达10万多t，从1998年的10万t增长到1999年的14万t，2000年降至7万多t，随后逐年增长到

2004 年的 14 万多 t，2005 年又降至 10 万 t，2006 年增至 13 万多 t，2007 年下降到 7 万多 t。约旦的橙、柑鲜果年均消费量达 9 万多 t，大部分年份的消费量都在 9 万 t 以上，但 1999 年和 2001 年分别为 5 万多 t 和 7 万 t。

（二）西亚柑橘鲜果人均消费量

图 5 显示，总体来说，西亚柑橘鲜果人均消费量基本上以 3 年为周期以 24.5kg/（人·年）为中心值上下波动。1998—2000 年呈下降趋势，2000—2001 年人均柑橘鲜果消费量陡增，2001—2003 年消费量又呈下降趋势。2003—2005 年呈上升趋势，2005—2007 年又呈下降趋势。西亚柑橘鲜果人均消费量［23～26kg/（人·年）］高于世界柑橘鲜果人均消费量［14～17kg/（人·年）］，而低于美国柑橘鲜果人均消费量［40～60kg/（人·年）］。

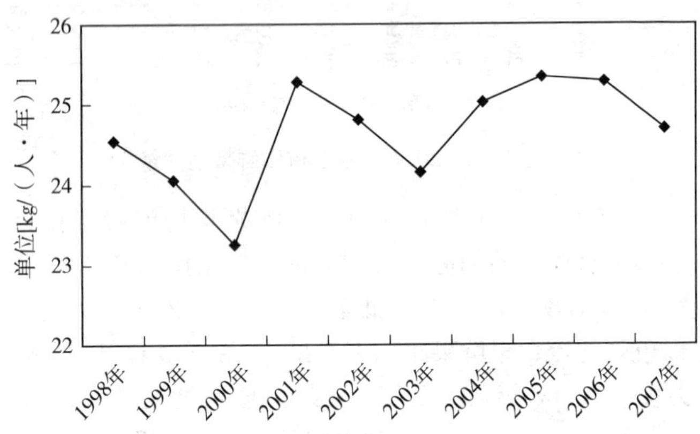

图 5　1998—2007 年西亚柑橘鲜果人均消费量变化趋势

柑橘鲜果人均消费量较高的国家是塞浦路斯、黎巴嫩、以色列、叙利亚，其明显高于西亚柑橘鲜果人均消费量，而也门和亚美尼亚的人均消费量远低于西亚的平均水平（表 1）。

表 1　西亚部分国家柑橘鲜果人均消费量统计 [kg/（人·年）]

	1998 年	1999 年	2000 年	2001 年	2002 年	2003 年	2004 年	2005 年	2006 年	2007 年
塞浦路斯	74	72.8	65.6	55	48.9	40.2	58.6	58.3	54	52.7
黎巴嫩	44.8	53.8	41.2	38.9	33.9	47.2	53.2	44.6	49.8	37.2
以色列	42.3	46	45.9	58.6	53.9	35.3	43.1	67.2	38.3	38.8
叙利亚	41.7	38.6	34.6	42.8	37.7	33.3	41.1	36.9	39.3	42.7
土耳其	22.9	23.7	23.5	24.9	25.1	25	26.7	26.4	27.9	27.4
阿联酋	24.4	27.3	19.1	26.1	38.5	35	19.8	6	31.3	33.4
沙特	27.8	24.5	22.7	26	29.3	32.5	31.5	33.3	27.1	24.7
约旦	32.4	17.5	24.9	27.7	26.8	29.1	24.8	23.4	23.7	17
科威特	27.6	25.5	26.6	26.6	13.5	11	11.8	11.6	25.3	17.7
也门	9.8	9.9	9.8	9.8	9.8	9.7	4.7	5.5	6.4	7.3
亚美尼亚	3.17	4.08	0.49	1.16	0.89	1.09	2.77	3.85	5.96	4.54
西亚	24.55	24.05	23.27	25.26	24.81	24.17	25.02	25.35	25.26	24.69

数据来源：联合国粮农组织 FAOSTAT 数据库，2010 年 6 月 2 日。

西亚柑橘鲜果人均消费量最多的是橙和柑，占柑橘鲜果人均消费量的 70%以上，柠檬的人均消费量接近柑橘鲜果人均消费量的 20%（图 6）。

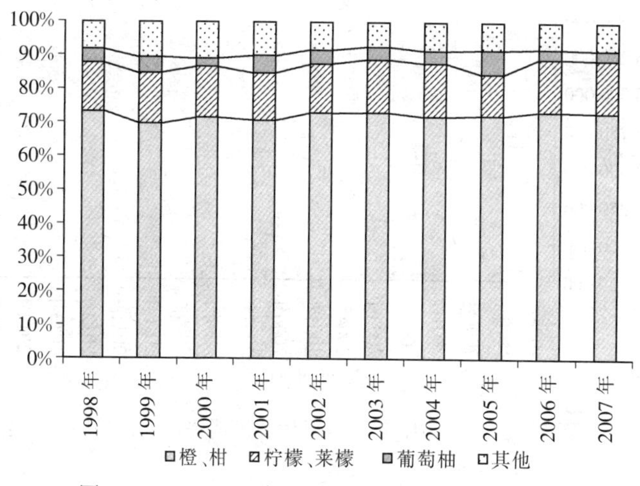

图 6　1998—2007 年西亚柑橘鲜果消费品种结构

(三) 西亚柑橘鲜果消费的来源情况

叙利亚、以色列、塞浦路斯、巴勒斯坦、也门、土耳其、阿塞拜疆、格鲁吉亚、黎巴嫩的柑橘鲜果基本上可以满足国内消费，但大多数国家也有少量进口。约旦的橙、柑鲜果进口较多，阿拉伯联合酋长国的橙、柑鲜果消费全部依靠进口，沙特阿拉伯的橙、柑消费全部依靠进口。科威特、亚美尼亚的柑橘鲜果消费基本上依靠进口。

三、西亚柑橘鲜果消费量预测

(一) 根据年份变化趋势预测

图 7 显示柑橘鲜果消费总量随年份变化趋势。柑橘鲜果消费总量总体趋势是随年份增加，但是呈阶梯状上升。预计未来西亚柑橘鲜果消费量呈阶梯状上升，有时会有所下降，但整体上是上升趋势，到 2012 年其消费量可能达到 500 万 t。

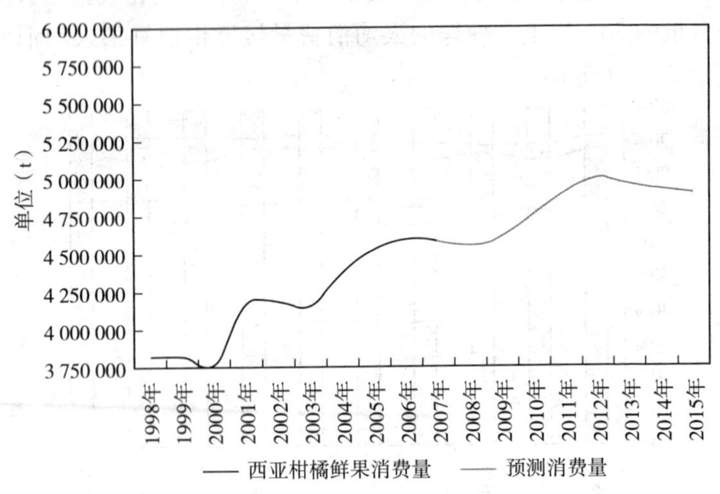

图 7　1998—2015 年西亚柑橘鲜果消费量变化趋势

(二)运用 SAS 程序进行多元回归建模预测

建模预测结果见表 2。

表 2 西亚柑橘鲜果消费总量回归模型选择(括号为标准差)

	模型 1	模型 2	模型 3	模型 4	模型 5	模型 6
常数项	2 364 820 (393 126)	1 822 163 (244 556)	2 968 142 (163 028)	2 596 793 (281 263)	197 999 (307 651)	3 087 587 (118 884)
X_1	17 506 (10 592)	33 779 (4 499.90)	—	9 542.665 9 (5 083.77)	243 350 (3 345.0)	—
X_2	−767.926 9 (890.88)	−1 808.909 6 (708.208 8)	516.468 3 (486.60)	—	—	—
X_3	58.757 8 (35.37)	—	112.848 7 (15.007 3)	80.211 3 (24.68)	—	121.713 2 (12.56)
Adj - R^2	0.930 2	0.912 7	0.913 0	0.932 8	0.852 4	0.911 6
P 值	0.000 2	<0.000 1	<0.000 1	<0.000 1	<0.000 1	<0.000 1

如表 2 所示,在 6 个模型中模型 4 的 Adj - R^2 最大为 0.932 8,因此选择模型

$$Y=2\ 596\ 793+9\ 542.665\ 9\ X_1+80.211\ 3\ X_3$$

Y 为柑橘鲜果消费总量,X_1 为平均消费者价格指数,X_3 为人均 GNI。模型在 5%水平显著。此模型表明柑橘鲜果消费总量受平均消费者价格指数和人均 GNI 影响,并且都成正向关系。

根据 1998—2007 年的人均 GNI 和消费者价格指数计算出年平均增长率分别为 5%和 4%,以这个标准预测 2012 年为 523 万 t。

四、总　　结

在西亚国家,橙、柑鲜果是柑橘鲜果中最受欢迎的品种。

1998—2008 年西亚国家的柑橘收获面积大体上在 26 万公顷上下波动，2009 年有所上升，预计未来变化不大。1998—2008 年西亚国家柑橘产量比较平稳，2009 年有所上升。1998—2007 年鲜果消费总量基本上处于阶梯状上升趋势，预计未来继续上升，可能上升较缓。

国家地理标志产品与柑橘品牌建设

——基于 PIB 模型

National Geographic Logo Products and Brand Construction of Citrus

—Based on PIB Model Abstract

马　强　祁春节

Ma Qiang　Qi Chunjie

摘　要　国家地理标志是对特定区域产品的保护，为提高产品竞争力提供了有效的手段，而品牌建设是提高产品在市场中的知名度、竞争力的又一举措。柑橘国家地理标志产品与品牌建设在国内外大力推行的同时，我国在此领域存在着诸多问题与差距。本文基于构建的 PIB 分析模型，对柑橘国家地理标志产品与品牌建设进行静态的实证分析，探讨在柑橘国家地理标志产品的制度管理、品牌建设存在的问题，针对性地提出可行的柑橘国家地理标志产品的品牌建设建议，为柑橘产品与品牌建设的实践提供必要的研究基础。

关键词　柑橘；国家地理标志；品牌；品牌建设；PIB 模型

Abstract　National Geographic Logo Products protect the specific regional products, which prove an effective method to improve the competition of product. Brand construction is another move to improve brand awareness and competitiveness. Many countries center on national geographic logo products of citrus protection and brand construction at home and abroad . While vigorously carry out in this area in China, there are many problems with the gap. Based on the construction of citrus PIB analysis model, national geographic indication products and brand construction, this paper discusses the empirical analysis of the static in the national geographic logo products of citrus system management, problems existing in the Brand Construction. And pertinently put forward feasible targeted national geographic logo products of citrus of brand construction. Suggestions for citrus products and brand construction practice provide the necessary research foundation.

Key words Citrus, National Geographic Logo Products, Brand, Brand construction, PIB model

一、引　言

国家地理标志对特色产业持续发展、传统文化与传统生产方式的一种产权保护。与该地理来源相关联的特定质量、信誉或其他特征的品牌商品无论在国际还是国内贸易中富有优势竞争力。早在 20 世纪初西方国家就意识到农产品品牌和原产地间的联系，相继立法保护并具备规范的管理与运作体系。关于国家地理标志产品与品牌的研究与保护，我国与之相差甚远。在柑橘领域与其他产业一般，种质资源丰富，但品牌建设与地理标志保护起步晚，存在的问题诸多，发展空间大。农产品在国际市场上占有很大的份额，具有很强的竞争力和优势。对国家地理标志产品与产品的品牌两方面进行探索式研究，无疑对柑橘产业的持续健康的发展有着标志性意义。

二、基本概念和相关理论

（一）国家地理标志产品

1. 国家地理标志产品

国家地理标志产品英文表达为 National Geographic Logo Products，此文中简称为 NGLP。在《与贸易有关的知识产权协议》（TRIPS）第 22 条第 1 款中，明确规定的地理标志。是指其标示出某商品来源于某成员地域内，或来源于该地域中的某地区或某地方，该商品的特定质量、信誉或其他特征，主要与该地理来源相关联[1]。我国《商标法》第 16 条第 2 款规定，地理标志是指标示某种商品来源于某地区，该商品的特定质量、信誉或者其他特征，主要由该地区的自然因素或人文因素所决定的标志。

2. 国家地理标志保护产品

在我国关于地理标志产品保护的主要有《地理标志产品保护规定》和《商标法》，二者都对地理标志产品进行了规定。

《地理标志产品保护规定》的第二条规定：所称地理标志产品，是指产自特定地域，所具有的质量、声誉或其他特性本质上取决于该产地的自然因素和人文因素，经审核批准以地理名称进行命名的产品。地理标志产品包括：来自本地区的种植、养殖产品。原材料全部来自本地区或部分来自其他地区，并在本地区按照特定工艺生产和加工的产品。

（二）品牌与品牌建设基础理论

1. 品牌的概念

国内外对品牌的概念界定的角度各异。美国市场消费学会（AMA，American Marketing Association）（1960 年）对品牌的定义是："品牌是用以识别一个或一群产品或劳务的名称、术语、标记、符号或设计，或是它们的组合运用，其目的是借以辨认某个销售者或某群销售者的产品或服务，并使之同竞争对手的产品和服务区别开来。”美国营销学权威菲利普·科特勒（Philip Kotler）对品牌的定义：品牌就是一个名字、名词、符号或设计，或是上述的总和[2]。

2. 品牌建设的基础理论

泛义上对品牌建设的理解，属于品牌经济学的研究范畴，为品牌建设提供坚实的、原创的理论支持；品牌建设应以信息不对称理论、差异化理论和顾客让渡价值理论、价值链理论和外部性理论为理论基础。本文选取差异化理论中产品差异化与品牌建设的关系中的内容，相应建立品牌建设体系（Brand Construction System of Knowledge），强调的是一个体系，而不是单一的某个措施。

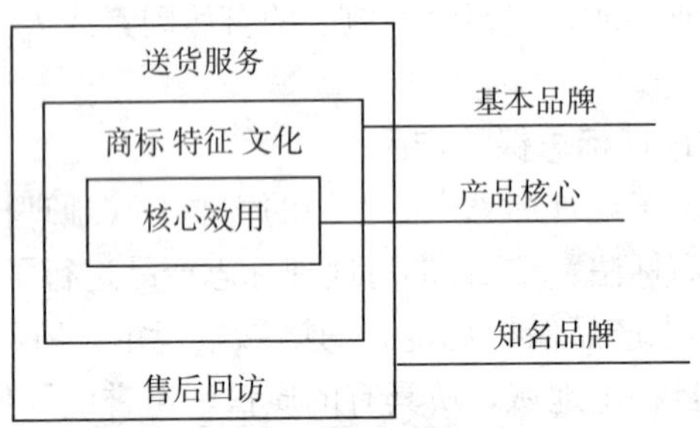

图 1　整体产品范畴的品牌建设体系图示

本文以基本品牌层面进行研究，融汇各类理论依据，把品牌建设建立在价值链、信息不对称、外部性、价值让渡与差异化理论基础上，对品牌建设的核心效用及其质量、包装，商标、特征与文化等六个方面进行研究。

（三）PIB 模型

在“2008 沪苏浙旅游市场论坛”上莫里森教授（Alastair M. Morrison）提出的 PIB 模型（Positioning-Image-Branding 理论体系）。此模型对长江三角的旅游产品进行分析研究后，被我国运用于旅游市场的开发中。模型一般指“目的地定位—目的地形象—目的地品牌”的一种理论体系[3]。PIB 模型包括两个主体和三个对象，主体是指供给者和市场接受者，三个对象包括定位、形象和品牌。

对不同的学者定位、形象与品牌三者间的逻辑关系提出了不同的看法，有的认为从定位开始，努力塑造形象以适应定位，从而打造独特的目的地品牌。有的认为从品牌开始，通过一系列的品牌推广策略，来维护品牌形象，形象作为最终的落脚点。

三、柑橘国家地理标志产品现状分析

我国柑橘栽培有历史悠久、种植区域广、资源极为丰富、品种品系多样的特性，采用国家地理标志产品保护体系是切实可行和有必要的。

（一）柑橘国家地理标志产品细目分析

1. 柑橘国家地理标志产品的区域分布

基于国家地理标志网的柑橘国家地理标志产品保护的品种统计。

表 1　柑橘国家地理标志产品认证品种统计

省份	数目	分　类	批准日期	分　类	批准日期
江西	6	赣南脐橙	2004 - 09 - 27	南丰蜜橘	2004 - 10 - 17
		寻乌蜜橘	2007 - 04 - 05	南康甜柚	2009 - 05 - 13
		靖安椪柑	2009 - 12 - 28	广丰马家柚	2010 - 04 - 19
广东	7	廉江红橙	2004 - 08 - 02	平远脐橙	2007 - 01 - 10
		梅州金柚	2007 - 01 - 10	普宁蕉柑	2007 - 07 - 23
		龙门年橘	2007 - 11 - 21	郁南无核砂糖橘	2008 - 05 - 09
		长坝沙田柚	2010 - 05 - 27		
湖北	4	秭归脐橙	2006 - 06 - 20	宜都蜜柑	2008 - 02 - 24
		窑湾蜜橘	2008 - 03 - 13	武当蜜橘	2010 - 03 - 01

（续）

省份	数目	分　类	批准日期	分　类	批准日期
湖南	3	雪峰蜜橘	2007-01-12	黔阳冰糖橙	2007-10-12
		黔阳脐橙	2010-05-09		
浙江	4	黄岩蜜橘	2004-08-31	常山胡柚	2006-09-25
		宁波金柑	2006-11-25	瓯柑	2007-01-12
福建	3	永春芦柑	2006-05-26	尤溪金柑	2007-04-02
		度尾文旦柚	2010-05-24		
重庆	1	石棉黄果柑	2010-06-21		
四川	1	奉节脐橙	2009-04-20		
广西	1	阳朔金橘	2006-06-05		

资料来源：国家地理标志网，截止到 2010 年底。

表 1 可以看出目前通过国家地理标志产品认证的柑橘包括了橙类、宽皮柑橘和柚类，宽皮柑橘中可以分为两大类，即柑和橘。橘类资源有南丰蜜橘、寻乌蜜橘和龙门年橘等，柑类资源有靖安椪柑、普宁蕉柑和宜都蜜柑等。橙类资源包括赣南脐橙、廉江红橙和平远脐橙等。柚类资源中有南康甜柚、广丰马家柚和梅州金柚等。

2. 柑橘国家地理标志产品的品类分布

从表 2 可以看出，在已申请的柑橘国家地理标志产品中，宽皮柑橘的件数最多，占到 56.67%；橙类占 23.33%；柚类占 20%。九大柑橘主产区申请国家地理标志产品的情况中，除了湖南省，其他省份宽皮柑橘所占的比重也是最高的[4]。橙类资源和柚类资源中，不是所有的柑橘主产区都有申请柑橘国家地理标志产品的，这主要受自然因素的影响，只有特定自然因素条件下生产的柑橘产品其品质能达到柑橘国家地理标志产品的标准。

表 2　国家地理标志产品的品类分布

省份	总数量	分类					
		宽皮柑橘		橙　类		柚　类	
		数量	占比	数量	占比	数量	占比
江西	6	3	50%	1	16.67%	2	33.33%
广东	7	3	42.86%	2	28.57%	2	28.57%
湖北	4	3	75%	1	25%		
湖南	3	1	33.33%	2	66.67%		
浙江	4	3	75%			1	25%
福建	3	2	66.67%			1	33.33%
重庆	1	1	100%				
四川	1			1	100%		
广西	1	1	100%				
总计	30	17	56.67%	7	23.33%	6	20%

资料来源：国家地理标志网。

（二）柑橘国家地理标志产品在“四带一地”中分布

农业部于2003年通过了《柑橘优势区域发展规划》，规定将长江上中游柑橘带、赣南—湘南—桂北柑橘带和浙南—闽西—粤东柑橘带以及一批特色柑橘生产基地确定为柑橘优势区。这些柑橘优势区是我国柑橘的集中产地，其产量已占全国柑橘总产量的45%，优质果率达35%。

表3反映我国四大柑橘优势区的柑橘国家地理标志产品的分布情况。其中浙南—闽西—粤东柑橘带申请的柑橘国家地理标志产品件数最多，有13件，占总数的43.33%，赣南—湘南—桂北柑橘带占总数的23.33%，长江上中游柑橘带占总数的10%，特色柑橘生产基地占总数的6.67%。这反映出柑橘国家地理标志产品和区域的经济发展相关，离不开当地的人文因素和科技条件。

表 3　柑橘国家地理标志产品在"四带一地"的分布

规划带	国家地理标志产品	数量统计	占比
长江上中游柑橘带	石棉黄果柑、奉节脐橙、秭归脐橙、	3	10%
赣南—湘南—桂北柑橘带	赣南脐橙、南丰蜜橘、寻乌蜜橘、南康甜柚、靖安椪柑、广丰马家柚、雪峰蜜橘	7	23.33%
浙南—闽西—粤东柑橘带	廉江红橙、梅州金柚、长坝沙田柚、平远脐橙、普宁蕉柑、郁南无核砂糖橘、黄岩蜜橘、宁波金柑、常山胡柚、瓯柑、尤溪金柑、度尾文旦柚、永春芦柑	13	43.33%
鄂西—湘西柑橘带	窑湾蜜橘、宜都蜜柑、武当蜜橘、黔阳冰糖橙、黔阳脐橙	5	16.67%
特色柑橘生产基地	阳朔金橘、龙门年橘	2	6.67%

(三) 柑橘国家地理标志产品覆盖率分析

通过柑橘主产区的某种柑橘国家地理标志产品的产量占该柑橘主产区的省总产量的比重来衡量该柑橘国家地理标志产品的覆盖率。鉴于文章篇幅有限，文章在我国九大柑橘主产区各选取了一种有代表性的柑橘国家地理标志产品。

表 4　柑橘国家地理标志产品的覆盖率

省份	分　类			代表品类
	产量（万 t）	省总产量（万 t）	产量/省总产量	
江西	112.3	299.3	0.375	赣南脐橙
广东	10.5	322.1	0.033	普宁蕉柑
湖北	10.6	274.7	0.039	宜都蜜柑
湖南	9.8	338.5	0.029	黔阳冰糖橙
浙江	3.5	197.5	0.018	瓯柑
福建	2.4	266.8	0.009	度尾文旦柚

（续）

省份	分类			代表品类
	产量（万 t）	省总产量	产量/省总产量	
重庆	4.6	126.3	0.036	石棉黄果柑
四川	12.4	277.3	0.045	奉节脐橙
广西	0.65	289.2	0.002	阳朔金橘

资料来源：国家统计局。

从表 4 可以看出，除了赣南脐橙外柑橘国家地理标志产品的比重相对较高，柑橘国家地理标志产品的覆盖率低，代表性地理标志产品占全省柑橘产量的比重大都不足 5%，我国柑橘国家地理标志产品道路还比较远。

（四）柑橘国家地理标志产品的品牌保护

品牌保护即品牌法律化后形成品牌商标。商标按其功能和用途大致可分为集体商标、证明商标、普通商标和联合商标。集体商标是以团体、协会或组织名义注册成员使用；证明商标监督能力的组织注册，供单位或者个人使用，用以证明该商品或者服务的原产地、原料、制造方法、质量或者其他特定品质的标志。普通商标单一公司或个人注册与使用。

表 5　柑橘国家地理标志产品的商标保护情况

命名类别	商标种类					小计
	集体商标	证明商标	普通商标	无效商标	无商标	
NGL 原名称	2	9	1	1	6	30
NGL 产地名	—	3	5			
NGLP 名称	—	1	1			
NGLP 其他名称	—	1	—			

资料来源：中国商标网。

表 5 可以看出：柑橘国家地理标志产品有商标保护的数量为

23 个，没有保护的 6 个，有保护意识但未通过的 1 个，商标保护率为 76.67%；以国家地理标志原名称进行商标保护的为 12 个、占比为 40.00%，非原名称商标保护的有 11 个、占比为 36.67%；以集体商标、证明商标与普通商标为保护对象的分别为 2 个、14 个和 7 个，保护力度最强的证明商标占比为 46.67%，更适合柑橘国家地理标志产品保护的集体商标与证明商标共 16 个，占比 53.33%；从商标注册的地域分布来看，九大柑橘主产区都意识到商标保护的重要性。

四、柑橘品牌建设分析的 PIB 模型构建

（一）PIB 模型构建的基础

1. 定位（Positioning）

莫里森（Alastair · M · Morrison）教授在《旅游市场营销》一书中，把定位理解为通过一系列的营销手段来不断满足差异化的市场需求[5]。定位的主体是供给者，供给者依据市场产品供给的角度，从产品的自然属性、辐射范围、目标市场以及和品质与价格等方面，与市场的接受者对接进行定位。

2. 形象（Image）

康普顿（Compton）认为：形象是一个人对目的地信念、想法和印象的总和。融合了主观和客观的因素对形象进行阐述，或者说是从供给者和消费者两个角度对形象进行论述，形象分为“发射性形象”和“接受性形象”两个方面[6]。发射性形象是指供给者所宣传的自我形象，是由产品的客观性质所决定的，是供给者所期望的产品能有一种理想的形象。而接受性形象则是消费者心中所形成对此产品的消费感知的评判，是基于消费者感知的一种主观形象。二者之间既可能存在一致，也可能存在着背离。

3. 品牌（Branding）

美国营销学权威菲利普 · 科特勒（Philip Kotler）品牌的定义界定为：品牌就是一个名字、名词、符号或设计，或是上述的

总和。品牌能够传达六个层面的信息，包括属性、利益、价值、文化、个性和使用者[7]。品牌的实质就是通过一些复杂的标志使所提供的产品和服务有别于竞争产品。

（二）PIB 模型的构建

文章借助旅游市场 PIB 为基础进行模型的改进，构建了适合柑橘国家地理标志产品品牌建设的 PIB 模型，模型如下：

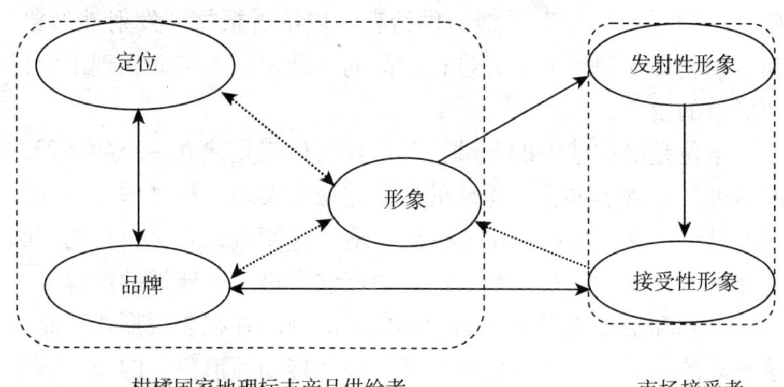

图 2　柑橘国际地理标志产品的 PIB 模型

该模型蕴含了五个方面的信息：定位是品牌建设的开端，以定位为基础的品牌建设活动能够直接影响市场接受者的“接受性形象”；形象是定位和品牌建设的纽带，“发射性形象”和“接受性形象”的统一就是定位和品牌的统一；品牌是定位的终极目标，是理想形象的体现；“接受性形象”是定位的重要依据；品牌建设的过程就是提高“发射性形象”和“接受性形象”的契合度，树立一种积极、正面的品牌形象的过程。

（三）PIB 模型在柑橘品牌分析中的运用

1. 对模型的解读

首先，模型包括两个主体、和三个环节，两个主体是指供给者者和市场接受者，供给者这里特指柑橘国家地理标志产品的拥有者，市场接受者即任何对柑橘产品有需求的群体。三个环节即定位、形象和品牌。

其次，三个环节间的是相互依存的逻辑关系。定位是一切品牌建设的开端，基于柑橘国家地理标志产品这一初步品牌形象，利用一定的营销手段向消费者传达，形成了品牌的“发射性形象”。同时市场接受者在消费柑橘国家地理标志产品过程，根据自身的购买体验经历对产品有了新的认识，形成了“接受性形象”。“接受性形象”反馈给供给者，供给者根据“发射性形象”和“接受性形象”的差异进行产品的重新定位，从而实现了定位和形象的统一。

定位是品牌建设的开端，其最终目标就是建立一个独一无二的品牌。品牌需要通过正确的产品定位来实现。柑橘国家地理标志产品种类多、辐射范围不一致，应因地制宜结合其自身的实际情况进行正确的定位。科学的定位能够推进品牌建设的进程。

品牌和形象也是统一的。形象是品牌的外在表现形式；品牌是形象的内涵，是“发射性形象”和“接受性形象”的统一，是一种“理想形象”。品牌的核心竞争力在于品牌资产，品牌资产就是品牌形象的内在文化价值。

2. 构建 PIB 模型的目的

PIB 模型并不是简单的定位、形象和品牌三个名词的代名词，也不是三者的简单加总。PIB 模型是种有效的分析手段，在我国目前主要用于旅游目的地建设的研究。文章把这一模型和柑橘国家地理标志产品品牌建设有机结合起来，为柑橘品牌建设提供了可行的研究路线，具体可以分为两个层次：

一个层面是以供给者为出发点，柑橘国家地理标志产品的供给方需要进行市场细分以确定目标市场，确保符合消费者消费诉求的市场定位，建立起个性化的品牌形象。而具体定位过程就是品牌建设的过程，是逐步实现“发射性形象”和“接受性形象”统一的过程，其最终目的是满足市场接受者个性化和多样化的消费需求。

一个层面则是以市场接受者为出发点，消费者消费柑橘产品前会对所消费的产品有初步的印象，这得益于供给者的宣传，同时在消费某种柑橘产品后也会形成全新的评价。而这种评价会通过消费者的偏好来反馈给柑橘国家地理标志产品的供给方，供给方通过市场价格和销量的情况能很好地对品牌的形象进行跟踪评估，进而制定科学合理的品牌保护策略。

新构建的基于柑橘品牌建设的 PIB 模型，为柑橘国家地理标志产品的品牌建设研究提供了科学的分析手段。柑橘品牌建设的过程是以满足消费者的需求为核心的，同时消费者反馈的信息能很好地反应柑橘品牌建设中的问题和不足。供给者和市场接受者的统一、“发射性形象”和“接受性形象”统一是柑橘国家地理标志产品品牌建设成功的唯一标志。

五、基于 PIB 模型的分析

为了进一步对柑橘国家地理标志产品的品牌建设问题调查分析，选择五类不同的具有国家地理标志的柑橘品种进行具体的研究。

（一）柑橘国家地理标志产品的定位（P）分析

定位是通过一系列的营销手段和服务，来建立一个和消费者心中形象相符合的品牌形象。定位的主体是供给者的角度，可以从辐射范围、需求定位、类别、价格、质量和包装六个方面进行定位，具体体现为：

从表 6 可以看出，我国柑橘国家地理标志产品在辐射范围上有大有小，大体可以分为国际性、国家性和区域性。其中以国家性为主，仅有赣南脐橙是国际性的，度尾文旦柚则是区域性的。在需求定位上，以中低端市场为主，仅赣南脐橙关注高端市场。产品类别比较丰富，有宽皮柑橘中的橘和柑，还有甜橙和柚。在产品价格上，采取的都是低价策略，产品价格偏低。在产品质量上都是优质的产品。具体到产品包装上，采取的是简易包装的方式。

表 6 柑橘国家地理标志产品的定位分析

指标		分类				
		宽皮柑橘		橙类		柚类
		阳朔金橘	瓯柑	秭归脐橙	赣南脐橙	度尾文旦柚
定位(P)	辐射范围	国家性	国家性	国家性	国际性	区域性
	需求定位	中低	中低	中低	中高	中低
	产品类别	橘	柑	甜橙	甜橙	柚
	产品价格	偏低	偏低	偏低	中等	偏低
	产品质量	优	优	优	优	优
	产品包装	简易包装	简易包装	简易包装	简易包装	简易包装

（二）柑橘国家地理标志产品的品牌（B）分析

品牌主要包括品牌属性、品牌商标、品牌类别和品牌文化，商标是由文字和图像组成的，文章选取品牌的特性、类别、商标的文字与图形、品牌所传达的文化信息等五个指标，进行静态分析。

表 7 柑橘国家地理标志产品的品牌分析

指标		分类				
		宽皮柑橘		橙类		柚类
		阳朔金橘	瓯柑	秭归脐橙	赣南脐橙	度尾文旦柚
品牌	特性	中国金橘之乡	中国瓯柑之乡	中国脐橙之乡	世界脐橙之乡	福建著名商标
	类别	区域品牌	区域品牌	区域品牌	区域品牌	区域品牌
	文字	阳朔金橘 KUMQUAT	瓯柑	秭归脐橙	赣南脐橙	度尾
	图形	微笑的橘子外形	无	无	人形图案	斜体度尾字加拼音
	文化	2000 多年壮族文化	50 年左右浙南文化	150 多年荆楚文化	100 多年赣南文化	300 多年闽南文化

从表 7 可以看出选取的柑橘国家地理标志产品都有其独特的品牌特性，一般都是中国最为著名的产地，赣南脐橙定位为“世

界脐橙之乡”，度尾文旦柚是“福建著名商标”。品牌按主体的差异可分为企业品牌和区域品牌，区域品牌一般是和地区的特色农业相关联的，目前柑橘国家地理标志产品都属于区域品牌的范畴。从品牌的文字描述来看，都采取产地名和品种相结合的方式进行商标命名；从商标的图形来看，采取图形标示的柑橘品牌并不多，即使有图形标示也都是简单的图案，如赣南脐橙图形是简化的人形，阳朔金橘是个微笑的橘子图案，这些图形的区别性不高，识别性低。从品牌的文化属性来看，目前柑橘国家地理标志产品都有一定的历史内涵和当地的文化。

（三）柑橘国家地理标志产品的发射性形象（I）分析

“发射性形象”是柑橘国家地理标志产品的供给者向市场接受者传达的产品的“自我形象”。“发射性形象”依赖于产品的自身感官特征和内在品质，直接接受品牌与定位的信息，并给予销售后的评价。具体体现为：

表8　柑橘国家地理标志产品的发射性形象分析

指标		分类				
		宽皮柑橘		橙类		柚类
		阳朔金橘	瓯柑	秭归脐橙	赣南脐橙	度尾文旦柚
形象（I）	商标	证明商标	普通商标	集体商标	证明商标	证明商标
	文化	2000多年壮族文化	50年左右浙南文化	150多年荆楚文化	100多年赣南文化	300多年闽南文化
	特征	中国金橘之乡	中国瓯柑之乡	中国脐橙之乡	世界脐橙之乡	福建著名商标
	包装	简易包装	简易包装	简易包装	简易包装	简易包装
	质量	一、二级	特、一级	一、二级	特、一级	一、二级
	色泽	色彩鲜艳	色红鲜亮	橙黄鲜亮	橙黄色	红艳美观
	果形	椭圆	椭圆	圆	扁圆	扁圆
	果皮	薄	薄	薄	薄	偏厚
	风味	酸甜适度	清甜爽口	脆甜可口	清甜可口	香甜浓厚

从上表 8 可以看出，选取的 5 类柑橘国家地理标志产品都已经取得商标注册，以证明商标为主，瓯柑是普通商标，秭归脐橙则是集体商标。从文化属性上看，都是有着多年种植历史的柑橘品种，并且传达给消费者当地的柑橘品牌的文化。包装上都采用简易包装的方式，质量都是优等的。从外观上看都是果正形圆、皮薄、色泽亮丽美观、风味上佳的产品。因为这些柑橘国家地理标志产品都是在全国范围内同类产品中最出色的产品。如秭归脐橙是我国的“脐橙之乡”。

(四) 柑橘 NGLP 的接受性形象分析

“接受性形象”是消费者在消费过程中，通过柑橘国家地理标志产品为对象，借以对其品牌以及建设的消费后评价。本部分选取秭归脐橙与赣南脐橙为“点”进行品牌建设差异性研究，通过网络问卷调查和实地走访为手段，点面结合进行研究。

1. 网络问卷调查的基本信息

网络问得的内容以柑橘国家地理标准产品为核心，对品牌的基本层面的含义为调查面。此次调研目标样本来自全国 17 个省市，总共收集了 240 份有效数据。搜集的数据中，男性 112 名，占总样本的 46.7%；女性 128 位，占总样本的 53.3%。年龄构成主要集中于 16～29 岁，这个年龄段的占 95%，与目前我国网络用户的年龄构成是一致的。

2. 柑橘国家地理指标产品的认知分析

问卷涉及了受调查对象对柑橘国家地理标志产品的认知程度，对秭归脐橙的认知程度，对秭归脐橙是否是国家地理标志产品的了解程度，对赣南脐橙的认知程度和对赣南脐橙是否国家地理标志产品的问题，层层推进，以了解市场接受者对柑橘国家地理标志产品的认知程度，具体情况如表 9：

表 9　柑橘国家地理标志产品的接受程度

指　　标	了解		偶听		未知	
	人数	占比	人数	占比	人数	占比
NGL 柑橘产品认知	29	12.08%	76	31.67%	135	56.25%
秭归脐橙产品认知	37	15.42%	65	27.08%	138	57.5%
秭归脐橙 GL 认知	9	3.75%	2	0.83%	229	95.42%
赣南脐橙产品认知	55	22.91%	67	27.92%	118	49.17%
赣南脐橙 GL 认知	16	6.67%	8	3.33%	216	90%

数据来源：网络问卷调查结果整理 http：//www.sojump.com/jq/823790.aspx。

从表 9 可以看出，从受调查者的反应可以看出其对柑橘国家地理标志产品的认知程度很低，虽然有 31.67%的受调查对象指出听说过柑橘国家地理标志产品，但仅有 12.08%的样本表示对柑橘国家地理标志产品很了解，有超过一半（56.25%）的受调查对象表示没有听过柑橘国家地理标志产品。柑橘在日常生活中十分普遍，但市场接受者对所消费的柑橘产品的认知程度普遍不高：市场接受者对秭归脐橙很了解的仅 15.42%，对赣南脐橙很了解的人数多些，也仅有 22.91%；有 57.5%的受调查对象没有听过秭归脐橙，49.17%的受调查对象不知道赣南脐橙的存在。市场接受者对秭归脐橙和赣南脐橙是否为柑橘国家地理标志产品的认知程度极低，仅有 3.75%和 6.67%，这和市场接受者对秭归脐橙和赣南脐橙的认知程度有很大差距。这说明目前市场接受者对柑橘国家地理标志产品的认知程度亟待提升，无法把柑橘品牌和国家地理标志产品联系起来，国家地理标志产品的普及工作十分必要。

3. 柑橘国家地理指标产品的品质形象分析

问卷基于色泽、果形、果皮、风味以及包装五个方面了解市场接受者消费柑橘产品、秭归脐橙和赣南脐橙的主观感受，利用矩阵量表的方式了解其与柑橘产品供给者所描述的色泽、果形、果皮、风味和包装间的一致性，即其对这五个指标的满意程度，根据受调查对象的反馈信息整理。

表 10　柑橘产品品质表现与接受的吻合度

指　标		完全相吻合		基本吻合		相差很大	
		人数	占比	人数	占比	人数	占比
各类柑橘	色泽	15	6.25%	34	14.17%	191	79.58%
	果形	23	9.58%	61	25.42%	156	65%
	果皮	16	6.67%	49	20.42%	175	72.92%
	风味	31	12.92%	52	21.67%	157	65.42%
	包装	27	11.25%	48	20%	165	68.75%
秭归脐橙		41	17.08%	65	27.08%	134	55.83%
赣南脐橙		53	22.08%	89	37.08%	98	40.83%

数据来源：网络问卷调查结果整理 http：//www.sojump.com/jq/823790.aspx。

从表 10 可以看出，市场接受者在消费柑橘产品过程中对柑橘产品的品质表现的各项指标的主观感知和供给者所宣传的有很大的差距：从色泽上看，有 79.58% 的受调查对象表示二者间的差距很大，在果形上有 65%的样本觉得差距很大，同时果皮方面有 72.92%，风味方面有 65.42%，包装方面有 68.75%的受调查对象表示差距很大。而在对秭归脐橙和赣南脐橙的品质表现感知上，这一比例会低很多，分别是 55.83%和 40.83%。认为在品质表现上完全相吻合的，秭归脐橙有 17.08%的样本，赣南脐橙有 22.08%的样本；相较秭归脐橙和赣南脐橙市场接受者对其他柑橘产品的品质表现认为完全吻合的比例很低，在色泽上仅有 6.25%的样本，果形上有 9.58%的样本，果皮上有 6.67%的样本，风味上有 12.92%的样本，包装上有 11.25%的样本。这说明柑橘国家地理标志产品在品质表现上有明显优势，其与市场接受者的吻合度会高于普通的柑橘产品；柑橘产品品质表现与市场接受吻合度普遍不高，需要供给者重新进行产品的定位和形象的宣传。

4. 柑橘国家地理指标产品的商标形象接受程度

目前柑橘产品中很多都已经申请了商标保护，问卷就市场接受者对柑橘产品的商标认知程度，对秭归脐橙的商标认知程度、对赣南脐橙的商标认知程度进行调查，同时还调查了市场接受者对柑橘产品、秭归脐橙和赣南脐橙的文化感知情况。

从表 11 可以看出，在日常消费中，市场接受者对柑橘产品的商标关注程度很低，97.9%的受调查者表示根本不关注柑橘产品的商标，有 2.1%的样本会去关注商标并认为商标是可以识别的，但没有受调查对象表示能够准确识别普通柑橘产品的商标。在这方面秭归脐橙和赣南脐橙的表现好些，表示能够准确识别秭归脐橙商标的有 1.67%的样本，能够准确识别赣南脐橙有 2.92%的样本。总体上来看，市场接受者对秭归脐橙和赣南脐橙商标的认知程度也很低，分别有 93.33% 和 87.92%的根本不关注其商标。这说明柑橘国家地理标志产品的商标认知程度会高于普通柑橘产品；目前市场接受者对柑橘产品的商标关注程度普遍低，整体识别不高。

表 11　柑橘产品品牌标示与市场接受程度

指标		准确识别/感知		可识别/感知		根本不在意	
		人数	占比	人数	占比	人数	占比
商标识别	柑橘大类	—		5	2.1%	235	97.9%
	秭归脐橙	4	1.67%	12	5%	224	93.33%
	赣南脐橙	7	2.92%	22	9.16%	211	87.92%
文化感知	柑橘大类	—		—		240	100%
	秭归脐橙	—		—		240	100%
	赣南脐橙	—		—		240	100%

数据来源：网络问卷调查结果整理 http：//www.sojump.com/jq/823790.aspx。

综上通过借助 PIB 模型对柑橘国家地理标志产品的品牌建设的分析，整体而言我国的柑橘国家地理标志产品的优势并没有转化为品牌优势，没有形成一些影响深远的品牌。在品牌建设中，市场定位比较混乱，没能进行合理的品牌定位。在商标方面，品牌商标的识别度不高，证明商标的保护力度不足；企业品牌缺乏；品牌文化资源有待挖掘。在形象方面，对柑橘国家地理标志产品的认知度不高，柑橘国家地理标志产品的优越形象没有转化为品牌优势；“发射性形象”和“接受性形象”有很大差距，柑橘国家地理标志产品品质表现与消费者的主观感受的吻合度低。

六、完善柑橘国家地理标志的柑橘品牌建设建议

通过以上的分析，以柑橘国家地理标志产品为核心，以品牌建设的基本层面进行相关性建议。

（一）进行合理的品牌定位

1. 根据辐射范围进行市场定位

我国柑橘国家地理标志产品品牌多，按其辐射范围大致可分为国际性、国家性和区域性，不同层次的品牌其目标市场是不一致的。品牌定位应该考虑品牌的特色、影响力强弱、发展前景及品牌建设管理能力的强弱等因素。柑橘国家地理标志产品的区域性品牌较多，对于区域性品牌应该充分发挥其区域的种植优势，扩大种植规模，实现规模经济，进而提高产品的影响力，力争向全国性品牌跨越、升级。国家性品牌则需通过注册国际品牌商标的方式，努力向国际性品牌转变。

2. 根据价格和质量的关系进行产品定位

产品质量是柑橘品牌制胜的关键，一个好的品牌是以产品的质量为依托的，不同层次市场对产品的要求是不一样的，可以从柑橘产品的外观特色和内在品质两方面对其进行分级，不同等级的产品供应不同层次的市场。一般情况下，价格和质量是呈正比

关系的，“一分钱一分货”和“便宜无好货”的观念受到越来越多消费者的认可。柑橘国家地理标志产品有着优越的内在品质和良好的外观形象，完全可以实行中高价位定价策略。

（二）加强商标建设提高品牌识别度

1. 鼓励普通商标和集体商标注册，推进商标建设

目前柑橘国家地理标志产品大都申请了商标保护，但大多是证明商标和普通商标，集体商标很少，从商标对品牌的保护力度来看，普通商标是最为常用和有效的方式。集体商标和证明商标是保护柑橘地理标志产品的专门商标，集体商标的保护力度更大。因此，柑橘国家地理标志产品应该努力申请集体商标和普通商标保护。

2. 进行商标设计，提高商标识别度

商标一般是由文字和图案组成的，目前已申请商标保护的我国柑橘国家地理标志产品中大都是没有图案的，即使有图案也是区分性不高的图案，如阳朔金橘的商标图案是微笑的橘子图案，这种图案太过普通极易模仿。其文字说明也不具识别性，大都是产地和品类的结合，如秭归脐橙的商标其文字说明就是“秭归脐橙”。因此，需要进行合理的商标设计，提高商标的识别度。合格的商标必须是文字和图案的结合，其文字和图案都具有独创性，是不易模仿的。

（三）大力宣传提高品牌知名度

1. 利用多种手段加强广告宣传

广告是最为直接有效的宣传手段，可以传递给消费者关于柑橘国家地理标志产品产地的唯一性、质量的优越性、口味的独特性的信息。广告力求抓住消费者的消费心理，体现产品与众不同功能，但切忌弄虚作假和夸大产品功能。

柑橘国家地理标志产品的宣传应该利用更多的媒体宣传方式并进行系统性的广告宣传。可以建立专门门户网站对地区的柑橘国家地理标志产品进行全面系统的介绍宣传，也可以利用电视等

平面媒体向消费者传达。

2. 加大政府的公关推广力度

当地政府可以通过举办柑橘文化节（如赣州市的国际脐橙文化节）、成立地区的柑橘国家地理标志产品博物馆、政府的招商引资和政府的采购项目（政府牵头的由政府信誉做担保的大宗采购合作项目）等公关手段来促进柑橘国家地理标志产品的销售及提升品牌形象。

（四）推进标准化管理提高品牌美誉度

1. 不断推进标准化生产

质量是品牌生存的前提条件，标准化的生产方式是保证产品质量的有效手段。标准化生产就是在生产过程中贯彻执行相关的标准规定，并对其贯彻执行的力度进行监督管理，生产者需按照标准组织生产活动，国家相关部门对生产过程进行监察，标准化生产方式是从源头保证供给的柑橘国家地理标志产品的品质，是提升柑橘国际地理标志产品的美誉度的主要途径。

2. 加强立法，维护市场秩序

在柑橘国家地理标志产品流通领域需要通过立法的方式对供给者的行为加以规范，严惩通过明示或暗示的方式使消费者产生对柑橘国家地理标志产品消极形象的各种行为，维护市场秩序。

（五）加强品牌建设提升品牌价值

1. 挖掘品牌文化价值

一个成功的品牌其文化价值甚至超过其所体现出的物质价值，虽然我国柑橘国家地理标志产品都体现了一定的文化内涵，如阳朔金橘体现的是 2 000 多年的“壮族文化”，赣南脐橙体现的是“赣南文化”，但目前我国柑橘国家地理标志产品供给者都不关注柑橘品牌的文化建设，造成市场接受者对柑橘国家地理标志产品“零文化感知”的现状。品牌的文化建设是个长期的过程，就现阶段来说柑橘国家地理标志产品的供给者应该有意识地把这种品牌的文化内涵传达给市场接受者。

2. 努力发展企业品牌

企业品牌在品牌保护和品牌战略方面都有着明显的优势，中国500强品牌都是企业品牌，没有一个是区域品牌。区域品牌首先在品牌保护方面，集体商标和证明商标在排他性和独占性方面表现不明显，只需符合商标申请人提出的产品生产的相关规定即可使用，即使有申请普通商标保护的企业法人，其生产规模太小，品牌价值不大。其次，在品牌战略方面，区域品牌很难形成统一的品牌发展战略。因此，柑橘国家地理标志产品可以通过建立大型企业品牌的方式来实现品牌价值的提升。

参 考 文 献

[1] 陈红．宁夏枸杞品牌发展策略研究［D］．银川：宁夏大学图书馆，2008.

[2] 菲利普·科特勒（Philip Kotler）．营销管理（亚洲版·第3版）［M］. 北京：中国人民大学出版社，2003，121-122.

[3] 熊晚珍，张敏，孙志国．江西省橙类资源的地理标志保护现状与发展对策［J］．江西农业学报，2010，22（10）：163-165.

[4] 张蓓，张光辉．农产品品牌推广策略探析［J］．商场现代化，2006（10）：213-214.

[5] Burleigh B. Gardner，Sidney J. Levy. The Product and the Brand［J］. Harvard Business Review，2003（3）：33-39.

[6] Michael Porter. What is Strategy［J］. Harvard Business Review，1996（11）：61-78.

[7] Koher P，Bacich H. A framework for marketing image management［J］. Sloan Management Review，1991，32（2）：94-104.

基于物联网技术的柑橘产品质量安全监控体系研究

Study on the Monitoring System for Quality and Safety of Citrus Based on Internet of Things

蒋 勇 罗利平 祁春节

Jiang Yong Luo Liping Qi Chunjie

摘 要 现代信息技术在食品质量安全监控中的应用日益成熟，并为质量问题的溯源追责提供了有效路径。本文分析和借鉴物联网关键技术在各领域的研究与实践，从产品质量安全视角对柑橘产业链结构深入剖析，运用 HACCP 原理认知存在质量安全隐患的产业链各环节关键控制点及潜在危害类型，设计质量安全监控的物联网技术宏观框架和微观系统；并阐述了监控体系的运作机制主要依赖以质量安全为纽带的现代柑橘产业技术体系功能拓展、产业链构成主体价值实现和质量监管部门制度创新三方面的有机结合，实现对质量问题的事前预警和控制，向消费者提供质量合格的最终产品。

关键词 物联网技术；柑橘产业链；产品质量安全；监控体系

Abstract Modern information technology provide an effective way for traceability of quality problems, with the fast maturity of its application in monitoring of food safety. In view of quality and security of products, the paper thoroughly analyzed structure of citrus Industry chain, critical control points and potential dangers of which are also cognized with HACCP principle. Reference of the research and practice of Internet of Things in various fields, macroscopic framework and micro－system of Internet of Things monitoring quality and safety are designed. Meanwhile, taking quality safety as the link, it discusses operation mechanism of monitoring system that depends mainly on the organic combination of function extension of Technology System of Modern Citrus Industry, value realization of composition subjects of industry chain and system innovation of quality supervision department, in order to forewarn and control quality problems and provide consumers with qualified products.

Key words Technique of Internet of Things, citrus industry chain, quality and safety of products, monitoring system

一、引　　言

食品质量安全一直是人们关心的问题。近年来，二氧化硫香蕉、激素草莓、苏丹红染色脐橙、膨大剂西瓜等事件极大地损害了市场对这类水果的消费需求，并使整个产业链蒙受了巨大经济损失。食品安全追溯体系虽然为质量安全的事后控制提供了有效思路，但无法避免市场损失。因此，食品产业链迫切需要对其各个环节进行有效的质量安全监控，以实现事前的应急处理。

不少发达国家努力将现代信息技术应用于食品质量安全监控过程。北美最大的食品服务营销和分配组织 SYSCO 公司的实践证明，可将射频识别和传感器集成系统有效用于食品品质和质量安全的监控[1]；法国于 1998 年建成的牛肉质量追溯体系中，包括养殖户、屠宰加工厂、家乐福超市在内的各个环节都能看到携带牛肉信息的耳标、身份证、标签，并配备与牛肉加工设备相联结、传承追溯代码的计算机系统[2]；希腊学者 Ampatzidis Y. G. 和 Vouqioukas S. G. 将射频识别技术（Radio Frequency Identification，RFID）应用于检测果树的信息，并且能够通过扫描 RFID 标签，自动将收获的果实与其生长的果树相匹配，从而实现了水果在种植环节的溯源[3]；S. M. C. Porto、C. Arcidiacono、G. Cascone 等意大利学者设计了基于计算机的集成信息系统，并用于实现柑橘疾病控制及供应链的信息追溯功能[4]。

我国在食品质量安全监管体系建设方面也进展明显。基于 RFID 技术的“安全猪肉监控追溯系统”于 2005 年在上海正式投入使用[5]；天津市从 2006 年起陆续实现无公害蔬菜的可追踪[6]。李文峰等人建立了基于 WebGIS 的食用农产品产地环境质量评价系统，实现了农业环境污染物空间分析等环境质量综合评价功能[7]。

目前，各类信息技术在食品产业链质量监控中的应用相对独立，基于物联网技术的质量安全监控研究较少。本文受物联网关键技术的应用启示，分析柑橘产业链的结构及其存在质量安全隐患的关键控制点，实施物联网技术的全面介入，形成质量安全监控的宏观构架和微观系统，实现对整个产业链上质量信息的掌控与共享，并设计了相应的实践机制，以期做到质量安全问题的事前控制。

二、物联网关键技术在农产品质量安全监控中的应用

早在 1999 年，MIT Auto ID Center 便提出“物联网”的概念[8]，但至今尚未形成统一的定义。一般认为，物联网是将物品互相联系的网络，是在计算机互联网的基础上，通过射频识别、无线传感网络、云计算服务等信息技术，将物品与物品互联起来，实现智能数据采集、监控、管理等功能的网络。它所具有的全面感知、可靠传送、智能处理特征[9]，使之在社会经济生活中

有着广泛的应用潜力。

（一）物联网技术及其应用

工业生产中，将物联网运用于冶金制造，可实时准确地获取设备的运作情况、提高生产效率、优化生产流程[10][11]；煤矿物联网技术能够解决煤矿安全标志准用产品和矿用关键设备全程跟踪监管等系列问题[12]；智能电网利用物联网技术整合通信设施和电力系统资源，实现电力系统设施、设备的有效利用[13]。在医疗卫生领域，智能心电监护与物联网的结合能大大提高用户体验和救治效率[14]；物联网技术支撑下的残障辅助设备为残障人士的生活提供了更多便利[15]；医院通过信息系统可跟踪携带RFID标签的医疗设备的使用情况[16]。在交通储运行业，我国交通运输部于2006年采用了接触式船舶IC卡，并在长江沿岸建立了船舶自动识别终端的骨干网，通过船舶交通管理系统实现动态指挥和视频监控[17]；韩国也建立了WebTrafMon系统用以监控和分析城市交通状况[18]；现代智能仓储管理系统通过电子产品代码（Electronic Product Code，EPC）技术和无线传感网络（Wireless Sensor Network，WSN）技术，不仅能够对货物进行日常管理，还能对库房进行实时的视频监控和火灾报警[19]。在农业生产中，我国在新疆、黑龙江等地建立的应用数字技术示范基地内，大田作物产量大幅提高，化肥、农药和灌溉用水等投入成本显著减少[20]；基于物联网技术，给农业机械贴上电子标签，可以有效管理农业区划内的农机设备，优化分配农机使用[21]；使用物联网技术建立农业生态环境监测网络，实现对农业生态环境的信息采集，为预测未来环境变化提供了大量精确数据，保证农业生态环境的可持续发展[22]；利用无线传感及智能技术实现棉花种植的自动化灌溉[23]。此外，物联网相关技术在公共设施管理、社会治安、环境保护等方面也有着很好的应用[24]。

（二）物联网关键技术与农产品质量安全监控

农产品从生产到最终消费，经过了产业链的众多环节，有着很大的空间和时间跨度，增加了质量安全隐患。因此，农产品的质量安全监控，应从整个产业链入手，实现产品质量信息的采集、存储、告知和处置。传统的质量安全监控，主要通过质量监管部门定期或不定期的检查，完成信息采集，获得产品质量安全报告。这种方式效率低下，很难实时全面监控产品质量；且所得信息为质量监管部门独有，相关利益主体较难及时获取完整准确的产品质量信息。物联网拥有实时、智能、精确的数据采集技术以及基于网络的信息存储与共享技术，为解决上述问题提供了可能。

物联网关键技术包括无线传感网络（WSN）技术、射频识别（RFID）技术、云计算技术、智能技术等。现代无线传感器具有防水、防磁、防腐蚀、耐高温等特点，能够适应各种自然环境，同时拥有较长的使用寿命，十分适宜于农业生产信息的采集；布置在田间、养殖场及加工厂的温度、湿度等无线传感器，可精确地将实时环境监测数据通过 WSN 传送至互联网中的信息监控平台。RFID 技术通过无线射频方式进行非接触式的数据通信，具有数据存储容量大、方便更改等特点，可用于农产品电子标签，实现对农产品的自动识别和信息共享，在此基础上形成的 EPC 系统还能获取农产品的物流动态信息。云计算技术庞大的存储空间及强大的数据处理能力是农产品产业链上海量信息处理的重要工具。智能技术，能够根据实时质量信息做出反应，如：食品高温灭菌过程中，智能系统监测到温度没有达到标准，会自动控制生产设备，提高灭菌温度。

三、柑橘产业链产品质量安全控制关键点分析

实现柑橘产品质量安全的监控，应首先从产品质量安全的视角分析柑橘产业链，判断产业链各环节可能出现的质量危害，确定质量安全监控的关键点，寻求物联网的技术支持和机制设计。

（一）产品质量安全视角下的柑橘产业链分析

柑橘产业链是指与柑橘初级产品生产关联密切的产业群所形成的复杂网络结构[25]，从产品质量安全视角分析，其结构如图1所示[26]，它反映了柑橘产品从生产到消费过程的主要环节、质量安全控制内容和监控主体。

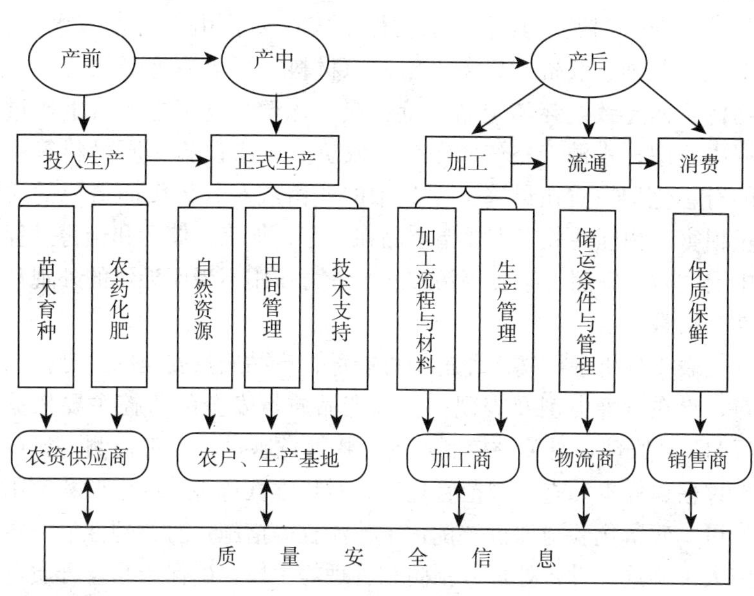

图1　基于产品质量的柑橘产业链结构

在产前投入阶段，苗木育种和农药化肥等主要农资的品质是柑橘产品质量的基本保证，相应的供应商便是质量信息的拥有者；在正式生产阶段，果树生长的自然环境、生产者的田间管理能力和生产经营技术成为影响产品品质的关键性因素，生产者既强调物质、技术和管理投入的质量，更关注由此带来的产出效果；在产后加工、流通和消费阶段，是加工商、物流商和销售商给产品质量提供保障的过程，良好的加工流程和材料、储运和销售环境及管理技术是主要的评价依据。

（二）柑橘产业链产品质量关键环节安全隐患分析

运用危害分析和关键控制点（Hazard Analysis & Critical Control Point，HACCP）原理分析图1柑橘产业链中的产品质量隐患，可为利用物联网技术监控相应的关键控制点提供依据。柑橘产业链中可能发生的生物、化学和物理危害会引发产品质量安全问题，其中，生物性危害主要指由于土壤、水源、空气、苗种、农资、设备设施、原材料、半成品等受到有害生物污染而导致最终消费品质量受损；化学性危害主要指生产过程中土壤、水源、空气、苗种、农资、设备设施、原材料等中的有害化学物质在最终消费品中的残留或对其污染而造成的质量损害；物理性危害主要指产品在生产、加工、储运和销售过程中受放射、辐照、杂质等污染或因外力作用不当而导致的外观和性状损害。

表1分析了柑橘产业链中可能危害产品质量安全的关键控制点，潜在危害类型及表现。柑橘产品质量安全的监控主要依据HACCP原理，对关键控制点的生物性危害进行人工检测，如产地评估、样本抽查、规范管理等；对化学性危害采取生产和使用许可、残留化验与评价、优化工艺流程等措施；对物理性危害实施人工挑选、设备处理、预防和管理等手段，确保产品符合质量要求。

表1 柑橘产业链产品质量控制关键点及潜在危害

质量控制关键点		潜在危害	危害类型	主要危害表现
产前	农资供应（生产资料供应商）	农资质量	生物性危害	苗木、农资携带的有害细菌、病毒或寄生虫本身及其代谢过程、代谢产物、寄生虫及其虫卵和昆虫对果实品质的危害
			化学性危害	农药、化肥等质量不合格，如有害成分超标等，会在果实中积累有害化学物质

（续）

质量控制关键点		潜在危害	危害类型	主要危害表现
产中	田间生产技术与管理（柑橘种植者）	种植环境污染、病虫害、化肥施用、技术与管理	生物性危害	柑橘或其生长环境发生病虫害损害果品质量
			化学性危害	生产地受外界污染源的化学物质污染，或农药、化肥使用残留损害产品质量
			物理性危害	果实采摘、搬运过程中造成的挤压、碰撞或损伤
产后	加工过程（加工企业）	加工材料、生产条件、流程管理	生物性危害	材料、设备设施、人员等遭受有害生物污染，导致细菌、病毒、真菌或寄生虫等的滋生，侵害产品质量
	流通环节（物流公司）	储运环境与管理	化学性危害	有意或无意加入产品的，如添加剂、辅助剂、天然毒素或过敏源物质等化学物质对产品质量的损害
	市场销售（销售商）	保质保鲜	物理性危害	产品吸附、吸收外来放射性核素、杂质含量超标或外力损伤

四、柑橘产品质量安全监控的物联网技术应用架构

借鉴物联网技术在农产品质量安全监控中的应用，根据柑橘产品质量安全视角下的产业链结构和关键控制点分析，从宏观层面上设计覆盖整个产业链的产品质量安全监控的物联网技术框架，从微观层面上设计产业链关键环节产品质量安全监控的物联网技术系统。

（一）宏观视角下质量安全的物联网技术框架

依据表1中质量控制关键点，将柑橘产业链中存在产品质量安全隐患的环节主要分为产前的农资供应、产中的田间管理、产后的加工、物流和销售，图2构建了基于物联网技术的柑橘产业链产品质量安全宏观监控框架[27]。

数据采集层主要负责质量信息获取和物体识别，通过产品电

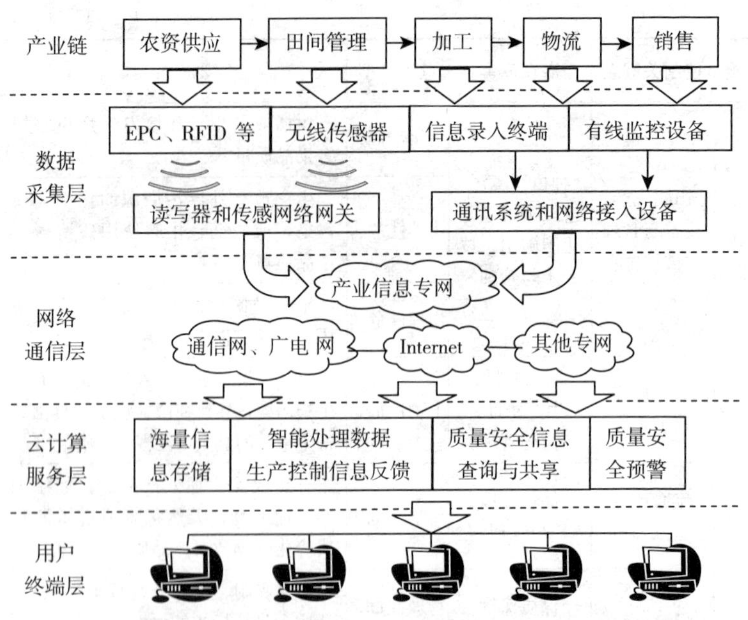

图 2　宏观视角下质量安全的物联网技术框架

子编码（Electronic Product Code，EPC）和 RFID 标志产业链中投入物资、柑橘鲜果及其加工品的质量信息，利用无线传感器、有线监控设备、信息输入终端采集生产、加工、储运、销售环境和流程数据，实现对产品质量相关信息的全方位掌控。网络通信层完成质量信息的传送与管控，读写器及传感网络网关、通讯系统和网络接入设备将数据采集层获取的信息输入柑橘产业信息专网，后者以互联网为核心，实现柑橘产品质量信息在广电网、通信网和其他专用网安全高效的互联互通。云计算服务层基于云计算的应用处理中心对柑橘产业链衍生的海量信息进行高效存储、智能处理，通过数据挖掘和知识发现，实现产业链中设备、设施、环境及流程中关键信息的反馈、质量安全信息的查询与共享，及质量安全预警。用户终端层产业链各环节的主体通过与服务层的信息交互，利用计算机、手机或其他控制终端，对设备、设施、环境和流程进行人工或智能调控和优化，获取产品质量信息，并能对质量安全有效预警。

（二）微观视角下质量监控的物联网技术系统

图 3 基于图 2 的物联网技术宏观框架，从柑橘产业链各环节出发，构建相关利益主体监控产品质量安全的微观技术系统[28]。以网络通信为媒介的云计算服务对整个产业链是透明的，每一环节的利益主体既是信息的供给者也是信息的需求者。他们不仅能够查询进入或预期进入本环节的产品质量信息，采集当前环节的相关信息输入云端数据库；并能根据专家系统提供的质量标准和控制措施，发出安全预警，借助实时监控平台（人工或智能）调控当前环节的可控因素（人、设备、设施或流程等），保证产品质量。

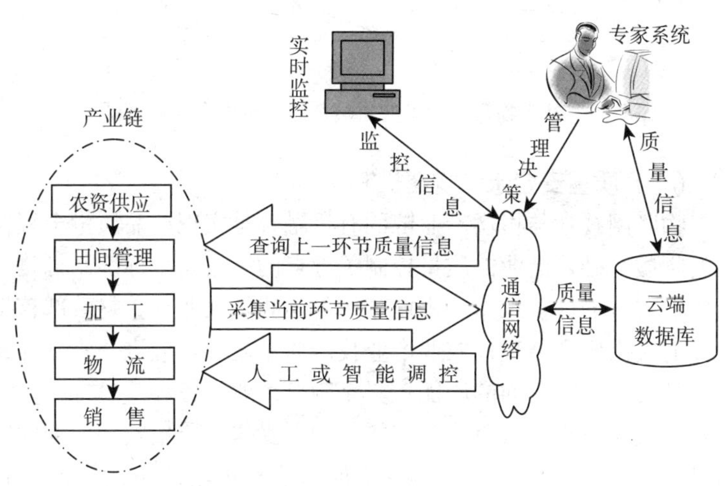

图 3　微观视角下质量监控的物联网技术系统

五、物联网技术构架下柑橘产品质量安全监控机制

在物联网技术支持下，实现对柑橘产业链产品质量实时监控

和事前预警，避免质量安全事故，需要设计一套有效的运营管理机制。图 4 将现代柑橘产业体系的功能拓展、产业链构成主体的价值实现和质量监管部门的制度创新以质量安全为纽带，予以逻辑思考，构建可向消费者提供质量合格的最终产品的安全监控机制。

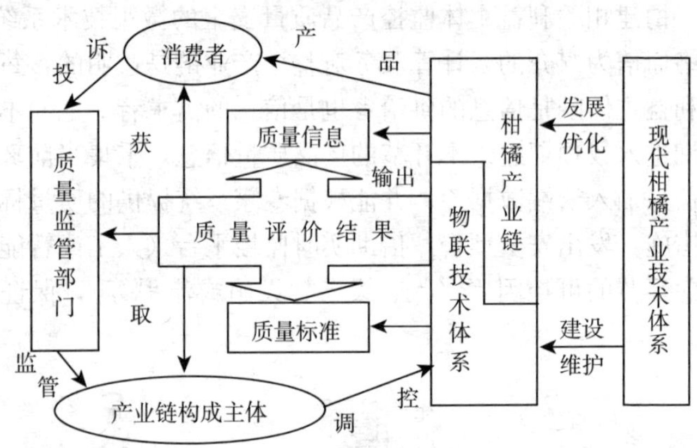

图 4　基于物联网技术的柑橘产品质量安全监控机制

（一）质量安全条件构建机制

物联网技术与柑橘产业链的有机融合是实现产品质量全程监控的物质基础，产业链质量控制关键点的质量安全标准制订是产品质量安全的评价依据。柑橘产业作为我国农业部、财政部首批建设的大宗农产品现代农业产业技术体系之一，应进一步延伸其在产品质量安全方面的职能：一是制订产业链各环节投入品、生产过程及产出物的适应物联网技术的可操作性质量安全标准和经营管理规范；二是在增强产业价值增值和市场竞争能力的过程中，充分考虑产品质量安全和物联网技术应用要求，不断发展和优化产业链；三是依据柑橘产品质量安全的物联网技术应用构架，选择物联网技术供应商，建设和维护基于产业链的物联网技术体系，并是柑橘产业信息专网的所有者。

（二）质量安全自控机制

基于柑橘产业链质量控制关键点构建的物联网技术体系，以数据的实时、完整采集为基础，通过柑橘产业信息专网向 Internet 发送产品质量信息，实现消费者、质量监管部门和产业链各环节主体的信息共享，极大地消除了上述三者在柑橘产品生产过程及质量问题上的信息不对称，防止监管部门与产业链成员间可能的串谋。从而在消费市场形成产品的优质优价，在产业链内形成各环节主体为追逐价值实现和增值而对投入品、生产流程和产品质量的自觉监控。产业链有很高的积极性抵制有损产品质量的投入品，改善生产和储运条件，完善生产工艺和流程，规范经营管理，提高产品质量。

（三）质量安全监管机制

在物联网技术的支持下，消费者有更为便捷的渠道和方式反馈产品消费的感受，或向监管部门投诉劣质产品，形成对产品供给方的直接评价和市场影响。目前，虽然我国对涉及食品质量安全监管的农业、卫生、工商、质检和食品药品监督等 5 个管理部门的职能做了明确划分，但在实际工作中仍然存在职能重叠、监管漏洞、信息孤岛、事后应急、责任推诿等问题[29]。基于产业链的物联网技术支撑下的质量信息、标准和评价共享机制，需要有一个确定的部门（或几个部门的联合工作组）对整个产业链的质量安全事项统一监管，并予以政策法规保障，对质量安全预警及时反应，监督相关主体适时调控，做到事前防范。

六、结论与讨论

国内外学者对物联网关键技术在不同领域的探索与应用卓有成效，本文从产业链的视角就柑橘产品质量安全监控问题提出了物联网技术的宏观架构和微观系统，是为实现产品质量风险事前预警而做的安全监控体系的逻辑设计。基于产业链质量控制关键点嵌入的物联网技术将为相关信息的采集、存储、传输、查询、共享与服务提供强大支持，这意味着逻辑设计的物理实现既是物联网关键技术在柑橘产业的综合渗透，也是产业链各环节主体、消费者、质量监管部门以物联网技术为纽带对质量信息的完全反应，需要柑橘产业、研究机构、信息产业、质量监管机构等的多方协作，无论对技术研发、管理实践还是经济评价都需做深入细致的思考。

本研究也试图描绘从愿景到现实的实现机制，认为：现代柑橘产业技术体系有条件在柑橘产品质量安全监控的基础建设上担负责任，制订专业的各类标准与规范，并以此为据适当优化产业链、主持物联网的建设工作；基于物联网技术的质量信息共享能够激励产业链成员为收获个体利益而自觉采取质量保障措施；应该建立一个对产业链的质量安全全程监管的组织机构。显然，机制实施需要制度上的创新作保障，特别是对现代柑橘产业技术体系的职能拓展、质量监管部门的组织结构和功能设定都有待进一步的研究。

参 考 文 献

［1］任守纲，徐焕良，黎安，等．基于 RFID/GIS 物联网的肉品跟踪及追溯系统设计与实现［J］．农业工程学报，2010，26（10）：229－235.

［2］陈生斗，宋丹阳，陈晨，等．法国、荷兰畜产品质量追溯体系的发展及其启示［J］．世界农业，2007（1）：43－47.

［3］Ampatzidis Y. G.，Vougioukas S. G. Field experiments for evaluating the incorporation of RFID and barcode registration and digital weighing technologies in manual fruit harvesting［J］. Computers and Electronics in Agriculture，2009，66（2）：166－172.

［4］S. M. C. Porto，C. Arcidiacono，G. Cascone. Developing integrated computer－based information systems for certified plant traceability：Case study of Italian citrus－plant nursery chain［J］. Biosystems Engineering，2011，109（2）：120－129.

[5] 王立方，陆昌华，谢菊芳，等．家畜和畜产品可追溯系统研究进展［J］．农业工程学报，2005，21（7）：168－174.

[6] 樊孝凤，周德翼．信息可追踪与农产品食品安全管理［J］．商业时代，2007（12）：87－88.

[7] 李文峰，李超，杨林楠，等．基于WebGIS的食用农产品产地环境质量评价系统［J］．农业工程学报，2011，27（6）：198－202.

[8] Sanjay Sarma，David L Brock，Kevin Ashton. MIT Auto ID WH－001：The Networked Physical World ［R］．Massachusetts：MIT Press，2000.

[9] 孙其博，刘杰，黎彝，等．物联网：概念、架构与关键技术研究综述［J］．北京邮电大学学报，2010，33（3）：1－9.

[10] 李楠，刘敏，严隽薇．面向钢铁连铸设备维护维修的工业物联网框架［J］．计算机集成制造系统，2011，17（2）：413－418.

[11] 陈志，高莉．物联网技术在冶金企业应用中的探索与实践［J］．冶金自动化，2011，35（1）：7－9，50.

[12] 孙继平．煤矿物联网特点与关键技术研究［J］．煤炭学报，2011，36（1）：167－171.

[13] 汪洋，苏斌，赵宏波．电力物联网的理念和发展趋势［J］．电信科学，2010（S3）：9－14.

[14] 贾雪琴，包建军，李建功．物联网在智能心电监护上的应用［J］．信息通信技术，2010，04（4）：24－28.

[15] Mari Carmen Domingo. An overview of the Internet of Things for people with disabilities ［J］．Journal of Network and Computer Applica tions，2011.

[16] Yannick Meiller，Sylvain Bureau，Wei Zhou，et al. Adaptive knowledge-based system for health care applications with RFID-generated information. Decision Support Systems，2011，51（1）：198－207.

[17] 胡国丹，刘杨．国家水运物联网建设情况及发展构想［J］．水运工程，2011（9）：20－25.

[18] J. W. -K Hong，S. -S Kwon，J. -Y Kim. WebTrafMon：Web-based Internet/Intranet network traffic monitoring and analysis system. Computer Communications，1999，22（14）：1333－1342.

[19] 黄志雨，嵇启春，陈登峰．物联网中的智能物流仓储系统研究［J］．自动化仪表，2011，32（3）：12-15.

[20] 朱会霞，王福林，索瑞霞．物联网在中国现代农业中的应用［J］．中国农学通报，2011，27（2）：310-314.

[21] 赵璐，杨印生．农业物联网技术与农业机械化发展［J］．农机化研究，2011（8）：226-229.

[22] 张长利，沈维政．物联网在农业中的应用［J］．东北农业大学学报，2011，42（5）：1-5.

[23] G. Vellidis，M. Tucker，C. Perry，et al. A real-time wireless smart sensor array for scheduling irrigation. Computers and Electronics in Agriculture，2008，61（1）：44-50.

[24] Luigi Atzori，Antonio Iera，Giacomo Morabito. The Internet of Things：A survey［J］. Computer Networks，2010，54（15）：2787-2805.

[25] 欧阳斌．苹果产业链生态环境研究［J］．广东农业科学，2009（9）：244-246.

[26] 杨年芳，严奉宪．基于复杂系统的柑橘产业链脆弱性研究［J］．浙江农业学报，2011，23（1）：164-169.

[27] 陈文艺．物联网技术的现状及其在工业信息化中的作用［J］．西安邮电学院学报，2010，15（6）：74-76，95.

[28] 何成平，龚益民，林伟．基于无线传感网络的设施农业智能监控系统［J］．安徽农业科学，2010，38（8）：4370-4372.

农药残留限量标准对我国柑橘出口贸易影响的实证分析

The Empirical Study of Maximum Residue Limits of Pesticides's Influence on China's Citrus Trade

马　强　祁春节

Ma Qiang　Qi Chunjie

摘　要　出于对食品安全、国家与消费者利益的考虑，农药最高残留标准已成为对外贸易的通行证。目前，我国柑橘出口面对各国农残限量标准的压力与困境已显现，特别是发达国家的高标准一定程度地限制我国柑橘的出口能力。本文主要对各国进口柑橘的 MRL 标准体系的对比与计量分析，结合我国柑橘出口贸易的流量与流向的变化，运用引力模型实证分析进口国 MRL 标准对我国柑橘出口贸易的影响，并提出化解此类技术壁垒相关政策建议，为提高我国柑橘出口市场准入能力与策略选择提供研究依据。

关键词　柑橘；MRLs 标准；技术壁垒；引力模型；出口贸易

Abstract　For the consideration of food safety and the benefits of State and consumers, the maximum residue limits of pesticides standard has become the pass of foreign trade. Nowadays, China's citrus trade have been facing pressure and trouble from MRL standards, especially the high standard of developed countries already limited our export capacity. This paper focuses on the comparison and accountability analysis of import citrus MRL standard system in various countries, combines with the exchanging of flow and flow direction in China's citrus export trade, uses the gravity model empirically analyzing our the influence caused by import state MRL standard to our citrus export, and gives advice about defusing TBT, which offers the research basis for the market access ability and strategy choosing of China's citrus export.

Key words citrus, MRL standard, technical barrier, gravity model, export trade

一、引　　言

随着发达国家对消费者健康、环境保护以及持续发展的关注日益加强，新的贸易保护措施不断升级，以农产品的农药残留限量标准（MRLs, maximum residue limit's standard）的绿色贸易壁垒形式继而成为出口贸易的一大障碍。原本我国柑橘的出口贸易量不大，在世界的比重也很小、各国所设置的农药残留限量标准对我国柑橘出口的压力逐步显现。再加上我国相关标准体系的严重滞后和生产者的成本压力，MRL 标准作为一项技术性贸易壁垒在短时间内难以逾越。因此研究世界主要国家 MRL 标准的制定，以及各国标准与我国柑橘贸易流向与流量的关系，对把握我国贸易形势和定位，正确认识我国柑橘贸易发展趋势，促进贸易增长具有重大意义。

二、我国柑橘出口贸易状况分析

本文数据来源于联合国商品贸易统计数据库（UN COMTRADE）的进口和出口统计数据。采用 HS2007 的编码分类，即柑橘 HS0805 总类编码，子编码为橙类 HS080510、橘类

HS080520、葡萄柚类 HS080540、柠檬类 HS080550 以及其他类 HS080590。

(一) 我国柑橘出口总量分析

如表 1 所示，1996 年以来，我国柑橘出口总量呈逐年递增趋势。尤其是在入世之后增长迅猛，由 2001 年的 17.1 万 t 增至 2009 年的 111.1 万 t，年平均增长幅度高达 23%。其中橙类鲜果和橘类鲜果出口份额较大，占总出口量的 80%以上。但自 2005 年后，我国橘类鲜果的出口比重呈下降趋势，橙类鲜果和柚类鲜果出口比重呈平稳上升趋势，原因可能是国际市场对我国橘类鲜果出口设置的技术性标准日益严格，一定程度上导致了我国柑橘贸易出口结构的变化。

表 1 我国柑橘品种历年贸易量情况

单位：t

年份	总出口量(t)	橙类出口量(t)	所占比例(%)	橘类出口量(t)	所占比例(%)	柚类出口量(t)	所占比例(%)	酸橙类出口量(t)	所占比例(%)	其他类出口量(t)	所占比例(%)
1996	166 128	13 961	8.4	136 936	82.4	7 503	4.5	0		7 587	4.6
1997	223 122	16 241	7.3	192 886	86.4	6 858	3.1	0		6 946	3.1
1998	175 458	5 431	3.1	155 728	88.8	9 502	5.4	0		4 619	2.6
1999	176 291	4 782	2.7	161 666	91.7	4 207	2.4	0		5 562	3.2
2000	200 271	2 528	1.3	188 825	94.3	3 828	1.9	0		5 088	2.5
2001	171 240	3 126	1.8	146 655	85.6	6 595	3.9	0		14 744	8.6
2002	216 847	6 923	3.2	189 718	87.5	8 774	4.0	51	0.0	11 381	5.2
2003	292 034	20 622	7.1	244 810	83.8	14 201	4.9	42	0.0	12 360	4.2
2004	361 385	34 407	9.5	298 820	82.7	14 073	3.9	274	0.1	13 811	3.8
2005	465 623	55 350	11.9	370 783	79.6	21 716	4.7	85	0.0	17 689	3.8
2006	435 120	49 620	11.4	335 805	77.2	38 868	8.9	89	0.0	10 738	2.5
2007	564 491	75 115	13.3	397 688	70.5	82 814	14.7	3 516	0.6	5 359	0.9
2008	862 105	141 922	16.5	606 853	70.4	98 879	11.5	9 400	1.1	5 051	0.6
2009	1 111 950	180 417	16.2	804 699	72.4	120 160	10.8	4 720	0.4	1 953	0.2

数据来源：联合国商品贸易统计数据库 UN COMTRADE。

(二) 我国柑橘出口流量与流向细分分析

1. 我国柑橘鲜果主要贸易国的流向与流量分析

表 2 反映的是近 5 年来我国四类柑橘品种的出口流向情况，具体统计如下：

表 2　2005—2009 年我国柑橘各品种出口流向情况

单位：t

年份	橙类			橘类			柚类			酸橙类		
	出口地区	出口总量	出口比例	出口地区	出口总量	出口比例	出口地区	出口总量	出口比例	出口地区	出口总量	出口比例
2005	中国香港	24 422	44.1	越南	11 3530	30.6	中国香港	5 166	23.8	中国香港	64	75.3
	越南	14 758	26.7	马来西亚	74 757	20.2	俄罗斯	5 040	23.2	俄罗斯	16	18.8
	马来西亚	4 377	7.9	印度尼西亚	43 072	11.6	加拿大	3 418	15.7	韩国	3	3.5
	俄罗斯	3 817	6.9	菲律宾	40 366	10.9	荷兰	2 971	13.7	日本	1	1.2
	中国澳门	2 144	3.9	俄罗斯	40 043	10.8	比利时	1 230	5.7	中国澳门	1	1.2
2006	中国香港	17 989	36.3	越南	100 216	29.8	荷兰	13 125	33.8	中国香港	48	53.9
	越南	14 597	29.4	马来西亚	65 951	19.6	俄罗斯	9 191	23.6	阿联酋	25	28.1
	马来西亚	8 080	16.3	印度尼西亚	40 350	12.0	中国香港	5 705	14.7	韩国	6	6.7
	俄罗斯	4 903	9.9	俄罗斯	35 918	10.7	加拿大	2 699	6.9	中国澳门	6	6.7
	中国澳门	1 611	3.2	中国香港	28 870	8.6	比利时	2 235	5.7	俄罗斯	4	4.5
2007	中国香港	26 876	35.8	马来西亚	79 474	20.0	荷兰	35 727	43.1	中国香港	2105	59.9
	马来西亚	15 223	20.3	越南	71 486	18.0	俄罗斯	22 014	26.6	马来西亚	752	21.4
	越南	13 300	17.7	印度尼西亚	69 164	17.4	中国香港	5 321	6.4	俄罗斯	497	14.1
	俄罗斯	7 828	10.4	俄罗斯	62 193	15.6	比利时	4 930	6.0	新加坡	62	1.8
	加拿大	3 790	5.0	菲律宾	38 414	9.7	罗马尼亚	3 099	3.7	印度尼西亚	42	1.2
2008	越南	56 273	39.7	越南	195 875	32.3	荷兰	35 240	35.6	中国香港	4381	46.6
	中国香港	29 596	20.9	马来西亚	113 365	18.7	俄罗斯	19 171	19.4	俄罗斯	3400	36.2
	马来西亚	23 332	16.4	印度尼西亚	106 593	17.6	比利时	16 945	17.1	马来西亚	684	7.3
	俄罗斯	9 073	6.4	俄罗斯	605 35	10.0	德国	5 715	5.8	新加坡	377	4.0
	伊朗	8 362	5.9	菲律宾	50 107	8.3	罗马尼亚	5 649	5.7	印度尼西亚	238	2.5

（续）

年份	橙类			橘类			柚类			酸橙类		
	出口地区	出口总量	出口比例	出口地区	出口总量	出口比例	出口地区	出口总量	出口比例	出口地区	出口总量	出口比例
2009	越南	64 005	35.5	越南	263 704	32.8	荷兰	52 786	43.9	俄罗斯	2526	53.5
	马来西亚	29 781	16.5	印度尼西亚	182 259	22.6	俄罗斯	22 818	19.0	马来西亚	738	15.6
	中国香港	22 492	12.5	马来西亚	96 323	12.0	比利时	11 650	9.7	中国香港	431	9.1
	俄罗斯	13 950	7.7	菲律宾	89 500	11.1	罗马尼亚	7 336	6.1	哈萨克斯坦	252	5.3
	伊朗	13 968	7.7	俄罗斯	79 849	9.9	德国	5 477	4.6	阿联酋	239	5.1

数据来源：联合国商品贸易统计数据库 UN COMTRADE。

（1）橙类鲜果在 2005—2009 年间主要出口地区是中国香港、越南、马来西亚。2007 年以前，对中国香港的输出量和输出比例位于各地区之首，但在之后呈逐年下降趋势，输出比例由 2005 年的 44.1%下降到 12.5%。对越南的橙类鲜果出口量则呈稳定上升趋势，出口比例由 2004 年的 14.4%上升到 2009 年的 35.5%。而对于马来西亚的出口量在 2006 年后表现平稳，出口比例一直保持在 16%到 20%之间。

（2）橘类鲜果的主要出口地区同样主要集中于紧邻我国的东南亚国家，包括越南、马来西亚、印度尼西亚、菲律宾等。相比橙类鲜果，橘类鲜果的出门地区流量更显平均，除越南和马来西亚所占出口比例稍多外，其他国家的出口比例都稳定在 10%左右。

（3）柚类鲜果的出口在 2006 年后就主要集中于欧洲国家地区，包括荷兰、比利时、俄罗斯、罗马尼亚、德国等，并对北美的加拿大也有一定量地出口。其中对荷兰、比利时、俄罗斯三国的总出口比例在 2006 年后就稳定在 70%左右。对中国香港的输出量逐年大幅减少，输出比例由 2004 年的 61.6%下降到 2009 年的 2.6%。

（4）酸橙类鲜果出口量相对较少，在我国柑橘总出口量中所占份额只有 1%左右，且出口地区比较集中，绝大部分销往中国香港、俄罗斯和马来西亚三地。

2. 我国柑橘整体贸易的流向与流量分析

针对 2009 年我国柑橘鲜果出口贸易进行分析。从表 3 可以看出，我国柑橘出口主要集中于亚洲范围内，特别是与我国毗邻的东南亚地区，流入量为 75.401 万 t，占总出口量的 67.81%；而我国柑橘在欧洲市场的出口量相对较少，对欧盟地区出口量仅有 8.59 万 t，只占总出口量的 7.73%，不及东南亚出口量的 1/9；至于美洲和非洲地区，我国柑橘出口量则更少，不足总出口量的 3%。由此可见对于欧美发达国家地区，我国柑橘的贸易出口潜力还十分巨大。

表 3　2009 年我国柑橘整体出口流向情况

单位：万 t

地　区		流向国（地区）	流量	比例（%）
亚洲	东南亚	印度尼西亚、越南、马来西亚、菲律宾、泰国、新加坡、缅甸、文莱、东帝汶	75.401	67.81
	其他	中国香港、中国澳门、日本、韩国、孟加拉国、印度等	12.248	11.00
欧洲	欧盟	比利时、丹麦、法国、希腊、英国、爱尔兰、意大利、拉脱维亚、立陶宛、荷兰等 16 国	8.59	7.73
	其他	保加利亚、挪威 、瑞士 、土耳其、白俄罗斯、俄罗斯、乌克兰、荷属安的列斯群岛	12.213	10.98
北美洲		美国、加拿大 智利（3 个）	2.738	2.46
非洲		南非 塞舌尔（2 个）	0.005	0.005
合计			111.195	100

数据来源：联合国商品贸易统计数据库 UN COMTRADE。

综上所述，通过对生产、贸易流量和流向分析，可作以下归纳：其一，我国是世界上柑橘的生产大国和出口大国；其二，我国柑橘出口品种和出口地区比较单一，缺乏多元性；其三，我国柑橘在欧美发达国家的市场占有率很低。

三、柑橘农药最大残留标准对比与量化分析

（一）我国与主要国家的柑橘农药最大残留标准对比分析

食品法典委员会（Codex Alimentarius Commission，简称CAC）对柑橘制定的农药最大残留标准具有普适性与参考性。所颁布的普遍适用的46项农药残留限量标准，再加上针对八类不同的柑橘制定的19项标准，共计65项。

表4 我国柑橘贸易伙伴国农药残留限量标准比较情况

	中国	CAC	日本	欧盟	美国	马来西亚	新加坡	印度尼西亚
检测项目	49	65	339	235	67	37	33	27
同于中国标准限量		26	43	23	13	7	7	4
严于中国标准限量		8	17	13	5	3	3	2
宽于中国标准限量		8	14	6	7	2	2	4

数据来源：美国农业部对外农业服务局网：http：//mrldatabase. com/query. cfm。

日本自肯定列表事件后，已成为世界范围对农药残留最为苛刻的国家。至今对柑橘类果实共有暂定农药MRL标准2 252项，没有制定暂定标准而直接沿用日本原标准的140项，涉及农药339种。欧盟的残留标准也比较苛刻，两个国家的限量远远高于其他国家。

相对于日本、欧盟等发达国家，我国与东南亚其他主要柑橘进口国的农药残留限量标准相对宽松。其中马来西亚37项，越南35项，新加坡33项，中国香港32项，印度27种，印度尼西亚15项，MRLs检测项目略少于中国。

从整体而言，我国农药残留限量指标覆盖的农药品种数较少，如CAC柑橘农药残留限量检测项目是我国的1.63倍，美国

柑橘农药残留限量检测项目是我国的 1.36 倍，日本柑橘农药残留限量检测项目是我国的 6.9 倍。发达国家农药检测项目中有很大一部分我国并未制定相关残留标准，这将直接导致我国柑橘出口遭受技术性贸易壁垒的阻碍。

（二）柑橘农药最大残留标准量化模型的设定[1]

1. 数据选取及步骤

根据联合国贸易数据库，选取我国以及其他 24 个贸易伙伴国（或地区）作为研究样本，具体如表 3 所示。由于我国对这 24 个国家的柑橘出口额占我国柑橘出口总额的 90%以上，因此此样本可以代表我国柑橘主要出口流向和流量。

根据美国农业部农药残留数据库查得各个国家柑橘农药残留标准的各个柑橘品种的农药残留最大限量值，并进行对比分析，并根据农药指标的地域代表性和品种的代表性选择了 79 个代表性农药最大残留值指标。

数据处理的步骤为：第一，以美国农业部的农药残留限量数据库的 79 种农药为基本数据来源；第二，若欧盟和日本出现农药数据为空缺，根据“一律标准”统一规定为 0.01ppm；第三，假如数据仍空缺或“豁免”出现，参考同组别的最高数据；第四，出现“不得检出”项，该项的农药最大残留值以“0”计算；第五，确定最后的农药残留最大限量数据，并进行抽样检查，保证数据的可靠性。

2. 量化分析方法

设柑橘主要进口国构成的集合为 $U=\{x_i\}$ $(i=1, 2, \cdots, 25)$，每个对象又由 79 个指标表示其性状：$X=\{x_{1j}, x_{2j}, \cdots, x_{25j}\}$ $(j=1, 2, \cdots, 79)$，则得到原始数据矩阵为 $X=(x_{ij})_{25\times79}$。每一个国家的 MRL 标准指数应该是反映了该国 MRL 标准的高低，是一个综合反映了 79 种农药残留标准指标的综合指标。因此，我们在定义出柑橘进口国的 MRL 标准指数之前我们必须首先定义一国在既定的某一种农药下的 MRL 标准得分

(S_{ij}) 25×79。

在同一种农药下，假定标准最高（MRLs 最小）的国家得分为 1，标准最低（MRLs 最大）的国家得分为 0，介于两者之间的国家得分按照线性插值的方法进行赋分。即得到不同柑橘进口国某一种农药下的 MRL 标准得分公式为：

$$S_{ij}=\frac{x_{ij}-\min\{x_j\}}{\max\{x_j\}-\min\{x_j\}}$$

在得到不同柑橘主产国某一种农药下的 MRL 标准得分之后，我们可以通过加权求和的方法求出各个柑橘主产国的农药残留标准的总得分为：

$$S_i=\sum_{j=1}^{79}S_{ij}$$

然后对 S_i 进行标准化处理（范围为－1 到 1)，即得到柑橘主产国的 MRL 标准指数：

$$MRL_i=\frac{S_i-\overline{S}}{\max\{S_i\}-\min\{S_i\}}$$

为了使 MRL 指数可以运用于对数模型，可对该指数进行进一步修正：

$$MRL_i'=(MRL_i+1)\times 100$$

从一国农药残留限量标准水平上来看，MRL_i'值的大小可衡量贸易伙伴国对我国柑橘设置的技术性壁垒的大小。

（三）柑橘农药最大残留标准量化结果与分析

根据数据处理步骤，对遴选出的 79 种农药的 1 975 个有效数据，利用 EXCEL 软件计算出 25 个柑橘主产国的 MRL 修正指数 MRL_i'（表 5)。

表 5　我国与贸易伙伴 MRL_i'数值处理结果

国家（或地区）	MRL_i'值	国家（或地区）	MRL_i'值
欧盟	154	越南	52

（续）

国家（或地区）	MRL_i'值	国家（或地区）	MRL_i'值
日本	109	泰国	51
美国	101	吉尔吉斯斯坦	48
加拿大	93	斯里兰卡	46
马来西亚	73	文莱	36
新加坡	65	哈萨克斯坦	36
中国香港	59	印度尼西亚	25
中国澳门	58	俄罗斯	15
菲律宾	53	沙特阿拉伯	5
阿联酋	52	朝鲜	3
中国	54		

数据来源：Foreign Agricultural Service，Official USDA Estimates。

量化结果表现出与各国制定的 MRL 标准严格程度的一致性。其中欧、美、日等发达国家的 MRL_i'修正指数远高于其他东南亚各国，比平均值高出 50%，是我国的 2 倍多，显示出发达国家 MRL 标准在柑橘贸易中对我国已构成了极高的贸易壁垒；东南亚国家中，除马来西亚、新加坡、中国香港、中国澳门这些中等发达国家（地区）外，其他国家的 MRL_i'修正指数都低于我国，说明东南亚各国的 MRL 标准对我国构成的贸易阻力不大，因而在贸易额中反映出我国柑橘出口主要集中在亚洲地区，而非欧美发达国家地区。

综上对我国与其他主要国家的 MRL 标准进行的定性和定量分析，通过对比归纳出以下结论：(1) 我国柑橘农药残留限量标准在检测种类和检测标准上与发达国家差距非常大，极易导致我国柑橘的贸易出口遭受发达国家设置的技术性贸易壁垒；(2) 东南亚发展中国家和地区的农药残留限量标准略低于我国，一定程度上减少了我国在该地区遭受贸易摩擦的可能。

四、柑橘农药最大残留标准对贸易影响的实证分析

（一）出口需求模型构建与解释

本文采用一个标准的出口需求模型，Bahmani-Oskooee 在 2008 年指出，出口—进口需求作用包括一个规模变量和相对价格[2]。为了更好地估计，在模型中又引入了运输成本和产品差异化两个关键变量（Neary，2009）[3]。而 Thom Achterbosch 等（2009）在以上学者研究的成果继续添加农残标准与关税进入模型，用以全方位地对出口需求模型进行分析[4]。本文对不同国家柑橘出口的估计，采取以下模型：

$$X_{it}=\beta_0+\beta_1 P_{it}+\beta_2 RGDP_t+\beta_3 TC_t+\beta_4 ER_t+\beta_5 T_{it}+\beta_6 MRLi_t+\varepsilon_{it}$$

其中 X_{it} 表示在 T 周期内出口国的柑橘出口量。P_{it} 表示出口国的产品 FOB 价格，采用 COMTRADE 数据库柑橘（0805）的总价值与总出口量的比值替代。$RGDP_t$ 表示进口国国内实际的产品产量，用一个规模变量收入代替。TC_t 表示运输费用，根据 T 时期内的石油价格计算与地理中心距离的乘积。ER_i 表示进口国和出口国之间的交换比率。这两个变量被当做相对价格变量计算。T_{it} 表示在进口国 T 时期内产品的关税，农药最大残留指数标记为 MRL_{it}。

关于不同国家柑橘出口的估计，拟采取出口需求模型进行数据处理。但兼顾到随机效用模型，柑橘的出口将受到各种具体因素的影响（比如营养，季节，节假日）。下面的估计方程是作为一个随机效应模型：

$$X_{it}=\beta_0+\beta_1 P_{it}+\beta_2 GDP_t+\beta_3 TC_t+\beta_4 ER_t+\beta_5 T_{it}+\beta_6 MRLi_t+\varepsilon_{it}+\mu_{it}$$

其中 μ_{it} 是随机误差项，被假定符合正态分布 N（0，σ^2），与误差项 ε_{it} 不相关。

（二）样本选取与数据来源

选取我国 24 个主要贸易伙伴国（或地区）作为研究样本，划定 2004 年至 2009 年共六年的研究期限，采用横截面数据来进行多元回归分析，因此本文样本容量共有 144 个，利用分析软件 NLogit4.0 进行估计。

（三）模型回归结果与分析

模型数据处理时，除去解释变量 MRL_{it} 外，其他解释变量采取对数处理并用于估计，然后针对解释变量因具有相关性而造成模型中的线性问题，经验证解释变量间不存在高度的相关性，所有变量直接进入模型估计分析。

如表 6 所示：根据检验结果，R^2 是 0.86，表明模型拟合良好。根据拉格朗日乘数检验，随机效用模型是固定效用模型的很好的代表。

表 6　出口需求模型—随机效用模型检验结果

变量	系数	估计系数	T 检验	P（t＞tc）
常量	β_0	5.58**	2.09	0.04
$\ln Pi_t$	β_1	−0.88***	−2.96	<0.000 1
$\ln GDP_t$	β_2	0.062	0.49	0.56
$\ln TC_t$	β_3	−1.87***	−5.87	0.28
$\ln ER_t$	β_4	−0.008	−0.14	0.88
$\ln Ti_t$	β_5	−2.81***	−5.66	<0.000 1
$MRLi_t$	β_6	−1.41**	−3.67	0.000 3
$R^2=0.86$				

注：* 置信度 10%，** 置信度 5%，*** 置信度 1%。

按照上表显示，只有柑橘产品价格、关税和农药最大残留限量标准指数等三个变量通过了检验。按照预期，产品价格（LNp）相关系数应该起到很大作用并有一个负号，提高价格出口需求将会降低。因此，自变量以自然对数表示是对价格弹性的解释，因此我们可以得出，价格上涨10%，贸易量平均下降8.8%。关税则是负相关的，起重要作用的，高弹性的。该系数值表明，实际关税上升10%，将导致了交易量28.1%的增长。正如预期，估计的系数表明，关税比价格更敏感，这意味着关税对出口的影响比价格大。农药最大残留限量标准指数（MRL_{it}）回归显著，并预期符号为负号。该系数值表明，实际农药最大残留标准指数变化将对出口量有很大的影响。因此进口国的农药残留限量标准成为影响我国柑橘出口贸易的重要阻碍因素，这也充分解释了为什么我国柑橘出口主要集中在东南亚发展中国家，而非欧美发达地区。

五、我国柑橘出口应对农药最大残留标准的政策启示

（一）建立与国际接轨的柑橘MRL标准体系

我国应该借鉴欧盟、日本等国家在柑橘MRL标准制定上的经验，在符合我国标准化法律法规的前提下，采用我国柑橘生产和贸易中急需的农药残留限量标准，把采用国外先进柑橘农药残留限量标准与提高我国技术性贸易措施结合起来，建立由国家标准、临时标准、豁免物质名单和一律限量标准四部分构成农药残留限量体系。一方面，提高MRL标准的农药覆盖率，尽可能多地做到建立全面覆盖柑橘农药的标准；另一方面，对现有的农药残留进行细致的分类，根据不同的柑橘品种，设置不同的农药残留限量值（MRLs），避免多果一标的现象。

（二）建立健全柑橘MRL标准的预警机制

日本、欧盟、美国是我国柑橘出口的三大市场，也是贸易摩擦高发的三大市场。我国应该特别加强对这几个市场的绿色贸易壁垒、建立预警机制，减少出口行业和企业的贸易损失。具体而言，包括三个方面：一是设立信息收集的驻外机构，派出技术人

员，及时跟踪、收集、分析、整理国外尤其是发达国家（或地区）的柑橘农药残留限量标准、检疫检验措施等最新变动情况；二是充分利用 WTO 贸易技术壁垒咨询点的窗口作用，及时了解各成员国的柑橘技术标准的相关信息；三是强化信息的传递和市场预警作用，建立柑橘技术壁垒的网上通报、咨询、评议、预警综合系统，通过信息的快速共享和传递，提升行业风险防御能力和反应能力。

（三）推进柑橘产业标准化生产

我国的 MRL 标准水平受到本国柑橘生产技术水平和检测水平等因素的制约，在短期内难以提高。因此，对于我国而言，突破发达国家的技术壁垒，更根本的是要在大力推广农业科学技术，实行柑橘产业标准化生产，建立完善的农业标准化监督检测体系、重大病虫害监测预警和控制体系、危险病虫害检疫和农药检测体系，实行农药的精确施用。标准化生产对使用农药的种类、剂量、次数、时间、方法等方面的准则进行了具体规范，建立了合理的用药程序，使高效低毒农药和生物防治技术得到推广，控制和减少了高毒、高残留农药的使用，不仅提高了农药利用率，还降低了农产品中农药残留的风险和概率。在具体管理上，标准化生产应按标准严把农业投入品质量安全关，严防各种假冒伪劣农药、违药和禁药进入农业生产，从源头提高柑橘生产的深加工水平，以期绕过发达国家针对天然鲜果设置的技术性贸易壁垒。

参考文献

［1］柳世昌．基于 MRL 标准的柑橘主产国贸易定位分析［D］．武汉：华中农业大学图书馆，2010

［2］Bahmani - Oskooee, M., M. Kovyryalove. Impact of exchange Rate Uncertainty and Trade Flows: Evidence form Commodity Trade between the United States and the United Kingdom [J] . The World Economy, 2008, 31 (8): 1097 - 1128.

[3] Neary, J. Putting the "New" into the new trade theory: Paul Krugman's Nobel Memorial Prize in economics [J] . Scandinavian Journal of Economics, 2009, 11 (2): 217 - 250.

[4] Thom Achterbosch. Measure the measure: the impact of differences in pesticide MRLs on Chilean fruit exports to the EU [J] . The International Association of Agricultural Economists Conference, Beijing, China, 2009, (8): 16 - 22.

“金农”工程与“三电合一”及农业现代化

——柑橘产业的机遇与挑战

“Golden Agriculture” Project, “Three Electrics Gather One” and Agricultural Modernization

—Opportunity and Challenge of Citrus Industry

蒋　勇　罗利平　祁春节

Jiang Yong　Luo Liping　Qi Chunjie

摘　要　作为一个发展中的农业大国，“三农”问题是我们不可忽视急需解决的一个重大问题，国家对于“三农”问题也是给予高度关注并提出了一系列的解决方案，“金农”工程、“三电合一”、农业现代化等等的提出及实施极大地促进了“三农”问题的解决，本文将会对“金农”工程、“三电合一”、农业现代化做详细的解释，并研究三者间的关系，另外，柑橘产业作为农业产业的组成部分，如何将国家所提出的“金农”工程、“三电合一”、农业现代化这些工程及思想运用到柑橘产业之中以促进我国柑橘产业的发展也是一个值得我们深思的问题，本文将讨论“金农”工程、“三电合一”、农业现代化对于柑橘产业的发展会带来怎样的机遇与挑战。

关键词　“金农”工程；“三电合一”；农业现代化；柑橘产业

Abstract As an agricultural development country, "three agricultural problems" is urgent to be solved. The country has been paying high attention to these problems and putting forward a series of solutions. The paper gives detailed interpretation of "golden agriculture" project, "three electrics gather one" and agricultural modernization, whose relationship are also researched. Citrus industry, which is an important part of agriculture, is facing the opportunities and challenges, should think about how to use the results of "golden agriculture" project, "three electrics gather one" and agricultural modernization, which have greatly promoted the solution of "three agriculture problems".

Key words Golden Agriculture project, Three Electrics Gather One, agricultral modernization, citrus, industry

一、引　言

我国是农业大国，"三农"问题关系着我国的经济繁荣及国家稳定，国家对于"三农"问题一直都给予着高度重视。农业是我国国民经济的基础，也是我国国民经济发展中最薄弱的环节。在进行国家信息化建设时，也应该将农业考虑进去，现如今我国工农差别及城乡差别已经逐渐扩大，如果忽视了农村信息化，势必加剧工农差别和城乡差别，造成城乡"数字鸿沟"，因此，作为农业大国，在进行信息化建设时要全面推进面向"三农"的信息服务是我国现阶段需要紧急进行的一件事。为了在总体上加速推进农业和农村信息化，加强农业综合信息服务平台建设的要求，顺应农业信息化发展的新趋势，为满足发展现代农业、建设社会主义新农村的总体要求，加强农业公共信息服务，全面提升信息服务能力和水平，国务院要求国家农业主管部门和各级政府把信息化纳入农业发展规划，逐步建立农业综合管理和服务系统，向各级农业管理部门、生产单位及农民提供有关信息[1]。在此基础上，国家提出了“金农”工程和“三电合一”工程以促进我国农村信息化建设。柑橘产业作为农业的一个产业领域，有着巨大的发展潜力，但是从整体上考虑，我国柑橘产业虽发展迅速但是也存在着一些问题，如品质差、外销少、国际竞争力不强等。在国家大力推行农业信息化的今天，可将信息化技术运用到柑橘产业以解决柑橘产业存在的一些问题并促进柑橘产业的发展。

本文主要通过认识我国推行的“金农”工程、“三电合一”这两个工程项目的内容、意义，分析“金农”工程、“三电合一”这两个项目间可能存在的关系，探索“金农”工程、“三电合一”及农业现代化三者之间可能存在的关系；最后，将“金农”工程、“三电合一”、农业现代化与柑橘产业联系起来，剖析它们其间的关系，并研究将“金农”工程、“三电合一”、农业现代化运用到柑橘产业有什么机遇与挑战。

二、“金农”工程与“三电合一”

（一）“金农”工程

“金农”工程的总体目标是建立信息应用系统，构筑农业信息网络，造就信息服务队伍，利用信息系统、信息网络及信息服务队伍为农业、农村、农民服务，以此加快我国农村建设，发展农村经济，提高农民的生活水平，缩小城乡“数字鸿沟”。利用各种信息技术手段，开发并运用各种农业综合信息数据库及农业综合信息网站，充分挖掘利用各种农业信息资源，培养一批懂农业懂技术懂经济管理的骨干人才，为农业、农村、农民提供最大的、最好的服务[2]。

“金农工程”由农业部牵头，国家计委、国家粮食局、中农办等部门配合。中央本级项目建设总投资为 19 060 万元，其中，用于农业部本级投资为 18 191.02 万元，用于国家粮食局投资为 868.98 万元。金农工程主要建设内容是构建三个应用系统，开发两类信息资源，强化一个服务网络。即：建设农业监测预警系统、农产品和生产资料市场监管信息系统，农村市场与科技信息服务系统；开发整合国内、国际农业信息资源；建设延伸到县乡的全国农村信息服务网络[3]。

“金农工程”依据以下建设原则[4]：① 金农工程建设所需投资以中央投入为主导，地方投入为基础，采用国家、部门、地方和社会等多条渠道筹集。以财政拨款为主，银行贷款为辅，利用外资为补充的多种方式解决。国家投资要本着中央与地方“分灶吃饭”的原则，集中使用，发挥主导作用，以此促进系统标准的同一、网络的开放互联和信息资源的开发共享。金农工程预算投资 12 亿元。第一阶段投资 5.7 亿元，其中各级财政拨款占 87.5%，贷款占 12.5%。第二、三阶段投资 6.3 亿。金农工程完成以后，我国农业生产可望有一个大的飞跃和提高。② 金农工程不搞一切新建，要坚持边建设边应用，以应用促建设的原则，分阶段扩充、完善、整合、优化已有的信息基础结构和信息资源，争取早出成果，快出成果，出好成果。③ 金农工程基础结构建设要注意当前与长远相结合，信息资源开发和服务要注意国内和国际相结合；要把社会效益放在第一位，同时重视经济效益和社会效益的统一。④ 金农工程采用国际、国内先进技术，同时充分考虑支持民族产业的问题。

（二）“三电合一”概述

“三电合一”是通过建设“三电合一”信息服务平台（包括建设省级平台、地级平台、县级平台），综合利用电脑、电话、电视等信息载体为农业开展信息服务，是用于打通信息服务“最后一公里”的有效服务模式。实现电话、电视、电脑“三电合一”，为农民提供及时、准确、权威的农技和市场等信息服务。它利用电脑网络采集信息，为电话、电视语音系统和电视节目制作提供信息源；利用电话语音系统为农业生产经营者提供语音咨询和专家远程解答；利用电视针对农民关心的热点和共性问题制作播放电视节目，提高信息服务进户率[5]。

“三电合一”主要实施内容包括电话语音、电脑网络、电视节目制作三个系统和全国公用数据库。其中电话语音系统是“三电合一”建设的核心[6]。实施的主要内容包括购置安装系统所需设备和软件以及建立支持语音服务的农业实用科技信息数据库，编印信息电话查询目录。建立满足电话语音系统和信息采集、发布需要的电脑网络系统是“三电合一”的基础。主要实施内容为：建立能够容纳 3～8 个终端的局域网，配备相应的电脑和软件系统，主要有网络交换机、电脑、互联网接入设备、信息采编软件等。建立电视节目制作系统，充分利用其他支持协作单位来完成这一系统的建设工作，将农民反映的共性、热点问题制作成电视节目。全国公用数据库建设主要包括数据资源库建设和数据采集与交换系统软件开发。公用数据资源库以实用科技信息为主，兼顾市场供求和政策法规信息；数据采集与交换系统软件是连接公用数据库、地方“三电合一”信息服务中心及农业部现有应用系统的枢纽。公用数据资源库为地方电话语音系统提供共享信息，各地“三电合一”农业信息服务中心，通过数据采集与交换系统软件连接公用数据资源库，达到信息上下联动和信息共享的目的。

“三电合一”的建设目标是：到 2010 年，“三电合一”农业综合信息服务平台初具规模，农业信息服务滞后状况得到明显改善，“最后一公里”问题得到有效解决。“三电合一”信息服务覆盖面力争达到 2 000 个县，受益农户 1.4 亿户。“三电合一”建设的重点是，平台服务系统建设（包括电话服务系统、电脑网络系统、电视节目制作系统）；信息资源建设（包括全国公用数据库建设、地方个性化农业数据库建设）；人才队伍建设（包括专家队伍建设、信息员队伍建设）[7]。

“三电合一”具有如下重要的建设意义：

（1）有利于正确引导农业生产经营，增加农民收入。当前，农村基层信息网络尚不健全，信息服务不到位，信息不灵不畅，农产品市场价格大起大落、农民盲目生产而遭受损失的情况比较普遍。通过“三电合一”工程建设，搭建农业综合信息服务平台，使农业生产经营者可以及时获得相关信息，适合市场的需要，适时调整产品结构，从根本上避免生产经营的盲目性和趋同性，提高效益，增加收入。

（2）有利于改进传统农技推广服务方式，强化公共服务。长期以来，我国依托传统的农业行政管理体制，形成了县、乡、村三级的农业技术推广体系。随着农业市场化进程的加快，原有的农业技术推广体系已不适应新形势的需要。利用“三电合一”信息服务快捷、方便的优势，可有效增强现有农业技术推广体系的功能，指导农民利用科学技术搞好农业生产经营，提升农业部门的公共服务能力。

（3）有利于优化资源配置，促进农业可持续发展。通过建设“三电合一”农业综合信息服务平台，提高信息服务覆盖面，可以使信息要素在优化资源配置中的作用得以充分发挥，有效促进农业技术、资金和劳动力等生产要素的有序流动和合理配置，促进农业可持续发展。

（4）有利于发展现代农业，建设社会主义新农村。“三电合一”的服务领域不仅局限于农业和农村经济方面，同时通过面向农民提供社会、文化等信息服务，可以有效改进农民生产、生活方式，培养新型农民，发展现代农业，逐步缩小城乡“数字鸿沟”，推动社会主义新农村建设。

（三）“金农”工程与“三电合一”的关系

金农工程是国家电子政务建设“十二金”工程之一，是国家重要的农业电子政务工程，是我国农业信息化工作的一项重要建设任务[8]。2008 年中央 1 号文件强调要积极推进农业信息化，要求“推进‘金农’、三电合一、农村信息化示范和农村商务信息服务工程建设”。各地要把思想与行动统一到1号文件的精神上来，切实实施好金农工程，推进现代农业和社会主义新农村建设[9]。

“三电合一”则是在世界上各个国家都开始将计算机网络与各种媒体相互结合用于农业生产活动上并取得了一定好的效果的基础上、农业部在综合我国部分地方农业生产情况的基础上提出要在全国开展电脑、电话、电视“三电合一”农业综合信息服务工作，它综合了多种信息载体集中服务的优势，实现了传统媒体与现代媒体有机结合、政府管理与信息技术的有机结合，跨部门跨领域信息的有机结合，信息资源整合与共享的有机结合，不同程度地解决了基础设施薄弱、信息资源利用不充分、信息传播渠道不畅和运营机制缺失的问题[10]。

“金农工程”与“三电合一”都是我国为大力发展农业、建设社会主义新农村而提出的。两个工程都是在纵观我国农业发展局势并结合世界各国农业发展的新局态的基础上，将已用于企业战略发展中的现代信息技术、网络技术等转嫁与农业建设之中，它们通过不同的形式（“金农”工程师通过建立信息应用系统，构筑农业信息网络，造就信息服务队伍，为农业、农村、农民服务；“三电合一”则是综合利用电脑、电话、电视等信息载体为农业开展信息服务）在农村开展信息服务活动，提高农民的信息服务意识，培养新型农民，改进传统农业技术推广服务方式，改善农业生产经营方式，充分利用各种资源，提高农民收入，减少工农差别和城乡差别，发展现代农业，推动社会主义新农村建设[11]。

三、“金农”工程、“三电合一”与农业现代化

（一）农业现代化

农业现代化是指逐渐将现代工业、现代科学及技术和现代经

济管理方法综合起来将生产力低下的传统农业逐渐转化成当代世界先进水平的农业。农业现代化是利用现代工业装备农业、用现代科学技术改造农业、用现代管理方法管理农业、用现代科学文化知识提高农民素质的过程；是建立高产优质高效农业生产体系，把农业建成具有显著效益、社会效益和生态效益的可持续发展的农业的过程；也是大幅度提高农业综合生产能力、不断增加农产品有效供给和农民收入的过程[12]。

世界农业的发展是个不断探索的过程，发达国家从传统农业到“石油农业”转变，同时，发展中国家从传统农业到“绿色革命”的转变，综合考虑常规农业（包括“石油农业”“绿色革命”）的弊端及优势，继而提出了“替代农业”，现在有提出更加完善的农业发展模式——“持续农业”[13]。农业现代化的要求是：首先，要不断提高农产品的产量以满足人类日益增长的需求；其次，农业现代化要求农业的发展要合理利用资源并且还要注意保护环境，我们不能牺牲子孙后代的发展环境来换取今天的利益；再者，可持续发展不仅要求资源的合理利用还要求农业在技术上和经济上的可行性，我们要在保护生态环境的基础上发展经济；最后，我们发展农业时，要注意基础设施的完备，大力发展农业技术，要使农业发展走上产业化、市场化和国际化的道路。

制约我国农业现代化的主要因素有如下几个方面[14]：

（1）农业生产技术水平落后。我国正处于发展中，农业发展比较落后于发达国家，现阶段，农业生产还停留在传统粗放经营方式上，种植量很广但是收获量很少，并且很多地方的农业生产是以牺牲环境作为代价，旱灾、洪涝、土地沙化不断加剧，缺乏高科技技术的运用。

（2）我国人口众多，劳动力大量存在但是劳动力素质低。当前，虽然许多农业劳动力逐渐从农村转入城市并从事非农业工作，但是农业剩余劳动力还是很多，并且这些人的素质不是很高，这就导致其从业面过窄，从而导致农业劳动力过剩，并且，现阶段农村中从事农业生产活动的主要是妇女及老人，年轻劳动力都转到非农产业，这使得农业劳动力趋于弱化。

（3）农业产业结构不合理，劳动生产率低。当前，我国农业主要以种植业为主，采用家庭承包制，经营分散，规模小，主要生产粮食，其他的经济作物种植规模都很小，无法在国际竞争中获取竞争优势，难以形成规模经济。

（4）农业生产资源短缺，农业生态日益恶化。现阶段，农业生产在很大程度上由于没有注意环境保护从而造成生态环境的恶化，旱灾、洪涝、荒漠化等自然灾害与日俱增，特别是由于水污染造成的水资源的短缺以及过度放牧造成的土地荒漠化。农业生产环境不断恶化。

（二）“金农”工程、“三电合一”与农业现代化的关系

实施“金农”工程和“三电合一”工程是实现农业现代化的重要支撑和必要措施，实施“金农”工程和“三电合一”工程，建立综合信息服务网络、将现代计算机网络与各种媒体相互结合，并结合现代信息技术在农村开展信息服务活动是实现农业信息现代化的重要举措，国家及各地政府机关可以方便快捷及时的向农村提供全国农产品生产和流通的动态情况，也可以利用各种数据库进行行业分析并向农村提供各种有关农产品的预测报告和决策辅助，提供农业经营者做决策所需要的及时、准确、有用的信息，以避免造成农产品生产方向错误，提供经营者做决策时所需要的及时的、准确的国际信息，避免在农产品进出口受损失，提供先进的农业生产技术，使农村经营者在农业生产时以最低的成本获取较大的收获，提高农民的信息服务意识，培养新型农民，合理利用各种资源，减少工农差别和城乡差别，走可持续发展道路，发展现代农业。

四、柑橘产业的机遇与挑战

在我国，无论是从面积还是从产量上，柑橘都是雄居各类水

果之首，作为柑橘生产大国，柑橘产业已经是我国众多地区的农业支柱产业。我国柑橘生产的主要特点是内销为主外销为辅，鲜食为主加工为辅，价格趋于稳定，生产面积大，柑橘生产逐渐向低成本无公害方向发展，与此同时，柑橘品质差外形不美观，主要以散装销售，加工产业不发达，出口较少，品牌打造意识不够，缺乏国际竞争力。

作为农业产业的一部分，柑橘产业的发展也可以运用农业生产中的各种举措。现阶段，我国柑橘生产虽然存在着许多的问题，诸如柑橘品质差、加工产业不发达、出口较少、品牌打造意识不够、缺乏国际竞争力、存在各种自然灾害，但是作为柑橘产业的龙头大国，我国柑橘产业还是有着让人羡慕的发展前景和得天独厚的生产环境[15]。我国柑橘生产面积、产量有着惊人的增长速度，柑橘生产大国地位十分牢靠，并且随着柑橘生产技术的突破，柑橘品种、品质以及加工都将会得到一个前所未有的突破[16]。我们可以将“金农”工程、“三电合一”及农业现代化所主张的思想运用于柑橘产业，特别运用于柑橘产业链之中。我们将柑橘产业链整个上下游作为整个系统，在考虑产业链各个环节的基础上建立柑橘产业链信息应用系统，构筑柑橘产业链信息网络，造就信息服务队伍，综合利用电脑、电话、电视等信息载体为柑橘产业链开展信息服务，将现代工业、现代科学及技术和现代经济管理方法综合起来运用于柑橘生产之中，在维持生态平衡的基础上大力发展柑橘产业，使得柑橘生产突破其生产的四大瓶颈（甜橙比例小、成熟期集中；单产、优质果率不高；橙汁加工、出口比例偏小；销售组织程度低，品牌打造力度不够），创立自己的生产品牌，产出优质柑橘，获得国际竞争力，将我国的柑橘推向全世界[17]。

与此同时，如何将“金农”工程、“三电合一”工程以及农业现代化运用于柑橘产业中也是一个巨大的挑战。如何利用信息服务将整个柑橘产业链连接起来，将柑橘生产和流通过程中的最新动态及时、准确、有效地传达到所需的地方，如何利用各种数据库进行分析来做预测报告和辅助决策，如何收集及发布柑橘的育种、引种、育苗及苗木的流通、销售各种最新动态消息，如何评估不同区域的产业链抵抗外来风险的能力以及恢复能力并制定相应的解决方案等等，这些都是我们需要多加考虑的内容。

五、结论与讨论

"金农"工程、"三电合一"工程有助于解决"三农问题"，同时，这些工程的实施能够加快农业的发展，减少城乡"数字鸿沟"，提高农民的信息服务及网络应用意识。农业现代化思想的提出能够更好的协助农业的发展，有助于提高人们的生态保护意识，有助于形成可持续发展农业。"金农"工程、"三电合一"、农业现代化工程和思想的提出不仅能够在宏观农业上运用，以及促进我国柑橘产业的大力发展，稳固我国柑橘产业巨头地位，解决一些柑橘产业发展过程中的瓶颈问题，减少运营成本，得到更大的收益，获取国际竞争力。

参 考 文 献

[1] 张凯书．农村信息化建设发展策略研究［C］//科技支撑　科学发展——2009 年促进中部崛起专家论坛暨第五届湖北科技论坛文集，2009：209－213.

[2] 农业部关于加快推进金农工程实施的意见［J］．中华人民共和国农业部公报，2008（7）：13－16.

[3] 赵仁锋．基于"金农工程"的总集成管理理念探析［D］．北京邮电大学，2008（10）：6－9.

[4]"金农工程"简介［J］．云南农业，2005（6）：33.

[5] 袁松梅．"三电合一"：农业信息服务新模式［J］．上海农村经济，2010（12）：28－29.

[6] 杜维成．农业信息服务"三电合一"工程现状与思考［J］．电子政务，

2008（11）：7－10.

[7] 关于开展“三电合一”农业信息服务试点工作的通知［J］．中华人民共和国农业部公报，2005（5）：26－30.

[8] 贾善刚．金农工程与农业信息化［J］．农业信息探索，2000（1）：5－10.

[9] 方瑜．农业综合管理和服务系统——“金农工程”展望［J］．信息系统工程，1997（6）：4－5.

[10]“三电合一”搭建信息金桥［J］．农产品市场周刊，2005（36）：35.

[11] 戴振杰，林建材．以“三电合一”为载体加快农技推广步伐［J］．农业网络信息，2004，（11）：22－23.

[12] 程序．中国可持续的现代化农业探索［J］．农业现代化研究，2002（1）：1－4.

[13] 张忠根．二十世纪世界农业发展模式的演变［J］．农业经济，2001（1）：1－3.

[14] 梅方权．中国农业现代化的发展阶段和战略选择［J］．调研世界，1999（11）：3－7.

[15] 杨年芳，严奉宪．基于复杂系统的柑橘产业链脆弱性研究［J］．浙江农业学报，2011（1）：164－169.

[16] 冉德森，周国斌．我国柑橘产业发展前景预测［J］．湖北植保，2009（5）：43－44.

[17] 杨年芳，孙剑．我国柑橘产品流通渠道的运行模式与发展对策［J］．农业展望，2007（11）：41－44.

小农户与大市场对接

——来自台湾柑橘业组织模式发展的经验

Docking of Small Farmers and Large Market

—The Experience from Citrus Industry in Taiwan

祁春节　李树丽　王伟新

Qi Chunjie　Li Shuli　Wang Weixin

摘　要　柑橘是海峡两岸重要的水果，小规模家庭经营是海峡两岸柑橘生产经营的相同方式，但具有不同的特点，其实践和绩效各异。台湾柑橘业乃至整个农业取得成功的关键因素之一在于其采用有效的经营组织模式来改造小农经济——通过农业经济合作组织将小农户与大市场实现了有效对接。通过对海峡两岸柑橘业组织模式的比较发现：两岸柑橘产业在小农改造、组织形态、运行机制、产销衔接、法律规范、政府引导6个方面存在差距。台湾柑橘产业组织模式的成功经验可为大陆柑橘产业组织模式提供多方面的借鉴和启示。

关键词　海峡两岸；柑橘产业；组织模式；比较

Abstract　Citrus is an important fruit between the Strait. Small-scale family-run business is the same way in the cross-strait citrus production, but with different characteristics, different in their practice and performance. One of the key success factor of Taiwan's citrus industry and the whole of agriculture is its use of an effective organizational model to transform the small-business—through the Agricultural Economic Cooperation of small and large farmers market to achieve an effective docking. Through the Strait of more citrus industry organization found that pattern: the two sides of strait citrus industry in the small-scale transformation, organizational form, operation mechanism, production and marketing of convergence, laws and regulations, government guidance six gaps. Organizational model of the citrus industry in Taiwan's successful experience for the mainland citrus industry provides a wide range of learning organizational model and inspiration.

Key words strait, citrus industry, organization, compare

一、引　言

从改革开放初期开始，我国农村逐步确立了以家庭承包经营为基础、统分结合的双层经营体制，农民获得了生产经营自主权，但并没有成为具有独立法人地位的市场主体。随着市场竞争日趋激烈，小规模家庭经营无法较好地融入其中。由于农户没有法人地位，就没有市场主体的身份，在抵御风险、谈判价格、融资、规模经营、技术推广应用等方面出现了难以解决的问题[1]。如何提高家庭经营抗御自然风险和市场风险的能力，实现农户分散小生产与大市场的有效对接，就成为我国加快农业与农村经济发展的重要问题。

2010年11月23日至12月1日，湖北省农业专家参访团一行13人赴台。参访团从台北出发，一直南下，行经新竹县，苗栗县，台中县及嘉义县，以柑橘种植、食品加工及农业经济合作组织为重点，采取现场参观、访问、座谈交流等形式，实地参观考察了柑橘种植农户、产销班、农会、食品加工企业及高校。本人有幸作为柑橘产业经济研究的学者参加了这次考察活动，得以多视角地了解台湾柑橘种植与产业及其经营组织的发展水平及现状。柑橘作为海峡两岸很重要的经济作物之一，其产业发展成功的关键因素除了农业政策的有效引导、科技的不断进步外，很重要的一点就在于其采用有效的经营组织模式来改造小农经济。大陆柑橘产业经营组织模式的发展相对比较滞后，可以有条件地、因地制宜地借鉴台湾的成功经验[2]。台湾柑橘产业组织模式的成功说明农业经济合作组织是将小农户与大市场对接的有效纽带和桥梁，对大陆柑橘产业的发展具有重要的借鉴意义。

二、海峡两岸柑橘产业组织模式比较

（一）小农改造

台湾农业发展过程中较大的变化主要发生在 70 年代，台湾进行了第二次土地改革。与第一次土地改革建立自耕田制度相比，第二次改革主要是废除了对土地兼并的限制，提高了土地集中度，实现了扩大农业经营规模的目的。在此过程中农会等各种合作组织也逐渐发展起来，有效巩固了土改的成果，虽然不同的地区存在着差异，但一定程度上解决了小农户与大市场的矛盾。柑橘业方面，其种植规模在 1947—1957 年间保持在 3 700 公顷左右，60 年代中期栽培面积则激增至 3.2 万余公顷。在面积增大的同时还采取措施进行一系列的改造，1973 年开始提倡建设柑橘专业区、改善基础设施等措施改变了原来小规模经营的状况。

在改革开放之前的 30 年间，大陆农业组织形式经历了农业合作化和人民公社两个阶段，最后采用了集体化的小农改造模式，出现了“吃大锅饭”问题。改革开放后，家庭联产承包责任制发挥了积极作用[3]。但随着经济形势的变化，农业组织形式也逐渐暴露出自身不可避免的缺陷和消极效应，小农经济问题重新出现。近几年来，政府也采取了发展农业经济合作组织的措施，但由于多方面原因，使得问题至今没有得到有效解决。在这种坏境下，通过实地调研发现，大陆的柑橘产业的发展也存在着同样的问题。

（二）组织形态

台湾农业合作组织的形式是很多样的，有农会、合作社、合作农场、产销班等（见图1），且各种组织的职能也有差异。由图1可看出，整个组织以农业合作社为核心，农户加入产销班，产销班组成产业策略联盟与农会或者与农业合作社相连，企业则直接联系合作社，最终形成农会、企业面对市场。柑橘业方面，为推进柑橘业的发展，台湾在1999年就建立了柑橘产业策略联盟。此次考察团一行参观访问了新竹县峨眉乡农会和嘉义县梅山乡农会，并与参加农会的橘农、产销班以及柑橘合作社的相关负责人员进行了细致地交流，发现农会为农户提供柑橘生产过程中所需的各种服务，并且是农产品批发市场重要的交易主体，大大提高了交易效率。由以上分析得出结论：农会、农业合作社、涉农企业在农产品共同运销、直销、外销等起了很重要的作用。

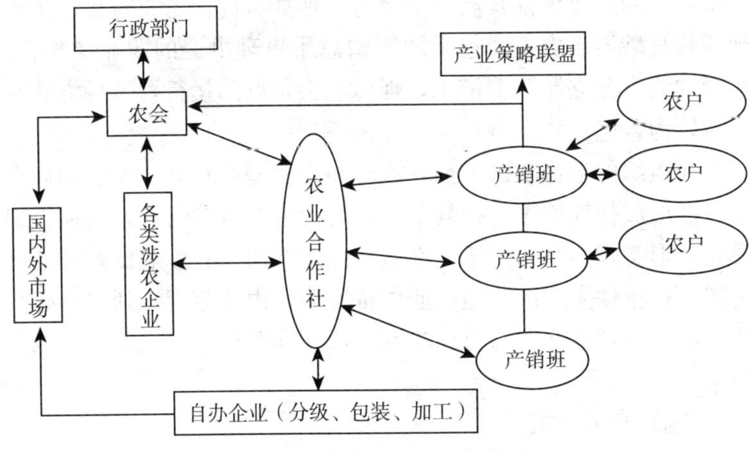

图1 台湾农业产业组织模式

大陆的农业专业合作社是具有经济性和社会性双重属性的经济组织，是一种特殊的法人，与台湾存在很大的相似性，主要业务和作用都是农产品的生产、加工、运销合作，以及生产资料和生产设施的共同利用。当前，大陆农民专业合作组织的发展处于初创阶段，也为解决小农经济与大市场的矛盾起到了一定的作用，一定程度上解决了农产品难卖的问题。然而很多地方的农民专业合作社虽已在工商部门登记，但还存在着一些不规范的现象，“翻牌”合作社、“政社不分”、“企社不分”等问题突出，套取国家扶持政策的“假合作社”、“大农吃小农”伪合作社占的比例很大，没有起到实质性的作用，有待进一步规范。

（三）运行机制

从台湾的农会、合作社和产销班的形成来看，这些组织都是在相关部门的引导下由农民自发组织起来的，能较好的保障农民的利益。各种形式的组织职责分明，在上级有关部门的引导下独立的开展工作，相互协调，坚持利益平分和透明化原则，以为整个农业服务为导向[4]。各组织内部也有健全的治理机制，严格的营运约束机制、系统保障机制、财务管理制度、收益分配制度、岗位责任制度等保证其高效的运行，例如：此次考察过程中了解到新竹县峨眉乡农会通过采取聘请总干事理事会的职业经理人、实行“议行分立制”等措施，保障农会良好的运行，这种方式在台湾较为普遍。

在组织的运作状态方面，大陆与台湾差距较大。大陆的许多组织在形成初期就不是很规范，各种力量都可参与，虽然在组织形式上形态较多。但由于存在着利益冲突而没有形成良好的运行机制，在柑橘主产区实地调研中也发现，由于监管不到位，有些企业借用合作社之名为自己牟利，或存在着产销大户的一支独大现象。

（四）产销衔接

在台湾，一些农业合作组织本身就是“产”和“销”结合，台湾农产品批发市场、拍卖市场和批发中心等大部分是各地农会、省青果合作社、省农会联合会来参与销售的。台湾农民合作组织的发展是和农产品流通制度建设紧密结合在一起的，通过农民合作组织引导农产品联合运销。农会作为农业组织的一部分在产销的衔接发挥着重要的作用。考察过程中了解到许多农会下设有产品营销部、加工厂，它们都设有自己的农产品超市，且交易和生产是免税免费的。另外，产销班作为最基本的农民合作组织，其重要的功能就是帮助农民解决产品的销售问题，具体到产品的包装、何时发向哪个批发市场等。

目前，大陆农业在“产”和“销”两个环节上有一定的脱节，在“产”的环节上问题相对较小，主要体现在柑橘及其相关产品的供给基本上能够满足需求，对外的依存度相对较低。与之相比“销”的环节明显薄弱、滞后。突出表现在：一是分散经营农户与市场之间出现种种不协调现象：产品分级、标准、整理、包装、冷藏、储运、品牌、产品行销等环节比较薄弱；基础设施条件较差；农民生产的优质农产品，并没有卖出很好的价格，增加更多的收益。二是现代商业业态、大型农业食品企业集团和分散小规模农户经营极不对称，出现种种不协调现象。通过农民专业合作社形式把农户联合起来，可以有效地实施标准化、品牌经营、联合营销、确保产品安全质量，是产业化经营有效的组织载体[5]。

（五）法律规范

为保障合作组织的发展，早在1934年3月1日，台湾就制定了《合作社法》，对其设立与发展进行规范。1974年颁布施行的《农会法》及以后颁布的与之相配合的《农会法实施细则》从组织构成和运作上对农会进行了全面规范。1992年10月制定的《农业产销经营组织整合实施要点》，规范了产销班的组织和活动范围。根据不同时期的特点，相关法律也进行不断的调整。2002年12月11日，对《合作社法》进行了修改，目前，该法已成为台湾合作组织的基本法。另外，还有《农会法》、《农会法施行细则》、《农会选举罢免办法》、《基层农会章程范例》等法律法规，对各方面进行了规范，各具体产业在相关法律法规的规范下形成，在发展过程中，根据自身情况确定相关规定，依据法律法规开展工作。

由于历史和现实发展原因，与台湾相比，大陆的立法工作滞后很多，立法过程中存在着许多问题，对合作社立法模式、合作社的法律属性等认识不是很一致，对合作社本身性质界定不清。突出的表现为，从法理上讲我国的根本法律《宪法》和农业的基本法律《农业法》之间就存在着不一致性，最初，合作社不能进行工商登记。1992—2004 年间，各地方制定了相应的合作社组织条例。近几年来，大陆也加快了这方面的工作进度，2007 年开始实施的《中华人民共和国农民专业合作社法》，明确和规范了农民专业合作经济组织的法律资格、市场地位、组织行为以及政府扶植等方面，这段时间柑橘专业合作经济组织的组织体制和内部结构日渐完善和规范，合作社得到快速发展。

（六）政府引导

在中国台湾省，农业政策的指导作用很强，主要原因政府通过立法的方式来引导合作组织的发展，联合相应的配套措施，使政府的引导取得良好的效果。为推动合作社的发展，在不同的时期，农业有关部门都会依据市场等客观形势的变化，完善或推出有针对性的政策，并进行讨论和试点。另外，由于台湾农民合作社的形成是一个自下而上的过程，这就应从个体农户这个层次开始进行引导，在这个过程中，政府决不强制农民从事生产何种特定的农产品，而是注重以经常性的技术推广、信息传播以及经济诱因等引导农民，而生产要素的配置，则完全由农民自己做主。

在大陆地区，政府在合作社的形成和发展过程中扮演着主导性的角色，尤其在建国初期至改革开放前表现得尤为突出，政府的强制性较突出，政治因素也渗透其中。改革开放后有一定程度的改变，农民和政府形成良性互动，政府成了制度创新的引导者。但由于认识不够深入，政府在引导方式、引导方向上还存在着一定的问题，如管理部门职责不够明确，相配套的设施不够健全等，对合作社的发展有一定阻碍。

三、台湾柑橘业组织模式发展经验的启示

通过为期一周的考察，虽然我们只是作了一些局部了解，不能全面地对台湾柑橘产业组织模式进行评价，但通过实地考察，感受仍然十分深刻。由于社会制度和发展水平不同，大陆柑橘产业与台湾柑橘产业在微观基础上有许多无法比较或难以比拟之处，但作为农业经营的主体——小规模家庭经营，则是基本相同的。两者相比，大陆柑橘产业的组织化程度和产业化水平还相对较低。台湾柑橘产业在经营组织模式上的成功做法，很值得我们学习和借鉴。

（一）从合作社入手改造小农经济，大力发展柑橘专业合作组织，形成新型农业合作化组织体系

农户超小规模分散经营和家庭承包经营的农户不具有法人地位，是我国农业生产力低下的重要根源[6]。要进行经营制度创新，改造农业的微观经营组织，大力发展真正意义上的柑橘专业合作社，将不具有法人地位的果农组织起来，使其成为具有独立地位的市场经营主体，实现“千家万户小生产”对接“千变万化大市场”。培育发展合作制农业，采用“公司＋专业合作社＋农户”、“农户＋专业合作社＋自办企业”、合作社＋合作社——合作社联合社、“公司＋合作社联合社＋合作社＋农户”等模式，最终形成以合作经济组织（条件成熟时可创立乡镇农会）为基础和核心，公共服务机构为依托，龙头企业为骨干，其他社会力量为补充，公益性服务和经营性服务相结合，专项服务和综合服务相协调的新型农业合作化组织体系。

(二)规范运作机制

当前,大陆的农业合作社还存在着一些不规范的现象,合作社的形成过程缺乏必要的指导,对现有的合作社实行归类管理,规范运作机制势在必行。首先,要明确合作社的组织形式,设计正式的组织结构,这是保证规范其运作机制的必要前提。运用合理的产权结构和利益分配机制,引入现代企业经营管理方式,建立科学的组织管理制度和完善的治理结构,在出资方、聘任者和社员之间形成激励和约束相结合的经营机制[7]。同时,以市场需求为导向,以效益优先为取向,要对合作社的运行绩效进行监督考核,要有相应的风险监管机制。以示范社创建为实践载体,加强制度建设,健全服务功能,加快形成股权合理、制度健全、管理民主、运行规范的良好机制,引导农民专业合作社健康有序和规范发展。

(三)产销衔接

农产品由最初的被生产出来到最终的在市场销售出去实现其价值,要经历一个完整的产销过程。信息不对称、有限理性及机会主义行为等原因使得此过程总是存在一定的问题,主要问题就是在生产者和消费者之间建立何种组织实现两者的有效衔接。目前来看,有两种形式较为有效,一种是建立类似台湾农会的组织,完善现有的农产品批发市场功能,农民专业合作社依托该组织在农产品批发市场开设专门的产品窗口,实现农产品批发专销专售;另一种是实现超市"直购"或施行产品的"农超对接",在超市设置专门产品柜台,以此减少衔接环节。值得注意的是,"农超对接"的交易主体必须是能够进行标准化、规模化生产的农民专业合作社而非单个农户[8]。由此来看功能完善的农民专业合作社是实现产销有效衔接的根本组织形式。为此,要向台湾学习,增强专业合作社在产品销售方面的功能,将分散的小农联合起来,增强市场议价能力,实现合作社与市场的直接对接,这样就能减少产销脱节所造成的损失。

(四)修改和调整相关法律

政府有关部门要做好立法及法律的完善工作,立法过程中采用综合立法的模式,并辅以配套的实施条例和细则。通过法律法规推进合作社发展的规范化,明确合作社社员的权利和义务,合作社的管理等内容,将合作组织的经营活动置于相关法律的监督和保护之下,切实保护社员的合法权益[9]。对于合作组织的行政隶属关系也应作出明确的规定,确立合作经济组织的领导成员必须通过全体社员民主选举产生,即合作经济组织领导成员只能由合作社选举和聘任,而不能由其他单位任命或委派。同时,法律法规的修改和调整要以取缔和规范行业当中的那些"假合作社"、"翻牌"合作社、"伪合作社",保护和支持真正的合作社为目的。让那些真正代表农户利益的自组织农民合作社在产业发展过程中发挥作用。

(五)政策支持

从世界范围内农业合作社的发展演变来看,农业合作运动的推进需要政府的指导和扶持,从我们实际调研的数据来看,在农业生产所需的各种服务中,金融信贷扶持构建、土地流转协助、农业生产基础设施投入是农民最迫切的需求。以农户资金需求为导向,对农户生产项目进行启动资金、贴息贷款、税费减免等各方面的支持;考虑给予农户一定的土地流转自主权,对于农民专业合作社依法成立公司企业的建设用地中存在的可耕地转作生产用地等方面的问题,要提供必要的政策支持;加大对农民专业合作社发展所需的基础设施的投入[10]。为保证农民专业合作社的良好运行,在提供各方面服务的同时,也要有相应的部门进行一定程度的监管。

参 考 文 献

[1] 戴双兴. 台湾农业合作社运营的绩效、问题与对策 [J]. 台湾农业探

索，2004（2）：13－17.
[2] 吴越，曾玉荣．台湾农业策略联盟建设概况［J］．台湾农业探索，2006（1）：41－43.
[3] 李建华．台湾柑橘产业策略联盟介绍［J］．海峡科技与产业，2004（4）：34－35.
[4] 张洁．台湾农业合作社的发展现状及其运作机制［J］．亚太经济，2002（5）：33－35.
[5] 吴丽民，袁山林．台湾农业合作社的发展及其对大陆的启示［J］．现代经济探讨，2006（5）：38－40.
[6] 苑鹏．台湾农业合作社的历史演进与发展现状［J］．中国农村经济，1999（4）：63－69.
[7] 黄祖辉．中国农民合作组织发展的若干理论与实践问题［J］．中国合作经济评论，2010（2）：2－7.
[8] 徐旭初，黄祖辉．中国农民合作组织的现实走向：制度、立法和国际比较［J］．浙江大学学报，2005（3）：59－65.
[9] 孙秀艳，邹礼瑞．上海农业产业组织模式的探索［J］．上海农业学报，2005（2）：39－42.
[10] 张玉，赵玉，祁春节．中国柑橘产业可持续发展制约因素与对策［J］．中国热带农业，2007（5）：10－11.

我国小农经济改造的必要性分析

——基于湖北省8家柑橘合作社的调查

Necessity of Reclaiming Small - Scale Economics

—Take Eight Citrus Cooperatives in Hubei Province as Example

邓军蓉　祁春节

Deng Junrong　Qi Chunjie

摘　要　本文在农民专业合作社发展现状的背景下，基于湖北省8家柑橘合作社的调查资料，对小农经济改造的必要性进行分析，结果表明，小农经济改造的必要性主要表现为：农民合作意识淡薄；农民投资意愿不强；农民机会主义倾向严重；农民素质有待提高。为此，本文提出应该重视合作社法律法规宣传、完善农业保险体制和农村社会保障机制、加大农村人力资本投入和合作社财政扶持与监督并重。

关键词　小农经济改造；农民专业合作社；必要性

Abstract　The paper starts from the background of the farmers' cooperatives system and analyze the reclaiming small-scale economics based on the investigation of eight citrus cooperatives in Hubei Province. The result includes: First, the cooperation awareness of farmers' is dim. Second, the investment intention of farmers' is not strong.

Third, the opportunism of farmers' is grave. Finally, the quality of farmers' is need to be improved. Then the paper proposes that we must pay attention to the propaganda of law , develop agricultural insurance mechanism, increase manpower capital investment and pertinent support professional cooperative .

Key words reclaiming small-scale economics, farmers' cooperatives, necessity

一、引　言

小农经济“通常是指建立在生产资料私有制的基础之上，以家庭为单位，完全或主要依靠家庭成员的劳动，独立经营小规模农业，以满足自身消费需要为主的个体经济和佃耕小农经济”[1]。李昱姣认为“小农经济”不能等同于“小农”，也不能等同于“个体农户经济”，更不能等同于“家庭经营形式”，它们有着各自不同的内涵，但相同之处就是都以家庭为生产单位[2]。仲亚东提出作为一种经济组织形式的小农能够存在，只能是经济活动主体诉求表达的结果，也需要适应当时、当地社会经济内容提供的条件和提出的需求，即它能被经济主体选择并广泛存在，证明在长期的历史中是有一定功效的，作为一种经济组织方式，它本身不存在优劣之分，只存在能否适应社会环境的问题，更不必承担道义上的责任[3]。张新光认为我国在人地矛盾日益紧张的硬约束下单靠改变土地所有制性质和农业组织形式去改造小农经济的作用是有限的，但继续维持“人人分地、户户种田”这种小农村社制永远也不能达到彻底改造传统小农经济的目标，因此在今后相当长一个时期，9 亿多农民与土地分离的速度和规模将在很大程度上决定着农业现代化乃至整个现代化实现的程度和水平[4]。熊吉峰提出对现阶段中国小农经济的任何改造，绝不意味着对小农经济这种经济组织形式的消灭，我们要做的是，改造传统小农经济，构建以现代市场农民为主体、以现代家庭农场为载体的现代小农经济[5]。白文周认为目前小农经济已成为制约我国农业发展的瓶颈，要解决这些矛盾，必须进行农业生产方式和组织制度创新，较好的选择是积极稳妥地推进农业企业化经营[6]。曹东勃提出要确保我国农业的持续性发展，改造小农经济的目标和任务依然存在，在人地矛盾现状未发生根本变化和农业发展受市场风险冲击渐强的背景下，应当通过发展专业合作组织，对小农自愿、适度的联合保持开放和支持的姿态，使小农经济首先走向小而有效、小而不散，进而走出小农经济的陷阱[7]。

作为改造我国小农经济必要手段之一的农民专业合作社，目前其数量正在迅速增加，经营和地域范围也越来越广泛。根据国家工商总局的统计显示，截至 2011 年 3 月底，全国注册登记的农民专业合作社总数已达到 40.76 万家，实有入社农户 3 000～3 200万人左右，约占全国农户总数的 12%～12.8%[8]。随着合作社相关法律法规的颁布及财政支持体系的进一步完善，其发展速度还会加快。笔者认为，作为现阶段农民经济组织的重要组织形式，农民专业合作社对于克服小农经济的各种弊端和增加农民收入具有重要的现实意义。与此同时，小农经济本身固有的缺陷却又制约了合作社的健康与规范化发展，因此，小农经济的改造成为了合作社规范发展的一个重要因素。为了研究这一问题，2010 年 7 月至 2011 年 7 月，笔者随机对湖北省宜昌市的 8 家柑橘合作社进行了实地调查（其中夷陵区 3 家、宜都市 2 家、长阳县 2 家、枝江市 1 家），这些合作社入社社员最少有 85 户，最多达到 1 130户。调查结果显示，随着合作社的迅速发展，其带动普通社员增收的力度并不大，而且其中也出现了核心成员侵占国家财政扶持资金的情况，重视合作社的规范化问题已经刻不容缓。目前国内学者对于合作社的规范化问题的有一些研究，但从小农经济改造的角度来研究这一问题尚未见到。本文将基于湖北省 8 家合作社的实地调查资料，对小农经济改造的必要性进行分析。

二、我国小农经济改造的必要性分析

(一) 农民合作意识淡薄

自 20 世纪 90 年代中期以来，为了解决农业“小生产”与“大市场”的矛盾，政府通过财政扶持、税收、金融、农超对接及人员培训等多种形式来促进合作社的发展。目前合作社数量虽然在日益扩大，但其在农户总数中所占比例仍然不高，其原因在每家农户在自己的小块土地上自给自足地经营，很难产生强烈的合作诱因，从而导致农民的合作意识淡薄。在农民专业合作社中，其主要表现为以下几个方面：第一，农户入社不积极主动。在调查中我们发现，除了少数核心成员以外，普通成员及非成员对于参与合作社兴趣不大，有的非成员甚至认为自己没有入社是因为合作社没有邀请他们参加。而那些合作社创办时期参与的成员大部分是由于柑橘种植面积大被合作社邀请参加的，少数成员后来加入的原因是因为合作社成员柑橘销路好或成员收入有所提高。第二，普通成员对于合作社日常经营管理不关心。调查显示，100%的普通成员加入合作社都是为了解决农产品销路问题，而且一旦合作社销售形式不好，他们大多都选择要求退出合作社或不再与合作社续约。同时对于合作社日常经营管理方面的问题，他们认为都是核心成员的责任，与自己无关，因为核心成员投资多、得到的利益也多。因此对于合作社一年一次的成员大会，大多数普通成员要么不愿意参加，或者即使参加了不发表任何意见，使得许多合作社只得以发放大会纪念品为诱饵来凑足成员大会的人数，否则大会因为总票数不够，大会的举手表决没有法律效力。第三，当合作社出现个别核心成员侵占合作社资产、损害普通成员利益等违反《农民专业合作社法》的情况时，普通成员相互之间很难达成共识来维护自己的合法权益。此时普通成员一般选择沉默或退社，甚至部分核心成员也是如此。例如 H 合作社创办于 2006 年 4 月，当地一柑橘种植大户和科技示范户作为合作社创始人之一，从2009年开始没有再与合作社续约，原因在于由于该合作社所属龙头企业的操纵，合作社没有按合同兑现收购其柑橘数量及价格。

（二）农民投资意愿不强

目前我国小农是集投资与消费于一身的双重主体，投资与消费是他们每天都要不断进行权衡的决策，与此同时，由于农业保险体制及农村社会保障机制不健全、财政支农力度小等方面的原因，小农的投资与消费都是谨慎的，表现为在市场经济的冲击下，尽管农民在投资决策中也会追求利润，但他们更加追求利润与成本平衡的目标日益上升，从而导致其投资意愿不强。在农民专业合作社中，其主要表现为以下几个方面：第一，普通成员入社资金少。我国《农民专业合作社法》规定所有合作社成员都必须入股，否则不能取得成员资格。调查结果显示，在这种背景下，普通成员都只入了100元的不承担风险、也不参与分红的身份股（这也是目前大多数种植合作社的最低界限），另外有的普通成员直接以16元一棵的柑橘树入股。其中原因在于普通成员并不指望通过多入股金参与分红，而只想解决柑橘的销路。第二，合作社扩大经营规模时很难从普通成员得到追加的股金投入。例如X合作社创办于2007年，普通成员达到1 100多个，团体成员11个，自2008年以来，由于经营的需要，每年都在增资扩股，但很少有普通成员继续缴纳股金，几乎都由核心成员出资，因为尽管合作社的规模在不断扩大，但多数普通成员认为自己加入合作社后收入提高的幅度并不大（合作社没有按交易数量分红，只按10%的利率支付100元身份股的利息10元），继续投资获得的利润也不会高。

（三）农民机会主义倾向严重

自古以来，虽然我国鄙视“见利忘义”等现象，但在市场经济浪潮的冲击下，尤其是随着农业产业化经营的发展，单个农户在与龙头企业的交易中，由于双方信息不对称、担心对方“敲竹杠”等方面的原因，一些农民往往会舍弃信义和信用，单方面违反合约。而且随着时间的推移，这种小农机会主义更加严重。在农民专业合作社中，其主要表现为：一旦市场价格高于与合作社签订的合同保底价格，许多普通成员会违反合同规定而选择不与合作社交易。例如由于种植条件、技术管理等方面的原因，一些普通成员的柑橘质量比较高，前几年X合作社每年7、8月都会与普通成员合作社签订含有保底价格的购销合同。自2010年开始，为了争夺优质货源，首先，许多商贩甚至在年初就拿出订金交给一些普通成员，口头协议订下柑橘数量及价格；其次，为了进一步与合作社竞争，在柑橘上市时，这些商贩所报价格往往会比合作社保底价格高出0.01元到0.02元，同时与这些成员约定采购时间。此时，往往会出现这样几种结果：第一，商贩完全按口头协议兑现，普通成员虽然违反了与合作社的协议但不会发生损失；第二，由于市场行情发生变化，商贩没有完全按口头协议兑现（由于订金的存在，完全不交易很少），一般是采购数量有限，此时普通成员转而寻求与合作社交易已经不可能，因此他们往往会由于柑橘采摘期太迟而遭受损失。由于这些普通成员的违约，目前X合作社在签订购销协议时不再给出保底价格，规定价格随行就市。

（四）农民素质有待提高

改造小农经济实质是一个解放农民的过程，也是一个不断提高农民素质的过程。当前，由于政府在农村人力资本积累中投资不足、人力资本产权残缺使农民对于素质的提高产生“自闭效应”及人力资本的收益的长期性和风险性也削弱了农民学习的动力等方面的原因，使得我国目前在农村就业的农民素质普遍不高。在农民专业合作社中，其主要表现为：除了极少数核心成员以外，大部分成员对于合作社的作用、原则、设立登记、章程、治理结构、成员权利及义务、财务管理等方面均一无所知。这些普通成员往往是稀里糊涂入了合作社，没有享受应有的权利，同时由于机会主义倾向的存在，有的成员也没有承担义务，其结果是大部分普通成员收入提高幅度不大，而少数核心成员不仅借合作社名义享受国家的各种扶持政策，而且合作社盈余全部按股金分配。此时普通成员虽然对核心成员的做法很气愤，但因为不懂《农民专业合作社法》、《合作社财务会计制度》等相关法律，也不知道如何维护自己的权益，这些现象最终也就导致了我国农民专业合作社规范化及健康发展的困难重重。

三、结论及建议

笔者认为，目前小农经济改造的必要性主要表现如下：第一，农民合作意识淡薄；第二，农民投资意愿不强；第三，农民机会主义倾向严重；第四，农民素质有待提高。为此，为了合作社的规范发展，笔者提出如下建议：

（一）重视合作社相关法律法规的宣传和学习

首先，政府相关部门应该利用媒体、网络、培训、专题讲座等多种形式，把合作社相关法律法规的宣传落到实处，将农民专业合作社社员（包括理事长）的培训工作纳入政府预算，成为一项有要求、有经费、有考核的日常工作。其次，借鉴美国、日本等国家的经验，有条件的合作社内部也应该经常组织自己的成员学习与合作社相关的法律法规，这些措施不仅可以提高农民的合作意识，也有利于合作社的规范与健康发展。

（二）健全农业保险体制和农村保障机制

与其他行业相比，农业要承受自然与市场双重风险，加上农户自身承受风险能力弱。为了提高农户的投资能力和投资意愿，首先，针对我国目前农业保险供给比例低、保险责任窄等保险体制不完善的现状，应该从提高保险供给比例低，拓宽保险责任等方面来完善农业保险体制。其次，应该健全农村的社会保障机制，如完善农村医疗保险、推行农村养老保险、农村最低生活保障制度等。只有这样，才能改变农民过去往往由于缺乏安全感而不得不进行储蓄的现状，从而提高他们的投资意愿。

（三）加大农村人力资本投入

首先，增加农村义务教育的投入，保证老师工资和学校设备改善、学校危房改造等资金的到位，缩小城市与农村的差距。其次，加大农村中等职业学校的投入。农民在完成义务教育以后，平时经常通过在中等职业学校的学习，能够获得从事农业的相关技能，这对于农民素质的提高非常重要。第三，构建终身教育体系。随着科学技术的不断进步，农民在日常的农业劳动中，应该持续接受继续教育，这样不仅能够学到技术，也能更新理念和获取市场信息，以适应市场竞争的需要。

（四）对合作社的财政扶持与监管并重

首先，政府应该继续加大对农民专业合作社的各种扶持措施，尤其是金融方面的措施要落实到位，因为资金已经成为许多合作社发展的瓶颈。其次，政府相关部门不能把各地合作社发展的数量作为政绩的评价标准，这样使得许多地方片面追求合作社数量的扩大，而忽视了其质量的提高。为此，政府部门不仅对于合作社财政扶持资金的去向要严格进行监督，而且在每年示范合作社的评选过程中要认真把关，不能轻信地方政府上报的合作社发展状况，要进行实地调研，多听取合作社普通成员的意见，以免那些“假合作社”占用了“真合作社”的扶持资金。

参 考 文 献

[1] 陈岱孙．中国经济百科全书（上册）［M］．北京：中国经济出版社，1991.

[2] 李昱姣．马克思恩格斯“小农经济”的原始内涵［J］．郑州大学学报（哲学社会科学版），2011（2）：47－51.

[3] 仲亚东．小农经济问题研究的学术史回顾与反思［J］．清华大学学报（哲学社会科学版）．2008（6）：146－156.

［4］张新光．研究小农经济理论的政策含义和现实关怀［J］．农业经济问题，2011（1）：81－88.

［5］熊吉峰．转轨期我国小农经济改造研究［D］．武汉：华中农业大学，2004.

［6］白文周．小农经济条件下的农业企业化经营［J］．经济问题探索，2007（9）：59－63.

［7］曹东勃．小农经济改造与中国农村改革［J］．财经问题研究，2009（1）：116－123.

［8］http：//www.ccfc.zju.edu.cn/．中国农民合作社组织研究网

农民专业合作社普通成员投资意愿的实证分析
——以湖北省X柑橘合作社为例

Analysis of Ordinary Members "Investment Intention of Farmers" Cooperative

—Take×Citrus Cooperatives in Hubei Province as Example

邓军蓉　祁春节
Deng Junrong　Qi Chunjie

摘　要　本文在农民专业合作社发展现状的背景下，基于湖北省×柑橘合作社的调查资料，对合作社普通成员投资意愿不强的原因进行分析，结果表明，合作社普通成员投资意愿不强主要原因如下：第一，对内部人控制的合作社不信任；第二，农户合作意识淡薄，且厌恶风险；第三，加入合作社后增收不明显；第四，务工收入和消费支出在收入中所占比重较大。为此，本文提出应该重视合作社法律法规宣传、加大合作社扶持力度、完善农业保险体制与农村社会保障机制和规范合作社发展。

关键词　农民专业合作社；普通成员；投资意愿

Abstract　The paper starts from the background of the farmers' cooperatives system and analyze the investment intention of ordinary members based on the investigation of× citrus cooperatives in Hubei Province. The result includes: First, ordinary members is not believed in core members. Second, the cooperation awareness of ordinary members' is dim. Third, the income of ordinary members' is not high. Finally, the wage income and expansion of' ordinary members' is high. Then the paper proposes that we must pay attention to the propaganda of law, pertinent support professional cooperative, develop agricultural insurance mechanism and promote standardization of cooperative.

Key words farmers' cooperatives, ordinary member, investment intention

一、引　言

A. V. 恰亚诺夫从农户本身的心理状态出发研究农户的经济行为，认为农户生产的产品主要是用来满足家庭自身的消费而不是在市场上追求最大利润，以自身劳动投入为主的“投资形式”并不适用单位生产成本和收益的衡量方法，因此农户“劳动投入”往往选择满足自家消费需求和劳动辛苦程度之间的平衡，而不是利润和成本之间的平衡[1]。Guo，SeottRozelle 以及 LorenBrandt（1998）研究了中国土地制度及相关产权是如何影响农户利用土地的，他们的结论明确显示，土地及相关产权对中国农户的生产行为有影响，特别是长期或无限期的土地使用权将鼓励农户对土地作长期投资，但对短期或当前投入没有明显影响[2]。家庭承包责任制推行之后，林毅夫（1992）率先对改革所引起的农户投资问题进行了系统研究，他指出 1978—1988 年间，承包制是农业生产力和农业产出大幅度增长的最重要的因素，而政府制定的农产品收购价格，是影响农户进行农业投资的重要因素，进而对产出很大影响[3]。韶书峰（2010）通过对南阳市 600 户农户住宅投资行为调查，提出农户依然有投资的强烈需求，并且投资规模在不断扩大，投资区位向交通便利、经济价值较高的地理位置扩张，因此有必要加快新农村建设过程中居民点的规划进程，并对农户行为进行有效的引导与规范[4]。王文献（2008）认为农民专业合作社投资的报酬有限，使普通成员不愿意交纳更多的股份，加上这些普通成员都是低收入劳动者，他们能够投入到合作社的资金都是有限的[5]。崔宝玉（2008）基于合作程度的分析视角，通过浙江省某异质性合作社的内源型资本供给约束的典型案例分析，发现维系和保障合作社普通成员初始基本供给和持续资本供给的条件具有差异性，并探讨了阻碍合作社内源型持续资本供给和影响不同类型成员之间深化合作的原因，进一步提出把合作社内源型资本供给约束划分为相对刚性约束和柔性约束[6]。

作为现阶段农民经济组织的重要组织形式，目前我国农民专业合作社的数量正在迅速增加，经营和地域范围也越来越广泛。根据国家工商总局的统计显示，截至 2011 年 3 月底，全国注册登记的农民专业合作社总数已达到 40.76 万家，实有入社农户 3 000 万～3 200 万人，约占全国农户总数的 12%～12.8%[7]。随着合作社相关法律法规的颁布及财政支持体系的进一步完善，其发展速度还会加快。笔者认为，农民专业合作社的发展，对于克服小农经济的各种弊端和增加农民收入具有重要的现实意义。与此同时，目前无论是我国合作社发展较早的东部地区，还是发展较慢的中西部地区，普通成员对于合作社初始投资和追加投资的意愿都不强，这似乎与依靠股金分红的企业投资者不一样，那么原因是什么呢？为了研究这一问题，2010 年 8 月和 2011 年 7 月，笔者两次对湖北省宜昌市×柑橘合作社进行了实地调查（一共随机抽取 200 名农户，其中有效问卷 186 份）。该合作社成立于 2007 年 8 月，注册资金 500 万元，成员 1 120 个（其中团体成员 15 个，包括数家柑橘打蜡厂、果业公司和农资配送中心，合作社都持有团体成员部分股权）。×柑橘合作社生产的产品使用统一商标，主要从事柑橘生产、商品化处理及销售，目前是湖北省最大的种植合作社，也是我国最早实现农超对接的合作社之一。调查结果显示，自合作社成立以来，其规模在不断扩大，每年都在追加投资，但普通社员基本没有入股。目前国内学者对于合作社的资本供给及控制有一些研究，但基于典型案例从普通成员的角度来研究这一问题的尚不多见。本文将基于×柑橘合作社的实地调查资料，对普通成员的投资意愿进行分析。

二、合作社普通成员的投资现状

调查中我们了解到，对于合作社的投资，×柑橘合作社按照《合作社法》，在其章程中规定：首先，成员入股主要采用现金投入方式（合作社成立初期，允许一部分普通成员以柑橘树入股）。其次，按照成员经济实力与有无强制性，合作社股份分为成员股和投资股，其中成员股（必须投入，退社自由）为 10 元/股，入股范围在 1～1 000 股之间；投资股是成员在投入了成员股以外，合作社上新项目时自愿入的股份，其数量由成员大会举手表决通过，但投资股一旦入了之后不能自由退股。同时，针对团体成员中合作社持股比例不多的情况（如某果业公司中合作社持股比例为 9.83%，农资配送中心中合作社持股比例为 33%），为鼓励成员积极入股，2009 年合作社成员大会通过一项决议：在以后合作社新上项目中，合作社成员持股比例必须达到 51%以上。那么，目前×柑橘合作社成员持股现状如何呢？

表 1　×柑橘合作社成员持股现状

合作社成员	入股数量（元）	持股比例（%）
理事长	400 000	8.084
理事会其他成员	225 000	4.547

（续）

合作社成员	入股数量（元）	持股比例（%）
监事会成员	1 700	0.035
普通成员	110 500	2.233（含柑橘树入股）
团体成员	4 210 800	85.101

其中：监事会成员（共 3 人）入股资金分别为 2×500＋1×700；普通成员（1 105 人）入股资金分别为 1 105×100。

从以上资料可以看出，监事会成员及普通成员对于合作社投资意愿不强（仅占总股份的 2.268%）。在监事会成员中，主席（入股 700 元）是由当地原农村信用合作社的副主任退休以后担任的，另 2 名（各入股 500 元）是村会计，都向合作社提供产品。在其他普通成员中，合作社联络员（在普通成员中推荐产生，负责向当地普通成员传达合作社各种信息，共 13 名，合作社每年支付工资，包括基础工资和效益工资）每人除了入成员股 100 元以外，还均在农资配送中心入股 4 000 元，而其他绝大多数普通成员均只入了成员股 100 元。与此同时，理事长、其他核心成员及团体成员持股比例达到了 97.732%，股权集中程度不言而喻（表 1）。

三、合作社普通成员投资意愿不强的原因分析

（一）对内部人控制的合作社不信任

虽然《合作社法》明确规定农民专业合作社是劳动与资本的联合，但目前我国由于资本稀缺，合作社很容易出现内部人控制问题，尤其是龙头企业领头的合作社表现更为明显。在×柑橘合作社中，由于团体成员持股具有绝对优势，加上理事长及理事会成员均为团体成员负责人，合作社日常经营决策都由理事会说了算，普通成员根本不能参与进来。这样，即使×合作社章程规定以后上新项目时，可以优先考虑本社成员入投资股，但是普通成

员由于对合作社不信任，具体表现为担心合作社存在理事会成员的经营能力不强、财务管理不规范、治理结构不健全、监督机制不完善等方面的问题，加上自己能力有限、监督成本比较高等原因，这些普通成员认为如果自己在合作社持有投资股，通常会出现2种结果：第一，合作社有盈余，此时基于核心成员投资比例高、交易量（额）少的原因，理事会不会按照《合作社法》的规定，以交易量（额）为主进行盈余返还，而以投资股为主进行盈余返还，但普通成员的投资股是否盈余返还又不得而知，其结果是普通成员的收益与是否持有投资股无关。第二，合作社亏损了，此时核心成员会要求所有持有投资股的成员一起承担损失，此时普通成员甚至担心核心成员会把他们应承担的损失转嫁到自己头上。在调查中我们了解到，持有这种观点的普通成员比例达到83.87%（表3）。

（二）农户合作意识不强，且厌恶风险

目前，我国合作社数量虽然在日益扩大，但普通成员入股比例仍然不高，其原因一方面是每家农户在自己的小块土地上自给自足地经营，很难产生强烈的合作诱因，致使农户的合作意识淡薄。另一方面，在市场经济条件下，由于合作社作为从事农产品生产经营的法人，也有可能发生亏损，加上农业资产的专用性强，使得大多数农户在理性决策时都因为厌恶风险而不愿意对外投资，而继续选择进行小而安全的生产，调查中因为担心亏损而不愿意对合作社追加投资的普通成员比例达到75.27%。同时，我们在调查中发现，除了少数核心成员以外，普通成员对于参与合作社兴趣不大，其中由于柑橘种植面积大而被合作社邀请参加的占85.48%，因为看到合作社成员柑橘销路好或成员收入有所提高而入社的占30.65%（表2）。而这些普通成员对于加入合作社的目的也非常明确，100%的成员都期望在解决柑橘销路的同时，价格略有提高。出于帕累托改进的入社目的，因此，普通成员除了入合作社章程规定必须交纳的成员股100元（这10股实

际上是不承担风险、也不参与分红的身份股）之外，都不再愿意入投资股（13 名联络员除外）。

表 2　×柑橘合作社普通成员加入合作社的原因及目的

原　　因	数量（人）	比例（%）
柑橘种植面积大被合作社邀请入社	159	85.48
成员柑橘销路好或收入提高	57	30.65
入社目的：解决柑橘销路	186	100

（三）加入合作社后增收不明显

我国《合作社法》明确规定，合作社盈余在提取一定比例的盈余公积以后，必须按照不低于 60%的比例首先按交易量（额）对成员进行分红，剩余部分再按照股金分红。但×柑橘合作社调查结果显示，对于普通成员，合作社没有按交易量（额）进行分红，其农资中心的生产资料也是按照市场价格对成员出售（该中心每年对其股东分红），每年年底普通成员 100 元的身份股只按 10%的利率支付了利息 10 元。另外从合作社对上级主管部门上报的材料来看，其每年都在盈利，也提取了盈余公积，那么可以理解为其可供分配盈余都分配给了以现金入投资股的核心成员，与普通成员无关。在这种情况下，70.43%普通成员考虑到入社后增收不明显，加上近年来银行存款利率一直在上调，宁愿把闲置资金存入银行，也不愿意继续在合作社追加投资（表 3）。

（四）务工收入和消费支出在总收入中所占比重较大

从调查中我们了解到，由于柑橘种植历史悠久，加上当地地理条件比较优越，对于×柑橘合作社的普通成员来说，柑橘种植技术比较成熟，农户家庭成员基本都已经掌握。与此同时，柑橘种植的劳动强度适中，因此有 49.47%合作社普通成员都是老人在家种植柑橘，儿子媳妇在外务工收入占家庭总收入的比重较大，进而导致这些普通成员对投资合作社没有积极性。同时，有35.48%的普通成员消费支出占家庭收入比重也较大，主要是子女教育支出和建房支出，此时这些成员根本没有多余资金用于合作社投资（表3）。

表3　×柑橘合作社普通成员投资意愿不强的原因

原　　因	数量（人）	比例（%）
对内部人控制的合作社不信任	156	83.87
担心亏损	140	75.27
加入合作社后增收益不明显	131	70.43
务工收入在家庭收入中比重较大	92	49.46
消费支出在家庭收入中比重较大	66	35.48

四、结论及建议

笔者认为，目前合作社普通成员投资意愿不强主要原因如下：第一，对内部人控制的合作社不信任；第二，农户合作意识淡薄，且厌恶风险；第三，加入合作社后增收不明显；第四，务工收入和消费支出在收入中所占比重较大。因此，为了提高合作社普通成员的投资意愿，增加农民收入，笔者提出如下建议：

（一）重视合作社相关法律法规的宣传和学习

首先，政府相关部门应该利用媒体、网络、培训、专题讲座等多种形式，把合作社相关法律法规的宣传落到实处，将农民专业合作社社员（包括理事长）的培训工作纳入政府预算，成为一项有要求、有经费、有考核的日常工作。其次，借鉴美国、日本等国家的经验，有条件的合作社内部也应该经常组织自己的成员学习与合作社相关的法律法规，这些措施不仅可以提高农民的合作意识，也有利于合作社的规范与健康发展。

（二）对农民专业合作社加大扶持力度并落到实处

目前我国对农民专业合作社扶持措施包括财政扶持、税收、金融、农超对接及人员培训等多种形式，但是这些扶持措施并没有完全落到实处。例如资金作为合作社的发展瓶颈，一直困扰着合作社的发展与壮大，但是按照现行银行贷款的相关规定，合作社基本不可能从银行获得贷款，但其他融资渠道更加困难。因此，如果我国对农民专业合作社金融方面的扶持措施落实到位，将为合作社的发展带来契机。

（三）健全农业保险体制和农村保障机制

与其他行业相比，农业要承受自然与市场双重风险，加上农户自身承受风险能力弱。为了提高普通成员的投资能力和投资意愿，首先，针对我国目前农业保险供给比例低、保险责任窄等保险体制不完善的现状，应该从提高保险供给比例低，拓宽保险责任等方面来完善农业保险体制。其次，应该健全农村的社会保障机制，如完善农村医疗保险、推行农村养老保险和农村最低生活保障制度等。只有这样，才能改变农民过去往往由于缺乏安全感而不得不进行储蓄的现状，从而提高他们的投资意愿。

（四）重视合作社的规范化发展

如果政府部门把合作社发展的数量作为政绩的评价标准，其结果使得许多地方片面追求合作社数量的扩大，而忽视了其质量的提高。目前，少数合作社在发展过程中，出现了一些核心成员侵占国家财政扶持资金和普通成员利益的情况，使得一些普通成员对合作社抱有偏见，甚至失去了信心。为了促进合作社的健康持续发展，政府在扶持合作社发展的同时，应该采取措施规范合作社的发展，即扶持与规范要两手抓。为此，政府部门不仅对于合作社财政扶持资金的去向要严格进行监督，而且在每年示范合作社的评选过程中要认真把关，不能轻信地方政府上报的合作社发展状况，要进行实地调研，多听取合作社普通成员的意见，以免那些不规范合作社占用了规范合作社的扶持资金。

参 考 文 献

[1] A.V. 恰亚耶夫，农户经济组织［M］. 北京：中央编译出版社，1996.

[2] Guo Li, Seott Rozellle, Loren Brandt. Tenure, L and Rights, and Farmer Investment Ineentives in China［J］. Agriculture Economies, 1998 (19): 63-71.

[3] 林毅夫. 制度、技术与中国农业发展［M］. 北京：生活 读书 新知三联书店，1992.

[4] 韶书峰. 新农村视角形式下农户住房投资行为分析［J］. 调研世界，2010 (2): 22-23.

[5] 王文献. 农民专业合作社融资难问题的形成及原因分析［J］. 农村经济. 2008 (12): 75-77.

[6] 崔宝玉. 异质性合作社内源型资本供给约束的实证分析［J］. 财贸研究，2008 (4): 36-42.

[7] http: //www.ccfc.zju.edu.cn/. 中国农民合作社组织研究网

柑橘产业技术进步的最优金融支持政策研究

——基于79份问卷的思考

A Study on Financial Support Policy for Technology Progress in Citrus Industry

—Based on 79 Questionnaires in 2011

李志平　祁春节
Li Zhiping　Qi Chunjie

摘　要　通过推进柑橘主产区的金融深化，来缓解柑橘产业科技成果转化和技术进步中所面临的资金困境，是提高我国柑橘产业技术水平的重要途径。依据2011年在湖北某柑橘主产区的79份问卷，采用专家评估法和多元加权回归分析方法，构建柑橘产业技术进步指数，研究柑橘主产区金融深化与柑橘产业的技术进步的相互关系，以便确定支持柑橘产业技术进步的最优金融政策。研究表明：金融深化与我国柑橘产业技术进步存在明显的相互关系，农户自有资金的增加、信贷量的增加和信贷监管程序的完善均具有显著的柑橘产业技术进步效应；但是柑橘主产区的高利贷等因素，则对柑橘产业技术进步的影响不显著。

关键词　资金；金融深化；技术进步；实证

Abstract　Financial deepening policies may pay the way

for citrus industry to overcome its capital dilemma and improve its technologic level. Based on 79 field questionnaires in 2011, the paper analysis the relationship between financial deepening and technology process so as to make the choice for the best tools, using the expert assessment method and multivariate weighted regression method, The results show that: (1) there is a strong relationship between financial deepening and technologic process in citrus industry, (2) farmer' funds, loan and credit monitoring processes play more positive important role in technologic process for citrus industry, (3) but usury has negative effect.

Key words asset, financial deepening, technology process, empirical

一、前　　言

依靠柑橘产业科技成果的推广转让和柑橘产业技术进步的加速，推动传统的靠天吃饭和劳动密集型柑橘产业生产方式，逐步向资金密集和环境友好的集约型生产方式转变，是解决粗放式柑橘产业生产方式所造成的农产品质量事件多、价格波动大、生态环境恶化等问题的重要手段。在我国大部分柑橘主产区地区，柑橘产业的技术进步，无论是内源性还是外源性，其引进模仿、推广应用和配套设施都需要大量的资金投入。柑橘产业技术进步所需资金来源主要来自政府、农户个体和商业信贷。目前，这三个方面的资金供给都无法满足现代柑橘产业技术所需要的资金需求，致使柑橘产业技术进步遭遇严重的资金约束。在一些柑橘产业科技项目中，许多技术含量和附加值较高、市场前景看好的农副产品生产和加工项目无法实施；资金压力下的不少农户会主动放弃价格较高的无公害农药，而选择对环境污染和农药残留较多的一般农药，这既增加农产品的安全风险，又降低了农产品的质量和农民收入。现代柑橘产业和设施柑橘产业技术使用所需的三、五万元的最小投资规模，常常得不到满足，因而也无法进行大规模使用。

从理论上讲，增加政府财政投入、提高农民个人收入水平和提高金融部门的商业信贷水平三个维度都有助于缓解技术进步所面临资金约束。在第一个维度，由于柑橘等农业产业是准公益性产业，国内外都有对柑橘产业的财政投入。这些投入可以在较短的时间内起到良好的效果。但是，我国财政投资有限，财政支持面较窄，难以满足柑橘产业技术进步所需资金需求的快速增长。针对大量的、种类繁多的柑橘产业技术推广和应用活动，财政往往无能为力。在第二个维度，由于农户收入增长最主要的因素是工资性收入的增加，所以提高农民个人收入水平来缓解柑橘产业技术进步所面临的资金困境，便相对于鼓励农户参加更多的非农工作来得到更多的收入增量。一方面，城市对农民就业的歧视和就业市场的竞争加剧降低学历水平普遍较低的农户的工资性收入，用蜗牛速度增长的工资收入来满足现代柑橘产业和设施柑橘产业的最低投资规模困难不小；另一个方面，非农收入的增长还可能加剧工资性收入与柑橘主产区技术进步的背离。比如，随着工资性收入的增加和对城市部门的熟悉，农户会将收入的大部分投资从柑橘产业和柑橘主产区转移到收益率更高的城市和非农产业，从而进一步降低农户工资性收入中用于柑橘产业技术进步的比例。在第三个维度，由于柑橘产业生产面临日益严重的市场风险、自然风险的双重限制，投资回收期长的柑橘产业技术投资，通常难以得到商业金融部门的青睐。另外，大部分国有商业银行的只存不贷，柑橘主产区信用社历史包袱沉重，适宜柑橘产品的金融工具短缺，柑橘主产区内的金融竞争不充分，更加使得商业金融部门对柑橘产业技术投资的“不适用”和“无效率”。农户贷款难，为技术进步的贷款更难。

早在1973年，罗纳德·麦金农和爱德华·肖就提出了金融深化理论。他们认为，由于像柑橘主产区这样的欠发达地区，要改善其金融体系和机制，降低金融运行中存在过多的金融管制，提高金融信贷服务水平，增加橘农的信贷使用量，就必须进行促进金融深化措施。按照这个理论，增加相应的金融工具、增设金融机构的网点、促进地区金融竞争，可以提高柑橘主产区信贷机构的信贷服务水平，增加农户的技术投入规模，提高柑当地的技术水平。虽然，周波等（2010）学者依据国外研究认为，增加农村地区的金融信贷能制约农户采用现代柑橘产业技术，但是越来越多的学者认为，增加他们的融资信贷服务水平等金融深化措施在推进科技进步中扮演重要的角色。如果提供合宜的金融手段和组织模块，农业的技术进步可以实现自我推进。我国政府也认为金融和信贷服务的增加可以有效增加柑橘等农业技术进步。比如，2010年的中央一号文件要求“引导更多信贷资金投向三农，切实解决柑橘主产区融资难问题，促进科技成果更好地转化为生产力”，2011年政府工作报告更是要求“引导金融机构增加涉农信贷投放，加大政策性金融对三农的支持力度，强化柑橘产业科技支撑，大规模开展高产创建”等等。

本文依据2011年在湖北某柑橘主产区的79份问卷，来研究金融深化与我国柑橘主产区的技术进步的相互关系，在验证理论和佐证政策的同时，企图增加一些我国柑橘主产区的技术进步所需的最优的金融支持政策的相关理论支撑。

二、模　　型

在市场经济中，由于农户是我国柑橘产业生产的实践者和技术的实际使用者，柑橘产业的技术进步便可视为农户进行选择和投资技术并取得更高收益的外在表现。技术投资的收益越高，技术的选择和使用的可能性就越高[1]。资金来源包括来自政府部门、个人积累、商业信贷等。于是有：

$$\Delta K_T/K_T = W_0 + \sum[(W_i - C_i)/(1+r)^{j-1}],$$
$$i = 1,2,\cdots,n; j = 1.2,\cdots,m \tag{1}$$

在（1）式中，K_T 表示橘农的技术水平，$\Delta K_T/K_T$ 表示橘农的技术进步程度；W_0 是技术进步中非投资因素，比如农户的人力资本、年龄等，在短期内可以看作是一个常数；W_i 和 C_i 分别表示使用第 i 中资金的收益和成本，i 表示政府部门、个人积累、商业信贷等渠道资金，W_i 和 C_i 之差表示使用这种资金投入技术的当年净收益水平；r 是投资者的资本边际效率，用银行利率代替；j 是农户投资技术的收益年限，最高经济年限为 m。

金融深化对橘农选择和投资技术的影响，通常从五个方面体现出来：一是多样的金融工具（T），比如，保险、贷款、证券等，柑橘主产区和农户可以根据自身的实际情况进行技术的最优选择；二是便利的金融机构和网点（N），农户不必花费过多的鞋底成本和机会成本，就可以享受柑橘主产区的金融服务；三是产权认可或者保护（R_P），比如扩大橘农自身的可抵押物品的范围，可以增加金融机构的抵押贷款数量；四是柑橘主产区金融市场的竞争（C_P），竞争可以提高柑橘主产区金融服务的数量和质量；五是金融监管和风险管理（R_K），降低柑橘主产区的金融服务风险成本，维护柑橘主产区金融市场的稳定。这样，农户的技术投入收益中来自金融深化的贡献可以表示为：

$$(W-C)/(1+r)^{j-1} = F(T, N, R_P, C_P, R_K) \tag{2}$$

又由于 T、N、R_P 对农户技术的影响通常直接表现为农户得到的信贷资金规模上，因此用信贷规模 S 代替这三个变量，（2）可转变为（3）式：

$$(W-C)/(1+r)^{j-1} = F(S, C_P, R_K) \tag{3}$$

将（3）式代入（1），并用 I_F、I_P 表示公共补贴和自我资金对农户技术选择和投资中的贡献，线性化处理得：

$$\Delta K_T/K_T = W_0 + \alpha_1 I_F + \alpha_2 I_P + \alpha_3 S + \alpha_4 C_P + \alpha_5 R_K \tag{4}$$

将（4）式转变为本文所使用的计量方程得到：

$$\Delta K_T/K_T=\beta_0+\beta_1 I_F+\beta_2 I_P+\beta_3 S+\beta_4 C_P+\beta_5 R_K+\mu \quad (5)$$

式（5）中，μ 为随机误差项。

三、实　证

（一）数据来源和指标选择

本文的数据均来自于2011年在湖北某柑橘主产区的79份问卷。

1. 技术进步指数。为了估算农户的技术进步，需要构建农户的技术水平指数。这是因为在当前我国柑橘主产区的技术，存在明显的“二元结构”：柑橘主产区和农户一方面开始大规模使用国际先进水平的收割机和国外大公司生产的高效化肥、农药，另一个方面也普遍使用存在千年以上的牛耕犁锄、采摘防护等技术，由此形成了一个复杂的技术体系。在这个复杂的技术体系中，不能将橘农使用的技术和企业生产函数中的技术视作同数学性质技术，可以方便求导运算，仅使用亩产量、全要素生产率等指标无法对复杂的柑橘产业技术进步进行全面描述。

表1　柑橘主产区技术水平估算的权重

指标	A	B	C	D	E
权重（%）	19	21	24	22	14

注：权重的计算方法如下：请专家将柑橘主产区技术水平的五个方面排序，然后将排列第1至第5分别给出值30、25、20、15、10，计算所有的指标得分，然后将其转化为百分制。共选择20位专家，其中，柑橘主产区实际工作者和农户8人，政府相关职能部门的工作人员6人，大学教授6人。

资料来源：本文根据专家评估结果进行计算所得。

另外，柑橘主产区技术水平的估计指标直接体现柑橘产业技术进步的结构，可能为金融深化等政策提供更直接的指引。为此，根据实际情况，从五个方面构建柑橘主产区技术进步指数（$\Delta T_K/T_K$）：一是现有的技术水平与先进技术水平的差距（A）；二是柑橘主产区和农户获得新技术的渠道（B）；三是柑橘主产区和农户的技术使用动力（C），比如产品滞销、农产品品质需要提升等等；四是柑橘主产区技术的使用条件（D），比如大棚、网络等；五是柑橘主产区技术的制度条件（E），比如技术的产权保护。然后采用专家评估法，得到这五个方面的权重，从而得到柑橘主产区技术水平的估计数。金融服务的各部分权重见表1。

2. 变量赋值。包括技术进步指数的五个指标和方程（4）中的各个变量的取值说明如下：

（1）现有的技术水平与先进技术水平的差距（A），由农户使用农药的类型来界定，不使用农药和仅仅使用传统农药的农户，设定为1，使用无公害农药的农户，设定为2，使用绿色农药和配方农药的设定为3。

（2）柑橘主产区和农户获得新技术的渠道（B），自学获取技术设定为1，通过亲朋好友告知和向周围模范农户学习的设定为2，通过向合作社和农技站获得技术的设定为3，其他为4。

（3）柑橘主产区和农户的技术使用动力（C），使用滞销程度来表示，存在滞销并且表明了滞销数量的农户设定为1，其他为2。

（4）柑橘主产区技术的使用条件（D），使用网上交易的熟悉程度来表示，很了解网上交易设定为1，了解一点、听说过和根本没有听说过，分别赋值为2、3、4。

（5）柑橘主产区技术的制度条件（E），使用两个指标来衡量，一是柑橘主产区的偷盗抢劫事件是否增加，增加为1，其他为2；二是柑橘主产区司法费用是否增加，增加为1，其他为2。这两个指标的数值直接相加，得到一个1、2、3、4的数列。

（6）技术进步（$\Delta K_T/K_T$），根据表1中的权重，将A、B、C、D归一化处理后，计算得到。

（7）农户收入中的自我积累部分（I_P）。使用农户2010年是否有结余进行赋值，有结余、刚刚够用、欠债分别赋值为 1、2、3。

（8）农户收入中的公共补贴部分（I_F），由于数据不全，并且相差太大，最大值有 30 万，最小值有 0，数据不可信，舍去。

（9）农户享受金融服务中直接信贷情况（S），使用农户获得贷款情况，获得赋值为 1，没有获得贷款为 2。

（10）柑橘主产区金融市场的竞争情况（C_P），使用是否熟悉高利贷的运行来衡量，如果非常熟悉高利贷，准确知道其利率和运行条件，赋值为 1，不知道或者不清楚赋值为 2。

（11）金融监管和风险管理（R_K），使用农户贷款难的原因来度量，没有熟人和个人信用成为最主要困难设定为 1，而贷款手续复杂导致贷款困难为 2，无担保和无抵押设为 3，其他设为 4。

（二）计量及其结果分析

1. 数据单一化处理。为了避免各个指标因为单位所造成的影响，将各个指标进行归一化处理，计算公式为：

$$Y_i = (X_i - MinX_j) / (MaxX_k - MinX_j) \tag{6}$$

其中，Y_i 是 X_i 归一化处理后的指标所得数据，右下标 i 表示第 i 个农户，X_i 是该农户的实际值，$MaxX_k$ 和 $MinX_j$ 分别是所有农户在这个指标上的最大和最小值。

2. 异方差纠正。异方差修正，常用三种方法：首先是 White 异方差修正方法，这个方法是通过建立辅助回归模型的方式来判断是否存在显著的异方差，先估计一个回归模型，得到每一个残差的平方和，进而将残差平方和关于解释变量的一次项、二次项和交差项进行回归，根据回归方差的 R^2 来进行判断，进而得到是否需要纠正和如何进行纠正；其次是 Newey-West 的异方差和序列相关修正，这个方法可以同时对异方差和自相关时的协方差矩阵进行一致估计；第三，加权最小二乘法。在较大的样本情况下，如果各个样本的数值和扰动项的标准差的倒数成比例，就可以把扰动项的标准差的开平方后的倒数作为权数。把每一个观察值与对应于该观察值的权数相乘，就可以得到一个没有异方差的回归模型，从而进行估计和预测。由于第三种方法，简单易行，不涉及交叉性回归、协方差处理等问题，因此本文采用第三种方法进行异方差纠正。

3. 计量及其结果的初步分析

在以上分析基础上，使用 EVIEWS3.1 中的加权最小二乘法法进行回归分析，计量结果如下：

$$\Delta K_T/K_T = 0.45 + 0.033\ I_P + 0.087 C_P + 0.004\ S + 0.016\ R_K \quad (7)$$

t=（90.69）（6.36）（1.05）（24.54）（3.82）

P=（0.00）（0.00）（0.32）（0.00）（0.00）

（7）式中，R^2 为 0.815，调整 R^2 为 0.811，F 为 168.93，相应的概率为 0.00，这既表明本文的回归方程可以代表样本的大部分信息，方程（7）可以用作下面的经济分析，又表明我国柑橘主产区的金融深化和柑橘产业技术进步存在显著的相互关系。

在（7）式中，橘农的自我积累（I_P）通过 1%的显著性水平的检验。这表明，在其他条件不变的情况下，增加橘农收入，有助于减少农户投资技术的资金约束，从而推动柑橘产业的技术进步，但如果使用增加非农收入的手段来增加橘农的收入，要防治农户投资的非农化倾向。

柑橘主产区金融市场的竞争因素（C_P）没有通过显著性水平的检验。这表明，类似高利贷等民间金融结构对柑橘产业的影响比较小。这一方面说明十几年来柑橘价格的稳定增长使得橘农收益得到了当地金融机构的认可，因此金融机构的贷款相对容易一下，金融机构的信贷服务对橘农的技术进步的贡献也相对大些；另一个方面说明，高利贷在柑橘主产区的发生率不高，影响力还不够强大。但是，针对温州、广州等地的民间借贷危机，也需要提前做好防范。

柑橘主产区的信贷服务（S）均通过了1%的显著性水平检验，这说明该因素对我国柑橘主产区地区的技术进步具有明显的推动作用。柑橘主产区的信贷服务通过显著性水平检验，且系数为正，这与前面的假设相一致。以此可知，推动柑橘主产区金融创新，增加柑橘主产区的金融信贷服务，对柑橘主产区的技术进步都有积极的推动作用。

最后，柑橘主产区金融深化中的金融监管和风险管理（R_K）对柑橘产业技术进步的影响通过1%的显著性水平检验，说明金融深化产生的风险控制对柑橘产业技术进步的作用已经显示出来，这与前面的假设一致。金融深化政策可以增强利率等市场杠杆的力量，减少柑橘主产区金融市场扭曲，维护柑橘主产区金融市场的稳定，降低柑橘主产区的金融服务风险成本，提高柑橘主产区金融的信贷服务水平。

四、简要结论与启示

最近几年，我国各级政府通过多种努力，对促进柑橘产业技术创新和扩散起到了较好的社会和经济作用，但是严重的资金约束使得柑橘产业技术进步举步维艰[2]。本文的数据均来自于2011年在湖北某柑橘主产区的79份问卷，采用专家评估法和多元加权回归分析方法，验证了金融深化和柑橘产业技术进步存在明显的相互作用。在其他条件不变的情况下，增加农户的收入水平、提高金融信贷服务规模、加强金融监管，均有助于加快柑橘主产区的技术进步。基于此，从金融角度来促进柑橘主产区的技术进步，合宜的政策启示主要有如下几个方面：

第一，增加柑橘主产区金融服务的金融工具，提高金融服务的覆盖率，多方位满足农户选择和投资技术进步面临的金融需求。由于“三农问题”是相互缠绕在一起的，金融手段来促进柑橘产业技术进步，也必须具有一定的结构，才能实现满足柑橘主产区农户在采用新技术中所面临的各种风险和充分享受新技术所带来的收益的功能[3]。为此，一要增加柑橘主产区使用各类金融工具的基础设施，便于保险、贷款、和证券等传统金融工具，加大柑橘主产区和农户的使用规模；二要改善柑橘主产区各类金融工具的相互协调机制，避免保险、银行、证券从属于不同的监管部门所带来的柑橘主产区金融分割。

第二，促进柑橘主产区的金融创新，增加柑橘主产区资金运行过程的监管。一是增加柑橘主产区和农户的金融创新的科研支出，增加新的金融创新产品的规模和水平；二是对新的金融创新方式给以财政补贴或者其他方面的支持，增加技术专利的质押和转让的范围；三是对柑橘主产区和农民进行征信，完善农户的征信体系，强化信用在金融信贷中的作用；四是增加柑橘主产区和农户生产的组织化，通过农户联保和相互担保，来形成更大数量、更多层次的农户信用体系，承担控制金融风险的部分责任，推动柑橘主产区技术的规模应用和组织化建设。

第三，在加强柑橘主产区金融监管的基础上，增设金融机构及其网点规模，但也要增加柑橘主产区的金融管制措施。由于各个地区使用这些技术所配备的自然、人文、组织、教育条件也相差悬殊，具有规模巨大科层结构的国有大银行是无法高效率地为这些的技术需求提供金融支持[4]。在金融风险得以控制的前提下，发展与柑橘主产区和农户息息相关、朝夕相处的柑橘主产区小型金融机构才能高效率处理这些技术信息，进而形成金融信贷，增加柑橘主产区的信贷供给水平和能力，满足橘农技术进步的资金需要。

参 考 文 献

[1] 李志平．自我推进型农业技术进步的模块化设计与政策建议［J］．科技进步与对策，2010（11）：72－78.

[2] 宋征军，刘阳．中国农业技术扩散的实证研究［J］．统计与决策，

2007 (6): 25 - 28.

[3] 杨嫩晓，农业技术创新的金融支持研究 [J]. 经济研究参考，2007 (50): 56 - 59.

[4] 周波，等，国外农户现代农业技术应用问题研究综述 [J]. 首都经贸大学学报，2010 (5): 32 - 37.

中国柑橘产销预警预报机制研究

Early Warning Mechanism Research on the Risk of Citrus's Production and Consumption

熊 巍 祁春节

Xiong Wei Qi Chunjie

摘 要 近年来，我国柑橘产销矛盾日益凸显，对柑橘产业的发展以及橘农收益等都产生了一系列不利影响。因此，构建柑橘产销预警机制以指导柑橘的生产和销售、防范产销风险是柑橘产业健康发展的必然选择。以柑橘产销风险和预警机制的内涵出发，构建由警情诊断子系统、警源分析子系统、警兆辨析子系统、警度预报子系统和排警调控子系统组成的包含信息收集监测机制、分析评估机制、警情预报机制及应急处理机制的中国柑橘产销预警机制框架模式，以期为柑橘产销预警的研究工作奠定基础。

关键词 柑橘；产销风险；预警机制

Abstract In recent years, with the increasing risk of citrus production and consumption in our country , it has produced a series of adverse effects for the development of citrus industry and farmer's income . Therefore, construction of early warning mechanism on the risk of citrus's production and consumption is not only guide the production and sales, but also prevent the risk. Based on connotation of citrus's risk and early warning mechanism, we try to construct the framework of early warning mechanism on the risk of citrus's production and consumption including Warning-signal diagnosis subsystem, the police source analysis subsystem, warning sign analysis subsystem, warning forecast system and removing warning control system. In addition to we puts forward the implementation of security for early warning mechanism, in order to lay a foundation of citrus production and consumption early warning research.

Key words citrus, risk of produce and consumption, early warning mechanism

一、引　　言

近年来，农产品市场运行环境极为复杂，尤其是世界石油价格大幅波动、灾害性天气呈多发趋势等因素扰动，与农业内部因素和多重社会因素交错影响，使农产品市场价格频繁变动，“蒜你狠”、“豆你玩”、“姜你军”、“糖高宗”、“玉米疯”、“辣翻天”、“苹什么”等价格异常现象频出。自 2010 年 1 月以来，我国的居民消费价格指数 CPI 已经连续 22 个月持续走高，连续 8 个月超过 5%的通货膨胀警戒线，而其中以肉禽和生鲜园艺类蔬果为代表的食用农产品价格上涨最为明显，成为社会各界关注的热点问题。一方面，果蔬价格的上涨带动了农民的生产积极性，另一方面果蔬的大量集中上市又导致了“香蕉烂市”到“红提难卖”的局面出现。可见农产品的产销矛盾日益凸显，要从根本上保证农产品产销平衡，建立健全农产品产销预警预报机制，提升农产品管理部门发现问题、化解风险的能力，也是保障群众基本生活、维护社会和谐稳定的重中之重。

尽管在国家“金农工程”建设的推动下，农业部已经启动和建设了稻谷、小麦、玉米、大豆、棉花、猪肉、牛羊肉、禽蛋、水果、蔬菜等 18 种农产品市场监测预警系统，对其供求、贸易和价格等进行监测分析，预警工作取得了明显成效。但是同时我们也应清醒地看到，该系统与西方发达国家相比还存在较大差距，与实现农产品市场监测预警信息成为中国农产品市场变动的“风向标”和“温度计”的目标还有很大的距离。暴露的问题主要有：从纵向看，网络体系不健全。虽然农业部建立了农产品市场预警系统，但现在所做的只是监测分析和凭经验的预警。在地方上还只有少数省、市建立或正在筹建农产品市场预警系统，多数地方尚未或只是刚把农产品预警机制的建立提上议事日程。地、县、镇虽然也有农业信息网，但提供的信息往往时效性差，实用性不强，不能作为引导农民进行生产和销售的预警体系。从横向看，农产品市场监测预警系统覆盖的范围太窄，根据未来发展趋势，一些对农民收入影响较大的具有区域特色优势的蔬菜、畜牧、水产、食用菌、花卉和瓜果等市场主要农产品，也应分类纳入各地农产品市场监测预警系统，更好地指导农业生产经营。

我国是柑橘生产大国，迄今柑橘种植面积和年产量已跃居世界首位。无论在国际国内农产品市场，柑橘都占有十分重要的地位。在国际农产品市场，柑橘的贸易额仅次于小麦和玉米，排在第三位；在国内水果市场，柑橘产销量仅次于苹果，处于水果类农产品产销的第二位。近年来柑橘产业迅猛发展，已经成为我国南方主产区农村经济的一大支柱产业，为促进农民增收、扩大城乡居民就业和改善生态环境作出了积极贡献。柑橘产业的发展也同样面临产销失衡的困境，需要适时建立相应的预警预报机制来指导生产和销售，这也能为其他生鲜园艺类农产品的预警工作起到重要的借鉴作用。

二、中国柑橘产销预警预报机制的基本内涵

柑橘产销风险主要是指柑橘在生产和销售过程中，由于产业化程度不高、生产分散、技术落后、市场信息不灵、抗自然风险

能力差、消费需求转移、经济政策环境改变等因素引起的产销失衡，实际收益与预期收益发生偏离的不确定性。它具有以下特点：（1）周期性。柑橘生产的丰年和灾年交替出现，使得柑橘产量波动具有周期起伏的特点，与需求的短期刚性造成矛盾，导致价格波动在所难免；（2）蛛网性。柑橘等农产品具有供给弹性大于需求弹性的特点，一旦市场价格下降，下期柑橘生产投入就会下降，产量缩水，导致下期市场价格上升，市场行情看好又会刺激柑橘生产，导致产量和价格将会偏离均衡值。（3）不可逆性。柑橘等农产品具有生产周期长的特点，无法像工业品一样根据市场需求的变动及时调整生产，一旦生产计划做出，短期内很难调整，导致产销风险短期不可逆。此外柑橘等农产品的产销风险还会影响整个国民经济体系的健康运行，由于风险的隐蔽性导致宏观调控的难度较大。而柑橘产销风险的预警就是对柑橘生产和销售过程中可能产生的风险因素进行分析、评估、推断、预测，根据风险大小预先发出警报。

柑橘产销预警预报机制，是指柑橘产业相关组织和各级管理部门为有效防范产销风险的发生，通过对柑橘生产、需求、进出口和市场行情等各种相关信息进行动态监测与采集，运用恰当的预警技术方法，在历史数据的定性分析和定量评价的基础上，结合有关理论研究的成果和专家判断的经验，确定预警的合理警度和警限，及时准确地对可能产生的产销警情和警情程度提供警示，引导柑橘生产者、经营者和使用者调整优化生产结构和生产经营策略，有效避免生产经营的盲目性和趋同性，规避风险，减少损失；同时为政府宏观决策提供依据，适时启动相应的预防保护措施的一整套工作机制。

三、中国柑橘产销预警预报机制的框架模式

柑橘产销预警预报的一般流程是明确警情→寻找警源→分析警兆→预测警度→排除警情[1]。柑橘产销预警系统主要由警

情诊断子系统、警源分析子系统、警兆辨析子系统、警度预报子系统和排警调控子系统五个部分构成。这五个子系统涵盖数据收集监测、警情分析、风险评估、警级设定、预测预报以及应急处理等预警工作流程，其运行机制如下图所示。首先警情诊断子系统对柑橘产销预警对象进行监测，形成信息搜集监测机制；其次，若有警情出现则利用警源辨析子系统来寻找警源，再通过警兆分析子系统对以警源为基础发出的警兆进行分析处理，形成分析评估机制；再次根据警度预报子系统发出警情、警度预报，形成警情预报机制；最后由排警调控子系统中的预控措施，对柑橘产销预警对象进行宏观调控和管理，形成应急处理机制。

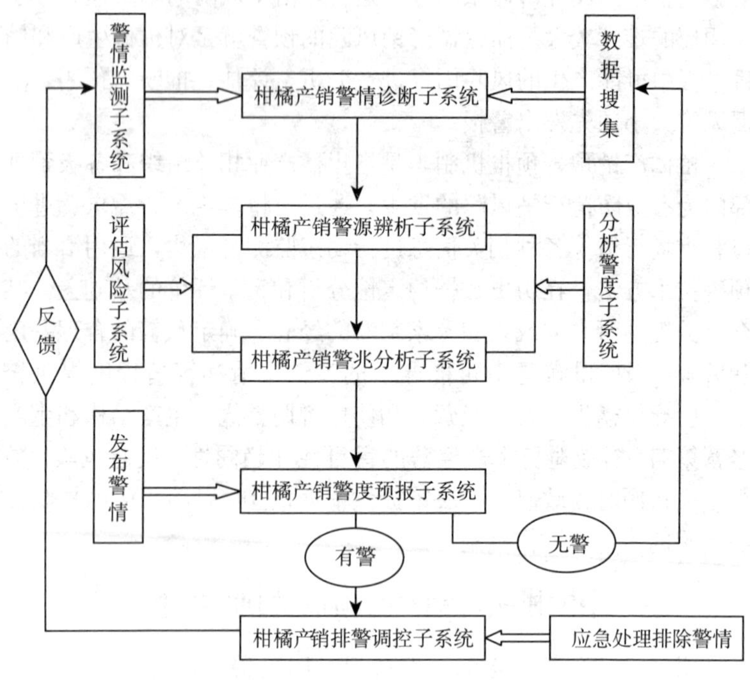

图 1　柑橘产销预警预报机制流程框架图

（一）信息搜集监测机制

柑橘产销的相关数据和信息保障体系是进行预警分析的基础，是支持预警系统运转的先决条件，数据信息体系及其保障机制的优劣，将直接影响到整个预警系统的质量。柑橘产销警情诊断子系统具有数据搜集和监测两大功能，不仅负责收集提供柑橘供求和柑橘市场以及宏观经济领域的有关数据和信息，以满足柑橘产销动态预警对数据的要求；同时还对搜集和获取的数据实行实时监测，根据先验信息对警情进行诊断。其实质是收集监测数据的数据库系统，是柑橘产销预警系统分析的数据基础。通过信息搜集监测机制的良好运行可以起到以下作用[2]：第一，保证信息的时效性，预警工作的最大特点就是对可能发生的问题和走势作出预先的警告和预报，通过信息搜集监测机制能使得信息资料及时收集，真正体现预警工作的意义；第二，提高信息的准确性，由于信息工作是预警系统的基础环节，通过信息搜集监测机制能较准确搜集所需信息资料，对后续预警分析的诸环节带来便利，提高预警结果的可靠性；第三，增强信息的适用性，为提高信息搜集的时效性和准确性，搜集信息时还要做到有针对性，而通过信息搜集监测机制的建立则可以有的放矢搜集资料；第四，加大信息的共享性，由于各职能部门分工不同，有关柑橘产销的数据资料分散在不同的部门，通过该机制的运行可以搭建信息资源共享平台，将各部门的相关信息集中使用，这样既能发挥各单位的优势、节约资源又能提高数据的准确性。

由于我国柑橘产销预警系统尚属研究的起步阶段，目前预警研究相关信息滞后明显，而且也缺少一些相关的统计数据，存在统计口径缺位或重复现象。通过信息搜集监测机制的研究和建立，可以加快对信息的收集、整理及数据库的科学建设，大大促进我国柑橘等生鲜园艺类农产品的信息化发展，有利于我国进行国际交流和加快国际化进程。

（二）分析评估机制

预警分析评估是整个预警系统的关键与核心部分，它的构建直接影响到柑橘产销预警信息的质量。该机制运行主要由警源辨析子系统和警兆分析子系统来共同实现，主要内容包括柑橘产销预警指标体系、预警方法模型体系、警限和警度体系。通过预先设计好的预警指标体系，运用监测信息、统计数据或抽样调查资料，经过指标分析、模型分析和专家评估等预警方法，对柑橘产销状态作出科学性预测，从而能够及时、准确地把握柑橘产销的变动趋势并作出超前判断和预报。

1. 确定预警分析指标体系

主要是根据柑橘供求变化规律科学地确定指标设置的基本原则，设置有代表性的警情、警源和警兆指标，并根据时差相关分析法等方法综合判断预警指标的时滞。

2. 建立指数、模型分析体系

根据柑橘产销相关指标间的内在关系根据指数分析法和模型分析法等多种方法进行预测。预警方法和模型技术水平和质量极大地影响着预警工作的速度和质量，建立并完善方法、分析体系是一个动态发展的过程。

3. 建立警限、警度分析体系

根据警情指标、警兆指标分别建立单一指标和综合指标的警度和警限，根据预警指标体系的指标值落入的不同区域，预报是否有警和警情程度，分别进行短期和中长期预警。

4. 建立专家评估系统

通过相关领域专家深入实际的调查研究，参与预警分析方案的拟订和预测结果的评估，针对柑橘产销预警的特殊性，完成单纯经济计量模型等定量方法难以完成的预警分析任务，

（三）警情预报机制

警情预报是柑橘产销预警的输出发布窗口，其主要功能是按确定的评价标准将预警分析结果运用现代化信息技术进行输出和

表达。警情预报是指通过确立的反映柑橘产销实际警情的警度和警限，将反映预警分析结果的相关信息转换处理为一个综合性信息指标，然后用预警信号灯系统综合、直观地描述柑橘产销运行状态，科学地反映柑橘产销变动趋势。在建立柑橘产销警情预报机制时需要注意一旦预警信息生成，应当合理运用现代化电子网络手段，实现快速、高效、准确的数据分析，将问题和情况及时向上一级主管部门报告，并按照有关法律和规定通过权威渠道向社会公众告示，形成定期的信息发布制度。这样才能实现为橘农、柑橘合作社、相关组织，产业链各环节信息使用者和政府部门提供决策参考。

（四）应急处理机制

应急处理机制是针对柑橘产销不同警情提出的各种可供选择的调控方案，及时排除警情。一方面可将各种备选的调控方案输入调控系统，比较分析各种方案的优劣，分析某一方案实施后可能出现的结果及对其他经济变量的影响；另一方面，进行相关产销政策模拟，即要使柑橘产销出于某种平衡状态，政府应当采取的措施，投入方向和投入数量。由于柑橘产销失衡突发危机造成危害的范围大，一旦突发警情，立即启动应急预案，由各级政府统一指挥、集中领导，分级负责，统筹应急处理工作。在制定危机应急计划时，要尊重规律，依靠科学，多倾听专家的意见，了解基层的情况。应急措施实施时，可能涉及的多部门之间要通力合作，快速响应。此外需要关注国内外有关柑橘产销的发展和变化，及时调整和定期修改快速调控系统中的备案，不断完善该系统的构架和功能。

四、构建中国柑橘产销预警预报机制的保障措施

（一）制度保障

建立一套相对稳定的柑橘产销预警制度是构建和完善柑橘产销预警机制的前提。考虑到我国柑橘产业目前的情况，笔者认为

应建立以农业部为核心，柑橘主产区相关政府部门、柑橘产业技术体系各功能研究室、试验站为骨干的组织机构，联合统计、贸易和大型农贸市场等有关部门构建完整的柑橘产销预警机构，并根据需要制定权责分明的管理体制，收集有关的柑橘产销预警信息。定期与不定期举行会议，讨论并明确柑橘产销预警机构体系建设的总目标、主要内容及工作分工，对预警机构体系建设进行规划。同时对柑橘产销警情、警兆进行动态把握，出具权威性预警、预测。

（二）资金保障

加大预警资金投入能够有效保障预警信息的质量和水平。不论是对信息的需求、专业人才的网罗还是先进技术的支撑都需要大量的专项资金投入，否则预警只能成为空谈。财政部和主产区政府应在每年的财政支出中，明确列出一定额度的资金，专项用于柑橘等农产品产销预警工作，形成坚实的预警财政投入保障机制。

（三）信息保障

1. 建立科学完善的信息采集制度

信息采集和监测是产销预警的基础，没有数据何谈预警，因此必须建立一套完善的信息采集制度。一是要建立数据信息采集规范。明确柑橘产销信息的内涵，确定数据信息采集的范围和时间及频率，建立标准化数据库提供数据支持；二是确立合理的数据监测点。根据柑橘的产地、销地分布情况，综合考虑其自身特性、气候状况、土壤属性、市场供求、价格预期以及农资供应等因素，在全面论证、系统分析的基础上，确立合适的数据监测点。

2. 加快信息化平台建设

预警工作本身是一个信息化工作，它需要建立相应的信息化平台，以供预警信息的生成和发布及传递和使用。1994 年国家就启动了金农工程的建设，目前建设的主要内容是使用以现代化的手段传输数据，使各级、各部门间的信息能够及时地传递、交换和进入数据库；组织、协调、引导信息资源的开发，建立和完善国家级农业基本数据库群；建立农业监测、预测、预警等宏观调控与决策服务应用系统和农业生产形势、农作物产量预测系统；建立防灾减灾系统和农业服务信息系统，研制开发推广有较大经济和社会效益的软件系统和应用工具；建设遥感信息处理系统，包括国家农业遥感中心和区域分中心建设，省级农业遥感站建设，遥感信息处理系统和GIS技术应用的开发等；建设示范工程和建设科技教育信息网等。在此基础上，扩大信息采集点的规模，完善省级农业综合信息传输和处理中心。作为金农工程建设的一部分，我们应加紧柑橘产销预警信息平台的建设，保证柑橘产销预警系统能顺利运行，使得预警工作能有效开展。

3. 培养橘农的信息化意识[3]

预警信息的服务对象主要包括橘农，而橘农又是相对预警意识淡薄的群体，因此培养橘农的信息化意识能提高其获取预警信息的能力。首先要提高橘农的科技意识，让他们具有学先进科技、用实用科技、走科技兴农之路的意识。其次是建立市场意识，定期学习市场经济知识、掌握市场动态。最后在科技意识和市场意识的基础上建立信息意识，培养橘农对信息投入、信息收集、信息分析和使用的意识和能力。

（四）科技保障

有效发挥柑橘产销预警机制的作用，离不开科学监测、科学分析、科学管理。要充分依靠信息技术，实现市场信息的自动采集、智能加工，保证监测数据的真实、快捷，增强预警工作的可操作性；要充分利用经济分析和信息分析技术，实现市场风险分析预警的模型化，增强分析结果的客观性；要充分借助现代通讯技术，发挥3G、3S、电子地图等技术的优势，增强风险管理的针对性。柑橘产销风险预警机制的建立，要时刻依赖科技的力量，以科学的手段和观念开展预警工作，增强风险预警的准确性和科学性，才有利于柑橘产销风险预警机制的持续健康发展。充分发挥科技的力量，需要有一套完善的科技保障体系作支撑[4]。一是培养一支固定的专家队伍。通过工作经费的持续资助以及制度上的保障，使柑橘产销风险预警分析的人员专业化、职业化，使其能长期稳定的从事这项工作，并使分析人员的专业更加细化，可以具体到柑橘品种的专业分析上。二是培育一批实用的科技成果。通过理论研究与实践检验的不断结合，强化示范基地的建设和作用，将理论研究成果实用化，提高科技成果的转化效率，提升柑橘产销风险预警分析的科学性。

参 考 文 献

[1] 黄冠胜，林伟，王力舟，等．风险预警系统的一般理论研究［J］．中国标准化，2006（3）：9－11.

[2] 梅方权，张象枢，黄季焜，等．粮食与食物安全早期预警系统研究 2006［M］．北京：中国农业科学技术出版社，2006（11）：60－62.

[3] 毛西贝．农产品市场预警机制的分析与研究［J］．陕西农业科学，2010（6）：120－121.

[4] 祁春节．柑橘产业经济与发展研究 2009［M］．北京：中国农业出版社，2009.

基于景气指数法的我国柑橘产销预警研究

China's Citrus Production and Sale of Early Warning Research based on the Climate Index

熊　巍　祁春节

Xiong Wei　Qi Chunjie

摘　要　以1992—2008年的数据建立的柑橘产销预警指标体系为基础，以熵权法确定权重的扩散指数和合成指数法为编制方法，分别编制了柑橘产销预警的先行、同步、滞后指标的扩散指数和合成指数序列。结果表明：同步扩散、合成指数与柑橘生产者价格增长率的波动周期基本一致；先行扩散、合成指数均有1～2年的先行期，有稳定的先行预警性，较好的预测了柑橘产销的景气转折点和波动幅度；滞后指数约有1～3年的滞后期，能反映柑橘产销的时滞情况。柑橘产销扩散指数和合成指数的编制能够充分反映我国柑橘生产和销售中存在的问题，为有关部门在制定柑橘产销政策和计划时提供预警支持，为柑橘生产和销售的平稳发展提供合理意见和建议。

关键词　产销预警；合成指数；扩散指数；熵权法

Abstract　Based on early warning index system on fruit production and sale with the data from 1992—2008, this paper utilized climate index method for the early warning of citrus. These indexes include leading, synchronization, lagging diffusion index and composite index. The results showed that: synchronization DI and CI were almost in the same wave with citrus production price index, the leading DI and CI were 1 or 2 years ahead and the lag indexes were 1～3 years lag off. The DI and CI can reflect most information of China's citrus production and consumption, and help us provide early warning for citrus market. In addition, it provides a reasonable suggestion for citrus production and consumption in our country.

Key words citrus production and sale, composite index, diffusion index, entropy method

一、引　言

随着市场经济的发展，对信息充分，渠道通畅的要求也越来越高。顺应国际农产品贸易的日趋活跃，农产品预警工作越来越受到世界各国的重视。美国、澳大利亚、日本、欧盟等一些发达国家已经形成了从农产品信息的采集、加工处理到发布等一整套健全、完善的监测预警体系。而我国的农产品预警工作起步较晚，2002 年以来只是建立了对受国际市场影响较大的小麦、玉米、稻谷、大豆、油料、棉花和糖料等农产品市场行情监测预警体系。预警系统覆盖范围较窄，一些具有区域特色优势，对农民收入影响较大的蔬菜、畜牧、水产、食用菌、花卉和瓜果等农产品，还未纳入农产品市场监测预警系统。

作为世界柑橘生产大国，近年来我国柑橘的生产保持稳定增长，2009 年我国柑橘种植面积为 2 160.26 千公顷，年产量高达 2 521.1 万 t，均居世界首位；作为柑橘果品的消费大国，人均柑橘果实占有量为世界的 50%，人均柑橘汁占有量为世界的 2.8%。可见随着经济的发展，人民生活水平的提高，国内柑橘产品的生产、消费具有巨大的潜力。随着市场化步伐的不断加快，柑橘生产和销售对市场信息的依赖度越来越高。千家万户的小生产面对千变万化的大市场，往往会因为市场供求信息的不对称和农户决策的趋同性，导致一哄而上、一哄而下，任由生产者"逢贵就赶，逢贱就砍"，使柑橘生产和销售大起大落。对柑橘生产、销售的信息化进行探索，研究建立柑橘产销监测预警系统和信息体系，初步建立柑橘产业信息化体系，为橘农、企业及其经济组织的经营决策提供信息服务也已经刻不容缓了。

在我国已经有不少学者运用景气分析法进行了预警研究，其中主要对农产品预警进行探索分析的研究有：张志强（2001）结合中国粮食生产的波动规律，利用扩散指数分析方法分析了中国粮食生产系统景气指标的变化特征；游建章（2002）对粮食安全问题进行了供求预警系统构建，并对其进行了景气分析；柏继云（2006）运用时差相关分析和扩散指数构建了黑龙江大豆生产预警指标体系；李滢等（2007）运用扩散指数对河北省小麦市场进行预警研究；毛树春（2009）在对中国棉花生产方面创新使用景气指数进行分析，已经对多年的棉花产业经济运行状况进行了景气预警研究。以上研究大多局限于粮食、大豆、棉花等农作物的研究，并且多使用扩散指数进行预警分析，而鲜少使用合成指数进行研究，也未涉及到对水果类农产品的预警。因此，本文拟在柑橘产销预警指标体系的基础上编制扩散指数和合成指数，对柑橘产销进行有效的监测预警，也为水果类农产品产销预警提供一种有效的方法。

二、景气指数的编制方法

（一）景气指数

1. 扩散指数

扩散指数（DI）是国际上广泛使用的景气指数之一。它是某一时期所研究的经济指标组中扩张的经济指标数的加权百分比。扩散指数可以用于反映经济的运行，显示经济扩张（收缩）

的程度，以及经济波动扩散的过程。柑橘产销波动是通过一系列景气指标的活动来反映的，任何一个单一景气指标本身的波动过程，都不足以代表柑橘产销整体的波动过程。扩散指数编制在划分了先行指标，一致指标和滞后指标的基础上，分别对这三类指标编制扩散指数，它比任何单一的指标都具有权威性和可信度。

2. 合成指数

合成指数（CI）也是国际上广泛使用的景气指数。它是先求出每个指标的对称变化率；然后求出先行、同步和滞后三组指标的组内、组间平均变化率，使得三类指标可比；最后，以某年为基年，计算出其余年份各月（季）的（相对）指数。合成指数与扩散指数一样也是选择敏感指标利用变化率的形式来分析景气变动的情况。此外，合成指数不仅能如扩散指数一样有效预测景气的转折点，还能在一定程度上反映波动变化的强弱。

（二）景气指数的计算方法[1]

1. 扩散指数的计算

现以 DI_t 表示 t 时刻存在的扩张变量的比率，即扩散指数，则有：

$$DI_t = \sum_{i=1}^{N} W_i I(X_t^i \geqslant X_{t-j}^i) \times 100\%$$

在式中 N 表示景气指标个数，W_i 表示对第 i 个景气指标分析的权数，X_t^i 表示第 i 个景气指标在 t 时刻的波动测度值，I 表示一个示性函数，可以表示为：

$$I = \begin{Bmatrix} 1 & X_t^i > X_{t-j}^i \\ 0.5 & X_t^i = X_{t-j}^i \\ 0 & X_t^i < X_{t-j}^i \end{Bmatrix}$$

当扩散指数大于 50%时，意味着有过半数的指标代表的经济活动上升；反之，扩散指数低于 50%时，有过半数的经济活动下降。当扩散指数为 50%时，意味着经济活动的上升趋势与下降趋势平衡，表示该时刻是景气的转折点。

2. 合成指数的计算

（1）求出标准化对称变化率 $S_{ij}(t)$

设指标 $Y_{ij}(t)$ 为第 j 指标组的第 i 个指标，j=1，2，3 分别代表先行、同步、滞后指标组，i=1，2，…，kj 是组内指标的序号，kj 是第 j 指标组的指标个数。则对称变化率 $C_{ij}(t)$ 为：

$$C_{ij}(t)=\frac{Y_{ij}(t)-Y_{ij}(t-1)}{Y_{ij}(t)+Y_{ij}(t-1)}\times 200,t=2,3,4\cdots n$$

标准化对称变化率为：$S_{ij}(t)=\frac{C_{ij}(t)}{A_{ij}},A_{ij}=\sum_{t=2}^{n}|C_{ij}(t)|/(n-1),t=2,3,4\cdots n$

（2）求出三组指标的组内、组间平均变化率 $V_j(t)$，使得三类指数可比

$$R_j(t)=\frac{\sum_{i=1}^{k_j}S_{ij}(t)\cdot\omega_{ij}}{\sum_{i=1}^{k_j}\omega_{ij}},F_j=\frac{\sum_{t=2}^{n}|R_j(t)|/(n-1)}{\sum_{t=2}^{n}|R_2(t)|/(n-1)},$$

$$V_j(t)=R_j(t)/F_j,t=2,3,4\cdots n;j=1,2,3$$

（3）求合成指数 $CI_j(t)$

$$I_j(t)=I_j(t-1)\times\frac{200+V_j(t)}{200-V_j(t)},$$

$$I_j(1)=100,t=2,3,4\cdots n;j=1,2,3$$

$CI_j(t)=\frac{I_j(t)}{\overline{I_j(1)}}\times 100$，$\overline{I_j(1)}$ 是 $I_j(t)$ 在基准年份的平均值

（三）权重确定

无论是编制扩散指数还是合成指数的过程中，都涉及权重的确定。赋权是否适当直接关系到了预警结果的准确性。一般而言权重的确定有两类方法，一类是主观赋权法，例如：专家打分和层次分析法等；另一类是客观赋权法，如因子分析法、熵权法等。在柑橘产销景气指数的编制中我们为避免人为因素的干扰主

要采用客观赋权法，而熵权法具有计算结果准确、自适应性强，操作简便等优势，故选择其作为权重确定的主要方式。

熵权法在利用多指标进行综合评价时，若某项指标的指标值变异程度越小，该指标提供的信息量越小，则信息熵值越小，表明该指标在分析中所起的作用不大，应赋之较小的权重；反之，若某项指标的各具体指标值变异很大，该指标提供的信息量越大，则信息熵值越大，表明该指标在分析中有重要的影响，应赋之较大的权重[2]。因此我们可以利用信息熵这个工具，计算出各指标的权重，为多指标综合评价提供依据。

三、我国柑橘产销景气指数的编制

（一）数据来源及景气指标选择

本文选取 1992—2008 年的数据，来源于《中国统计年鉴》、《中国农业统计年鉴》、《全国农产品成本收益资料汇编》、国际粮农组织（FAOSTAT）及联合国商品贸易统计（UN comtrade Statistics）。从已建立的柑橘产销预警指标体系（熊巍，2011）的警情指标中选择柑橘生产者价格增长率作为扩散指数序列对比的产销用警情指标，用时差分析法、聚类分析法和峰谷对应法共同筛选的先行、同步、滞后警兆指标体系中分别选择与柑橘产销相关的指标共 16 个，其中先行指标 10 个，同步指标 3 个，滞后指标 3 个（表 1）。

（二）柑橘产销扩散指数的编制

1. 同步扩散指数的编制

表 1 的 3 个同步指标中，有效灌溉面积增长率和农业支出占财政支出比重为正指标，由于苹果是柑橘的替代果品，故苹果生产者价格增长率为逆指标，首先，对逆指标取倒数，转化为正指标；再利用熵权法确定各指标权重，由于所用指标全部为增长率的形式，所以示性函数的取值只需要与零进行比较即可得出；最后，利用扩散指数的计算公式确定同步扩散指数。将计算得到的

同步扩散指数序列与相应年份的柑橘生产者价格增长率这一警情指标进行对比，绘制成图1。

表1 柑橘产销景气指标体系

指标类型	名　称
先行指标	柑橘种植面积增长率 农业机械总动力增长率 受灾面积增长率 农业生产资料零售价格指数 城镇居民人均可支配收入增长率 农村居民人均纯收入增长率 城镇居民人均水果消费量增长率 人口自然增长率 柑橘出口量增长率 通货膨胀率
同步指标	有效灌溉面积增长率 农业支出占财政支出比重 苹果生产者价格增长率
滞后指标	柑橘单产增长率 柑橘进口量增长率 柑橘平均每亩生产成本增长率

根据图1我们可以看出，柑橘生产者价格指数与同步扩散指数的波动周期、周期长度、波动幅度基本一致，没有明显的先行或滞后。但柑橘生产者价格指数在2000年以前波动幅度较大，且波动频繁，2000年以后波幅逐渐缩小，说明我国的柑橘生产者价格变动随时间已经趋向稳定。2000年之前同步扩散指数大致经历了两个波动周期，平均约每两年经历一个周期循环。2002年后同步扩散指数也是大致经历了两个波动周期，平均约每两年经历一个周期循环。根据同步扩散指数的走势，可以预见我国的柑橘生产者价格在2008年将进入下行、收缩空间，2009年逐步进入景气空间，到2010年达到峰值。但由于2008年的冻害和大

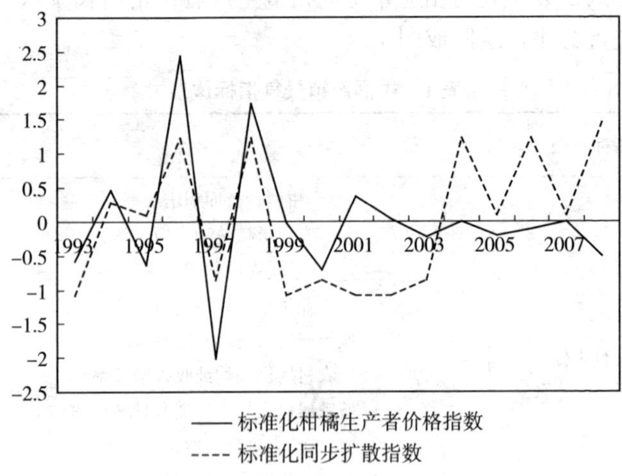

图 1　同步扩散指数与柑橘生产者价格指数对比

食蝇事件给橘农和消费者带来的负面影响，导致 2009 年下半年柑橘销售价格才开始回升，但整体产量还是较 2008 年有所增长。

2. 先行、滞后扩散指数编制

根据相同的方法将先行指标中的农业生产资料零售价格指数、受灾面积增长率、通货膨胀率及滞后指标中的柑橘进口量增长率、柑橘平均每亩生产成本增长率这些逆指标转化为正指标，在运用熵权法对各指标赋权后计算先行、滞后扩散指数。将计算得到的先行、滞后扩散指数序列与同步扩散指数序列进行对比，绘制成图 2，并将 3 类扩散指数序列对应的峰谷时间在表 2 中列出。

根据图 2 我们可以得出，先行扩散指数序列与同步扩散指数序列波动相似，但波幅较大。一方面说明选取的先行指标具有较强的敏感性，较为准确地预测了柑橘生产的波动情况，具有稳定的先行预警性；但另一方面也反映我国的柑橘生产和销售中带有一定的盲目性，缺乏有效指导，这就更需要我们适时建立监测预警系统为柑橘产销服务。滞后扩散指数与同步扩散指数相比，波动的周期长度与幅度都比较相似，这充分印证了同步扩散指数的可靠性。

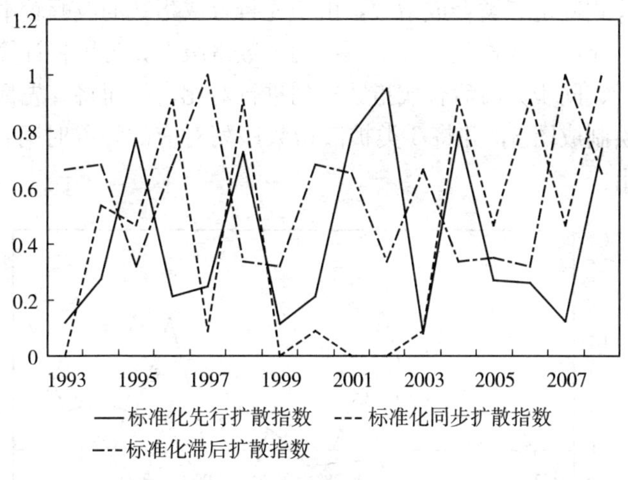

图 2　先行、同步、滞后扩散指数对比

根据表 2 的峰谷时间对应，我们可以判断出，先行扩散指数与同步扩散指数相比，先行期在 1～2 年，同步扩散指数与滞后扩散指数相比，延迟期为 1～2 年。

表 2　先行、同步、滞后扩散指数的峰谷时间对比表

序号	峰（年份）			谷（年份）		
	先行	同步	滞后	先行	同步	滞后
1	1995	1996	1997	1996	1997	1998
2	1998	1998	2000	1999	2001	2002
3	2002	2004	2003	2003	2005	2005
4	2004	2006	2007	2007	2007	—

（三）柑橘产销合成指数的编制

首先采取与扩散指数编制相同的方法对先行、同步、滞后指标中的逆指标进行倒数转化，将指标体系中的指标类型划为一致；再利用熵权法确定各指标权重；最后，利用上述合成指数的计算公式确定三类合成指数，由于先行合成指数的波幅较窄，与同步、滞后合成指数的波动不在同一数量级上，为了将计算得到的先行、同步、滞后合成指数序列进行对比，故而将其先标准化后再绘制成图 3，并将 3 类扩散指数序列对应的峰谷时间在表 3 中列出。

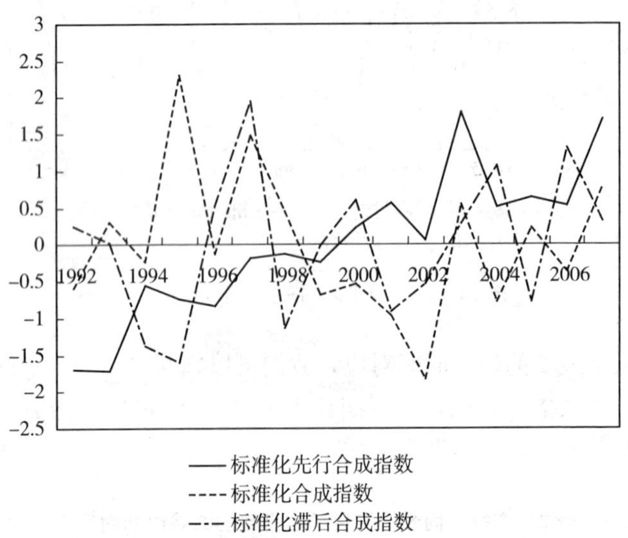

图 3　先行、同步、滞后合成指数对比

根据图 3 我们可以看出，先行合成指数序列与同步扩散指数序列波动相似，但同步扩散指数序列波幅较大。滞后扩散指数与同步扩散指数相比，波动的周期长度与幅度都比较相似。

根据表 3 的峰谷时间对应，我们可以判断出，先行扩散指数与同步扩散指数相比，先行期在 1～2 年，同步扩散指数与滞后扩散指数相比，延迟期为 1～3 年。

2000 年之前同步合成指数大致经历了两个波动周期，平均约每两年经历一个周期循环。2003 年后同步合成指数也是大致经历了两个波动周期，平均约每两年经历一个周期循环。根据同步合成指数的走势和波动幅度，2003 年后柑橘产销波动逐渐趋于稳定，柑橘生产者价格将在 2009 年将进入下行、收缩空间，2010 年逐步进入景气空间。根据扩散指数的分析结合 2008 年的冻害和大食蝇事件给橘农和消费者带来的负面影响，数据显示的确是在 2009 年上半年柑橘生产者价格达到最低点，2009 年下半年柑橘销售价格才开始回升，部分品种产量下降，但整体产量还是较 2008 年有所增长。

表 3　先行、同步、滞后合成指数的峰谷时间

序号	峰（年份）			谷（年份）		
	先行	同步	滞后	先行	同步	滞后
1	1995	1996	1998	1997	1997	1999
2	1998	1998	2001	2000	2003	2002
3	2002	2004	2005	2003	2005	2006
4	2004	2006	2007	2007	2007	—

四、结论及政策建议

（一）结论

结合扩散指数与合成指数序列图可以看出，两类同步指数都较好的拟合了柑橘生产价格这一柑橘产销警情指标的变动情况；两类先行指数都能有一定的超前预警作用；两类滞后指数也能够确认柑橘产销峰、谷点的出现。其中，先行指数与同步指数的时间间隔约为 2 年；滞后指数与同步指数之间时间间隔约为 2 年，使得我国柑橘产销循环周期一般在 4 年左右。先行指数与同步指数的时滞关系表明在我国柑橘产销中，先行指标的影响持续时间短，由于柑橘生产投入要素、收入、出口等一系列先行指标要素的短期性影响导致我国柑橘产销循环波动周期较短。同时滞后指标的时滞期也说明，我国柑橘产销还存在着较大的波动性。通过图 2、3 中景气转折点的分析还可以看出，景气峰、景气分割点和景气谷的时间间隔都较短，一般都为 1 年左右。定期分析扩散指数与合成指数及其两者之间的对应关系，我们可以有效地测算出我国柑橘产销的波动周期和大致幅度，可以对未来柑橘产、销量走势进行预测，并能通过波动幅度、变化特点找到柑橘生产和销售中可能存在的一些问题，采取针对性改善措施，这些都为柑橘产销预警提供了初步可行的思路和方法。

上述柑橘产销景气指数的编制还存在着一定的缺陷，如有些预警指标的统计口径发生了变动，这就使我们难以建立较长的、数据质量较高的时间序列；再如一些指标的性质可能会发生变化，使得指标的稳定性打折扣。因而如何提高数据质量是编制景气指数时要解决的首要问题。我们必须根据统计指标口径、数据的变动，动态的调整景气指数的编制，使得它对柑橘的产销起到切实有效的预警作用。

（二）政策建议

根据柑橘产销景气指数的编制，可以充分发挥其监测预警作用，指导柑橘产销政策的制定。

1. 生产方面

上述先行与同步景气指数计算中与生产相关的权重较大指标主要集中在生产要素投入和突发灾害方面，因此在柑橘生产过程中我们应该应当加大政策扶持力度，增加农资补贴，成立专项基金支持柑橘生产技术培训、重点推广普及先进适用的新品种、新技术，提高柑橘产品质量，建设柑橘品牌；进一步优化种植结构，保障柑橘市场周年供需平衡，保持市场价格的相对稳定；加强柑橘生产的应急管理与调控，在有条件的地区逐步推进柑橘农业保险计划，可以及时减少橘农损失，分散橘农的生产风险，从而维持柑橘生产的稳定发展。

2. 销售方面

上述先行与同步景气指数计算中与销售相关的权重较大指标主要是人均柑橘消费量指标，因此在柑橘鲜果市场日趋饱和的情况下，我们一方面应该大力发展柑橘类果汁加工，加强果汁消费宣传，增加国内柑橘消费需求；另一方面逐步提升我国柑橘鲜果加工率。加强柑橘罐头质量管理和品牌宣传，努力开拓国外柑橘罐头市场；此外还应该加强信息服务和基础设施建设，扩宽营销渠道[3]。

编制柑橘产销预警景气指数最终还是为构建柑橘市场信息网络体系，发布及时准确的产销信息，建立健全柑橘产销预警机制服务[4]。我们应以国内高校、柑橘研究所等机构为依托，成立专门的柑橘产销研究组织，组织专人收集并及时发布国内外柑橘生产、消费需求及流通信息，建立并完善柑橘产销的动态监测和预警机制，为橘农、产业组织及政府相关部门提供信息服务。

参 考 文 献

［1］张永军．经济景气计量分析方法与应用研究［M］．北京：中国经济出版社，2007：49－69.

［2］贾艳红，赵军，等．基于熵权法的草原生态安全评价——以甘肃牧区为例［J］．生态学杂志，2006（8）：1003－1008.

［3］祁春节．柑橘产业经济与发展研究 2009［M］．北京：中国农业出版社，2010：67－85.

［4］王恩德，梁云芳．中国中小工业企业景气监测预警系统开发与应用［J］．吉林大学社会科学学报，2006（9）：123－130.

水果类农产品产销预警指标体系构建

Construction of Early Warning Index System on Fruit Production and Sale

熊 巍 祁春节

Xiong Wei Qi Chunjie

摘 要 我国经济的繁荣带动了水果产业的飞速发展，但目前水果类农产品的产销风险日趋加大，产销预警系统的构建迫在眉睫。本文根据预警指标体系的设置原则，以柑橘为例建立了水果类农产品的产销预警指标体系。利用时差相关分析法、聚类分析法和峰谷对应法对警兆指标进行了先行、同步、滞后指标的划分，为以柑橘为代表的水果类农产品产销预警工作奠定了基础。

关键词 柑橘产销；预警指标体系；时差相关分析；聚类分析；峰谷对应法

Abstract With the fast development of China's economy, the fruit industry are increasing greatly. But now the risk of fruit production & sales are increasing, we will accelerate the construction of early warning index system on production & sales. The paper take citrus for instance to set up the early warning index system of fruit production and sale, and utilized Time difference correlation analysis, Cluster analysis and Peak-valley method to make classification of warning index about leading, synchronous and lagging properties. It will lay the foundation for the research on early warning system of fruit production and sale.

Key words citrus production and sales, early warning index system, Time difference correlation analysis, cluster analysis, peak-valley method

一、引　言

农产品市场已经由卖方市场转向买方市场，供求态势的变化导致市场竞争日趋激烈，产销风险不断加大。同时，市场经济越发达，越要求信息充分，渠道通畅。顺应国际农产品贸易的日趋活跃，农产品市场预警工作越来越受到世界各国的重视。近年来我国农产品的相关预警研究工作纷纷展开，玉米、小麦、棉花、大豆、糖料、稻谷、油料等受国际市场影响较大的品种已经先后纳入了农业部农产品市场监测预警系统。农产品市场监测预警系统在为政府制定农业发展政策，履行"经济调节、市场监管、社会管理、公共服务"职责，向农产品生产经营者提供及时、准确、有效的农产品市场监测预警信息，解决小规模生产与国际大市场的矛盾等方面发挥了重要作用，取得了明显的社会经济效益。而水果是我国主要的经济作物之一，在世界市场上也具有竞争优势，虽然近年来我国水果品种越来越多，产量也急剧增加，但由于生产、销售的组织化程度低，果品质量不高等原因，导致"卖果难"的现象普遍存在，无法适应"大市场、大流通"的格局。因此，研究水果类农产品产销预警问题能够缓解水果产销矛盾，有效指导水果的生产和销售，增加果农的收入，对促进水果产业的发展有着十分重要的意义。而要使水果类产销预警工作取得成效，就必须首先针对该行业的特点建立科学、有效的预警指标体系。

在我国，农业预警理论的体系和方法越来越规范和系统。对于农产品预警指标体系的主要研究有：马九杰（2001）对粮食安全问题进行了量化研究并建立了粮食安全预警指标体系，高志刚（2002）对新疆棉花生产预警指标体系进行了构建，对新疆棉花的生产警情状况进行初步实证分析，柏继云（2006）运用时差相关分析和扩散指数构建了黑龙江大豆生产预警指标体系。李滢等（2007）对河北省小麦市场监测预警系统进行了研究。预警模型是预警的核心，目前常用的农产品预警模型有张志强（2001）结合中国粮食生产的波动规律，利用扩散指数分析方法分析了中国粮食生产系统景气指标的变化特征，进一步确立了影响中国粮食总产的主要因素。游建章（2002）对粮食安全问题进行了供求预警系统构建，并对其进行了景气分析。赵瑞莹等（2006）建立了基于 BP 神经网络建立农产品价格风险研究预警模型，并运用相关年份的样本数据对模型有效性进行了检验。此外对于预警指标体系中警兆指标识别方法的应用主要包括：吴延熊等（1999）利用回归统计法对区域森林资源预警的警兆进行识别，崔巍崴、白云涛（2007）运用聚类分析对农产品供应链合作伙伴的动态评价指标体系进行分类，葛慧玲（2007）利用时差相关分析法对中国大豆市场预警指标体系中的警兆指标进行时滞分类，王恩德等（2006）利用 K-L 信息量法、时差相关分析法、峰谷对应法等多种方法对能够反映中小企业运行状况的景气指标进行了筛选。目前这些预警理论和方法主要在宏观经济预警和一些重要农产品预警上得到了广泛应用，但在水果类农产品预警的研究中鲜见，鉴于此我们将这些基本的预警理论和方法引入到水果类农产品的产销预警研究中来，构建符合水果类农产品产销特点的预警指标体系。

二、水果类农产品产销预警指标体系的构建原则

水果类农产品的生产和销售受到产量、单产、投入、突发事件、需求量、进口量、出口量、价格、消费者收入以及国家政策等诸方面因素的影响，是一个复杂的系统。这就决定了该预警指

标体系是由一系列相互关联且能敏感地反映出其产销风险状态及存在问题的指标构成的，预警指标选择的合理与否直接影响到预警的效果，因而在选取产销预警指标时应当首先遵循以下基本原则：

（一）全面性原则

由于水果类农产品的产销过程涉及多方面因素，因此在设置预警指标体系的过程中必须全面考虑各种因素，使得入选指标应能够全面、深刻地反映水果产销中各个方面、各个环节、各个因素之间的关系。

（二）代表性原则

预警指标体系的建立在满足指标体系全面完整的同时，使所建的指标体系尽可能简洁，尽量不用代表性不强的指标，删除相互重叠、含义相近的指标。这样使所构建的指标体系既涵盖了监测预警所需要的主要指标，达到了监测预警的目的，又剔除了对贡献不大的甚至可能导致判断结果出现偏差的次要指标。

（三）灵敏性原则

预警指标应具有较高的灵敏度，它们要能对产销过程中发生的微小变化作出适时反应。特别是先行指标一定要选择敏感度高的指标，当水果产销呈现正常波动时，这些指标应有明显的变动；一旦发生异常波动时，这些指标则能迅速地发出指示信号来，预警将可能发生的风险。

（四）可操作性原则

所选择的指标必须具备可操作性，要根据我国统计工作的现状、调查所能涉及的范围和资料的可获取性来选择预警指标。同时要兼顾指标样本容量足够大，以满足不断调整的需要。这样可以根据相关的数据资料，对我国水果类农产品的生产和销售进行时间序列分析，建立相应的预警分析模型。

（五）定性与定量相结合原则

定性分析是定量分析的基础，定量分析最终要为定性分析服务，除了定量指标以外，还有一些指标不能获得定量数据，但本身又对产销预警有重要影响，因而要将其补充使用，全面反映产销波动情况及发展趋势。

三、水果类农产品产销预警指标体系的设置——以柑橘为例

我国是世界水果生产第一大国，是世界果树起源最早，种类最多的地方。改革开放以来，我国水果产业得到了迅猛的发展。但近年来水果产业也出现了果品质量不高、国际竞争能力不强、果农增收难等问题。由于我国是柑橘原产地和世界柑橘生产第一大国，在众多品种的水果中，柑橘占有十分重要的地位，柑橘产业具有可观的发展前景，但目前的产销形势也是喜忧参半[1]。从总体上讲，我国柑橘近些年发展速度过快、面积、产量增长速度惊人，但同时的突出问题是我国目前柑橘品质差，品牌意识不强，柑橘大多以摆地摊销售、散装销售、内销为主，精品很少，缺乏国际竞争能力。柑橘生产结构不够合理，抵御各种风险能力较弱，2008 年的低温冰冻天气，四川广元蛆柑事件给柑橘产业带来沉重打击，相伴出现“卖橘难”现象，使橘农蒙受了巨大的损失。目前我国柑橘产业正进入转型期，需要从战略上加以研究。基于此，本文以柑橘为例说明水果类农产品预警指标体系的构建过程。

柑橘产销预警指标体系中的指标可以分为警情指标、警源指标和警兆指标三大类。预警研究的基本思路是明确警情、寻找警源、分析警兆、预报警度、排除警情[2]。

（一）警情指标

警情是指经济运行过程中发生的不正常状况。确定警情的含义，这就必须借助于一些统计指标来描述，这些统计指标必须是在经济运行中重要的基本指标。在研究柑橘产销问题的时候，主要是“卖橘难”的问题十分突出，这实质是供求失衡的表现，可

以用柑橘的供求比率=柑橘供应量/柑橘需求量来判断是否出现产销风险，但柑橘需求量的数据很难获取，考虑到价格的波动反映了柑橘产销中供求关系的变化，因此以柑橘价格波动率作为警情指标。

（二）警源指标体系

明确了警情之后，就应该寻找产生这种警情的根源，即“警源”，寻找警源是预警过程的起点。从警源的形成原因看，警源可以分为以下三类：

1. 自然警源

包括气象、地质、海洋、资源四大自然因子。自然因子的异常变化会造成严重的自然灾害，从而诱发经济灾害。例如，自然灾害（雪灾、冻灾、旱灾、虫灾等）是影响我国柑橘生产销售的主要因素之一，它将导致柑橘的年产量和销量的异常变动，可能发生警情，因此它是我国柑橘产销安全的自然警源。

2. 外生警源

是由国外输入的警源，指外国政治及经济组织与我国的政治与经济关系，对外关系的变化会对我国正常的经济社会生活产生严重的不良影响，从而导致宏观经济警情的产生。例如，柑橘的进出口限制（关税及非关税壁垒）、国际柑橘产量、国际市场柑橘价格、国际柑橘贸易状况、国际柑橘生产资料价格等因素都会对我国柑橘生产产生影响，导致警情发生。从中国柑橘生产和销售的发展情况来看，外生警源是不可避免的。

3. 内生警源

是来自经济系统内部的导致警情产生的根源，包括内生生产警源和内生分配警源两类。前者指生产的物质、资金、劳动力及市场等条件恶化，使生产受到直接影响。例如，柑橘生产资料与柑橘之间的比价不合理，柑橘的生产资料价格过高，导致柑橘生产萎缩，继而影响到下一年柑橘的产量，这样可能会导致警情的发生。后者指由于分配关系的不合理而引发的一系列矛盾，例如，柑橘与苹果都是水果类的两种作物，但是如果柑橘总是相对于苹果比较利益的高低，这样也会挫伤橘农的生产积极性，导致警情的发生。

（三）警兆指标体系

分析警兆是预警过程中的关键环节。由警源到产生警情是一个过程。警情在爆发之前必有一定的警兆，如果说警源是警情产生的原因，则警兆就是警源演变成警情的外部表现，通过分析警兆可以预报警度。从产销预警角度可以把警兆分为三类：供给警兆、需求警兆和供求环境警兆。

1. 供给警兆

柑橘供给是由经济、社会、气候等多种因素综合决定的，主要包括国内柑橘生产和国外柑橘的进口两个方面。国内柑橘的生产又主要由柑橘种植面积和柑橘单产两个因素决定：一方面柑橘的种植面积主要取决于当地的生态条件是否适宜种植柑橘和橘农的生产积极性。而橘农的积极性与种植柑橘的收益密切相关，这与柑橘的成本、收益、政策扶持等都有关系；而另一方面农业机械总动力增长率、农业生产资料的价格、投入要素的成本、技术进步、气候等因素又决定了柑橘单产的高低。国外柑橘的进口主要受到国内需求的影响，它与国内生产一起构成了柑橘的总供给。考虑以上的影响因素和指标的可操作性原则，选择柑橘播种面积增长率、柑橘单产增长率、有效灌溉面积增长率、农用机械总动力增长率、农业生产资料零售价格指数、柑橘平均每亩生产成本增长率、柑橘进口量增长率、粮食作物平均每亩生长成本增长率受灾面积增长率作为供给警兆指标。

2. 需求警兆

柑橘是一种重要的水果，既能鲜食，又可用于加工成罐头和橙汁，其副产品还可以进一步加工利用。由于人是柑橘的主要消费者，所以柑橘需求量的变化主要取决于人口的增长；居民生活水平不断提高的过程中，柑橘消费增加，其消费的多少取决于收入水平和水果消费量的变化；此外，柑橘的消费还应该考虑替代产品的消费，由于苹果是我国第一大果，我们将苹果消费的变动也作为影响柑橘消费的因素之一。柑橘出口量表明国外对国内柑橘的需求，也是柑橘需求、销售的一部分，故将柑橘出口变动因素考虑进来。考虑以上的影响因素和指标的可操作性原则，选择人口自然增长率、城镇居民家庭人均可支配收入增长率、农村居民家庭人均纯收入增长率、城镇居民人均水果消费量增长率、苹果生产价格增长率、柑橘出口量增长率作为需求警兆指标。

3. 供求环境警兆

供求环境作为一个外生因素也会对柑橘产销产生一定影响。宏观经济环境将会影响整个社会经济活动，对柑橘生产和销售也会有一定影响，考虑以上的影响因素和指标的可操作性原则，选择农业支出占财政支出比重、居民消费价格指数作为供求环境警兆指标。

表 1　柑橘产销警兆指标体系

供给警兆指标	序号	需求警兆指标	序号
柑橘播种面积增长率	1	人口自然增长率	1
柑橘单产增长率	2	城镇居民家庭人均可支配收入增长率	2
有效灌溉面积增长率	3	农村居民家庭人均纯收入增长率	3
受灾面积增长率	4	城镇居民人均水果消费量增长率	4
农用机械总动力增长率	5	苹果生产价格增长率	5
农业生产资料零售价格指数	6	柑橘出口量增长率	
柑橘平均每亩生产成本增长率	7		
粮食作物平均每亩生产成本增长率	8	供求环境警兆指标	序号
柑橘进口量增长率	9	农业支出占财政支出比重	1
		居民消费价格指数	2

四、先行、同步和滞后预警指标的确定

在预警指标体系中，指标代表的经济意义对柑橘产销的影响

在时间上是不一致的，有的会对当期的柑橘产销产生影响，有的要经过较长一段时间才会产生影响。所以在确定警源、警情和警兆指标的基础上，要区分指标对柑橘市场影响的先后顺序，把指标划分为先行指标、同步指标和滞后指标。前者用于柑橘产销预警工作，中者用于柑橘产销情况的实时监测，而后者用于判断柑橘产销景气转折点，三者互为补充说明，在柑橘产销预警中具有非常重要的地位。

（一）指标分类方法

目前对于先行、同步、滞后指标的划分方法主要包括：时差相关分析法、K-L 信息量法、马场法、聚类分析法、循环方式匹配法、三角函数法、因子分析法、交叉谱分析法和峰谷对应法等[1]。但是各种方法在判断指标类型时是有一定差异的，为使先行、同步、滞后指标的确立更加科学和准确，本文首先应用时差相关分析法、聚类分析法对指标进行初步分类，再在定性认识的基础上结合峰谷对应法最终确立柑橘产销预警的先行、同步和滞后指标。

1. 时差相关分析

时差相关分析法是以一个能够敏感反映当前经济活动的经济指标作为基准指标，其他被选指标相对基准指标前后移动若干年，对移动后的这些序列和基准指标序列求相关系数。最大的相关系数对应移动年数就是该指标的超前或延迟年数，反映出被计算指标与基准指标的超前、滞后期[4]。

2. 聚类分析法

聚类分析是定量研究分类问题的一种多元统计方法，其基本思想是分类，在同一类中的个体有较大相似性，不同类中的个体差异较大；即：根据一批样品（或变量）的多个观察指标，找出能够度量样品（或变量）之间相似度的统计量，并以此为依据，采用某种聚类法将所有的样品（或变量）分别聚合到不同的类中。聚类方法很多，系统聚类法因其研究结构丰富，且可根据聚类过程得到聚类图，在实际中应用最多。

3. 峰谷对应法

峰谷对应法是一种比较直观的方法，它主要是通过比较转折点的位置来确定指标的类别。选择一个重要的能够敏感的反映当前经济活动的一致指标作为基准指标。把基准指标与被选指标画在一张图上，这样峰、谷的对应状况就一目了然了。

（二）利用时差相关分析法筛选先行、同步、滞后指标

利用 SPSS16.0 统计软件进行时差相关分析，根据时差相关法分析对数据的要求和数据的可获得性及可比性要求，选取 1992—2008 年的数据，来源于《中国统计年鉴》、《中国农业统计年鉴》、《全国农产品成本收益资料汇编》、国际粮农组织（FAOSTAT）及联合国商品贸易统计（UN comtrade Statistics）。最终对影响柑橘生产价格增长率的警兆指标计算前后 3 年的时差相关系数，确定 7 个相关系数中的绝对值最大的值，从而得到指标的时滞分类，列表如下：

表 2 柑橘产销的先行、同步及滞后指标

指标类型	名　称	先导长度
先行指标	柑橘种植面积增长率	−3
	农用机械总动力增长率	−1
	农业生产资料零售价格指数	3
	城镇居民人均可支配收入增长率	−3
	农村居民人均纯收入增长率	−2
	城镇居民人居水果消费量增长率	−3
	苹果生产者价格增长率	−2
	通货膨胀率	−3
	受灾面积增长率	−3
同步指标	有效灌溉面积增长率	0
	农业支出占财政支出比重	0
	柑橘出口量增长率	0

（续）

指标类型	名　称	先导长度
滞后指标	柑橘单产增长率	3
	柑橘平均每亩生产成本增长率	2
	柑橘进口量增长率	1
	人口自然增长率	1

（三）利用聚类分析筛选先行、同步、滞后指标

采用 SPSS16.0 软件对警兆指标进行聚类分析，把指标分为三类。由于在进行聚类分析的时候如果变量之间存在较强的共线性则可能对结果产生较大影响，所以最好先对参与聚类分析的指标进行预处理。通过对 16 个警兆指标做相关分析发现通货膨胀率与农业生产资料零售价格指数、城镇居民人均可支配收入增长率、农村居民人均纯收入增长率之间有高度的线性相关，存在共线性问题，故而在做聚类分析之前先剔除农业生产资料零售价格指数、城镇居民人均可支配收入增长率、农村居民人均纯收入增长率这三个指标，再归入通货膨胀率所属的类别，最终得到的聚类结果如下表：

表 3　柑橘产销的先行、同步及滞后指标

指标	柑橘种植面积增长率	单产增长率	有效灌溉面积增长率	柑橘平均每亩生产成本增长率	农业支出占财政支出比重	受灾面积增长率	农业机械总动力增长率	柑橘进口量增长率
分类	1	3	2	3	2	1	1	3
分类	1	1	1	1	3	1	2	1

注：“1”表示先行指标，“2”表示同步指标，“3”表示滞后指标。

（四）利用峰谷对应法确定先行、同步、滞后指标

前述几种方法可以用来初步筛选景气指标，它们从不同侧面

描述了指标的某些整体性质，但缺乏对指标各个特殊循环波动状态的直观具体描述，还需利用峰谷对应法来最终确认入选指标。本文先对 16 个警兆指标与柑橘生产价格增长率进行标准化，再将其分别与标准化后的柑橘生产价格增长率这个基准指标做峰谷对应图。以柑橘进口量增长率、苹果生产价格增长率、柑橘种植面积增长率分别作为滞后、同步、先行指标的代表指标作图如下：

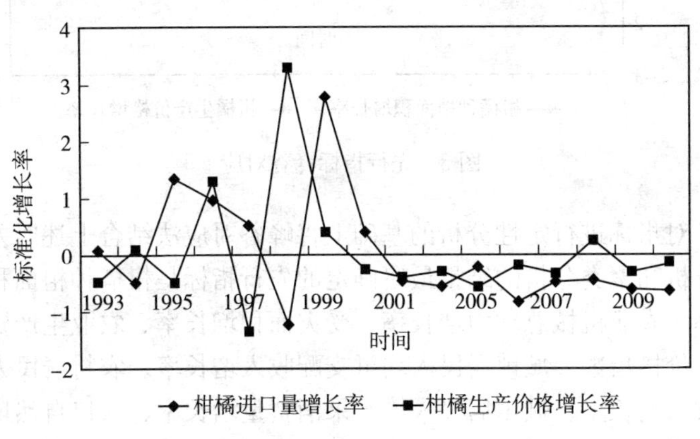

图 1　滞后指标峰谷对应

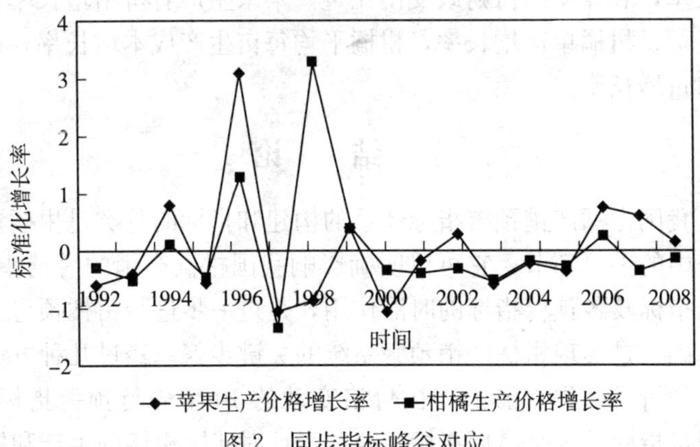

图 2　同步指标峰谷对应

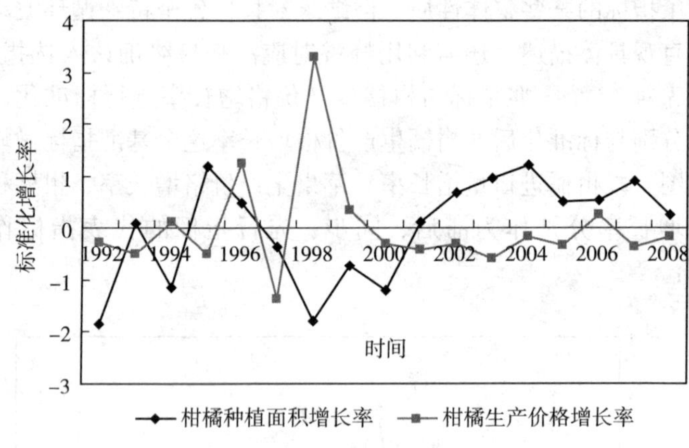

图 3　先行指标峰谷对应

对指标进行定性分析的基础上将峰谷对应法结合上述时差相关分析和聚类分析的结果最终确定的先行指标是柑橘种植面积增长率，农业机械总动力增长率、受灾面积增长率、农业生产资料零售价格指数、城镇居民人均可支配收入增长率、农村居民人均纯收入增长率、城镇居民人均水果消费量增长率、人口自然增长率，柑橘出口量增长率、通货膨胀率；同步指标是有效灌溉面积增长率，农业支出占财政支出比重，苹果生产者价格增长率；滞后指标是柑橘单产增长率，柑橘平均每亩生产成本增长率，柑橘进口量增长率。

五、结　　论

我国柑橘产销预警指标体系的构建和指标的分类是柑橘预警系统中的重要环节，它可以明确影响我国柑橘产销的警情指标、警兆指标及各预警指标的时滞作用，是进一步进行柑橘预警工作的基础，是实现柑橘产销预警系统的关键步骤。经过几种方法的综合分析最终得到影响柑橘价格变动的 10 个先行预警指标、3 个同步指标及 3 个滞后指标。这些指标对我国柑橘的生产和销售有着较好的预测预警和监控作用。我们可以随时监控这些指标的变动，根据这些指标的变动范围来初步判断柑橘产销警情的发生，对可能出现的产销问题进行防范。此外在运用柑橘产销预警指标体系的过程中，还需要根据实际情况予以不断地修正、补充和完善，以便与我国柑橘产业的发展要求相适应。而目前柑橘面临的产销问题是我国水果类农产品普遍存在的问题，其他类型的水果也可以借鉴柑橘产销预警指标体系的构建来建立各自相应的预警指标体系。为果农、中间商、消费者提供市场价格、生产技术、库存、气候等预警信息服务，促进我国水果产业的发展。

参 考 文 献

[1] 王川．中国柑橘生产与消费现状分析［J］．农业展望，2006（1）：8－12.

[2] 陶骏昌．农业预警概论［M］．北京：北京农业大学出版社，1994.

[3] 张永军．经济景气计量分析方法与应用研究［M］．北京：中国经济出版社，2007.

[4] 姜向荣，司亚清，张少锋．景气指标的筛选方法及运用［J］．统计与决策，2007（2）：119－121.

An Outlook of Citrus Production in Venezuela

Juan Carlos Corona Segura

Abstract An overall view in agriculture sector is important to enhance the sector for governments and institutions, and the typology is one of the tools used for a lot of managers, policy makers, technicians, and so on to get vision of any problem; this is useful to characterization or describe any situation that help you to take decision or to improve management or to make better policy planning. The motivation of this paper is to characterization of the citrus production in Venezuela, consequently to get more understanding of citrus production in this tropical country. For this research is used Venezuela Census Data published on the end of 2011 by Venezuela Agricultural Ministry. Having Orange and Mandarin productions as available data is applied the algorithm K-mean to make Cluster and to get a picture of the situation. After, the analysis showed that Venezuela has three specialized orange production zone, and two mandarin specialized production zone, and all of these farms have to improve productivity.

Key words cluster, coastal mountain range, andes mountain range, algorithm K-mean

Introduction

Venezuela is located on the north of South-America between

3° to 11° northern latitude, this place represent a tropical country with characteristic by warm temperature and constant radiation whole year, those conditions permits to establish several fruit crops. Christopher Columbus introduced citrus to the western hemisphere on his second voyage (1493) . Seeds of orange, lemon and citron were collected on Gomera (Canary Islands) and taken to Hispaniola (Haiti), where they were sown. From there the crop has spread to other Caribbean islands and to the continent. In the sixteenth and seventeenth centuries the introductions were made along the coasts of South America. After the entrance to Venezuela growing fruit was small area orchard where Indians collect the fruit for sustenance and preparation of some beverage; and then the colonization period the orchard grew around 10 Ha and it was more consolidated with few fruit trees. Nowadays Both systems still existing with family labor and low technology with diversity of crop, the specializing orchard fruit with high technology and skilled workers is the recently years, and most of the farmer focus in the national market consumers.

Climate, soil and water are the chief environmental factor influencing growth and development of citrus, and Venezuela has different climate zone for development citrus production. General speaking the citrus production in tropical area is subdivided into the lowland, midland or highland tropics; and into wet (humid) or dry (arid or semiarid) regions. Since the famous German botanist Humboldt in 1817 came to Venezuela is talking about Thermal Floors classification where the altitude and temperature represents decisive factors. The most citrus producers in the world are concentrating in Subtropical area where there is seasonal with

2 or 3 sprouts of citrus crop per year, it is different from tropical region where the sprout of citrus crop is erratic; however the mid-elevation in tropical regions is potentially as humid subtropical low-land regions if the factors like soil moisture are not limiting.

The classification of the thermal floors have climate interest by the attention of human conform and agricultural development activities, additionally these distinctions also have an interest in biogeographically and ecological purpose (Silva, 2002). The agricultural climate of the arid and semi-arid tropical regions in Asia, Africa and Latin America is characterized by low and variable rainfall and consistently high temperatures during the growing season. Climate variability, both inter annual and intra-annual, is a fact of life in these regions with a traditionally low agricultural productivity. The projected climate change and the attendant impacts on water resources and agriculture in the arid and semi-arid tropical regions add additional layers of risk and uncertainty to an agricultural system that is already impacted by land degradation due to growing population pressures (Sivakumar, Das, Brunini; 2005). Climatic characteristics varied from one basin to another. In Cameroon the 13 citrus production basins were regrouped in five categories based on disease severity. Altitude, tree species and soil type were the main factors influencing the disease severity. Thus, the higher is the altitude; the more important is the disease severity. Also, disease severity increased with increasing number of grape fruit, orange and pummel trees. However, disease severity was lower on trees growing on volcanic soils as compared with the other soil types. Further analysis of these factors could lead to the development of a risk assessment Model for Phaeoramularia leaf and fruit spot of citrus (Daniele, Bella, Ndindeng, Ndoumbe, Dominic, Cilas; 2010) .

The development of agricultural sector is always difficult and complicated to be success by the diversity lands, erratic climatic events, and so on; these entire situations is well characterized in tropical areas; additionally, the diverse of socioeconomic condition of the farmers and agricultural practice that is need to reach high production are other important factor; so, the citrus sector have a lot of difficulties to get good results in different tropical zone in the world.

Typology is an action that a lot of technicians, policy-makers and manager use to make diagnosis and improve plans to get positive changes. Usually the typology is defined in different terms like characteristic of the specific zone, geographical spread, dominant agricultural activities, Temporal and special variability with respect to the crop and livestock performance, agro-ecological and socioeconomic characterization, and growth in crop yields. The Senior Scientist (Economics) P. Parthasarathy Rao from the International Crop Research Institute for the Semi-Arid Tropic in India said Although this activity-based rain fed agriculture typology is not a permanent system of classification, and may undergo changes in the long run; it remains a highly appropriate tool for strategic research and development policy planning. The typology will facilitate the selection of precise types of investments in infrastructure and technologies, and appropriate trade and pricing policies to increase output and reduce poverty (www. icrisat. org/impacts/... /icrisat-is-rainfed-agriculture. pdf) .

The motivation to do this paper is to typology the citrus

production in Venezuela and to get some variable with relevance importance in the sector. The Agricultural Ministry of Venezuela during 2008 begun to make the Agricultural Census, and the final result was published on the last part 2011, so there is a great opportunity to get a characterization of the citrus production on Venezuela to have more understanding of this important crop.

1. Climate Conditions

In Venezuela Most of citrus production area are between 300 -800 Meter Over Sea, this is foot hill of Coastal Mountain Chain the north, the water falling between April to November and the harvest period the most of citrus fruit start from January to May.

Nowadays some researcher realized that in the Yaracuy state located in north-center is one of best orange producer zone, during 40 years of time the meteorology report indicated the rainy season usually fall between 914.2 mm/year to 1014 mm/year with 95% of confidence, annual average value is 964.3 mm/year with standard deviation 159.5 mm; it can be denominate Normal Humid. This zone in general doesn't reach the irrigation request of the citrus crop, so most of the farmer use drilled water for this propose, also the trend of the rainy decrease year by year, therefore this situation influences sustainable of the citrus production in the future (Pérez, Soto, Avilán y Gutierrez; 2008).

2. Species of Citrus

Venezuela as other countries in America whom developed Citrus industry sector had two stages: first one is when the Spanish colonizer brought seeds of the Citrus sinensis Obr., the second was the introduction new material, but all of them were grafting over Citrus aurantium L. called Orange Sour (Monteverde y Rangel; 2004). In 1976 is founded it the main virus cause of Sadness Virus disease Toxoptera citricida Kirk. And 1980 in Venezuela is reported the first death orange crop, after that event the authorities introduced new varieties as rootstock to Venezuela with resistance to the virus. At present time, the more used rootstock in Venezuela is Cleopatra Mandarin *Citrus reshni* Hort. Ex Tan, Citrumelo Swingle, *C. paradisi Macf.* x P. *trifoliata* L y and Volckameriano Limón *C. volkameriana* Pasquale. The Cleopatra mandarin allows lower density in the crop. Regard the grafts they are Citrus sinensis Valencia variety, Citrus sinensis Hamlin variety', C. sinensis 'Creole' and Citrus sinensis L. Osbeck 'California'; about mandarin there is Citrus reticulate 'Dancy' y Citrus nobilis Lour. 'King'; about lime are indicated Citrus aurantifolia Mexican lime y Citrus latifolia Tahití lime; and grapefruit are Citrus paradisi Macfadyen 'Duncan grapefruit' y 'Citrus paradisi Marsh Reed, Marsh Pink'.

The Volkameriana rootstock induce to bigger fruit and more quantity of juice per fruit of Valencia orange specie, while Carrizo rootstock promote better relation between sugar/soar in the orange juice. The largest production is found in the orange plantation used Volkameriane rootstock when the irrigation was planned every 5 days, meanwhile Cleopatra and Carrizo rootstocks the best yield were found every 10 days. The Volkameriana has showed better performance of the extraction of water from soil (Wagner, Laborem, Marin, Medina, Rangel; 2002).

3. Production

The orange crop covers mainly in the foothill in the center states in Venezuela with three of them with the most, such as Carabobo, Yaracuy and Monagas; and the fresh consume of the fruit dominate compare with the processing product of orange, and usually. The time of harvest is the first semester of the year and the characteristic of the fruit is variable with tend to medium and low quality; beside Venezuelan producer have more preference for orange fruit as the graph below showed.

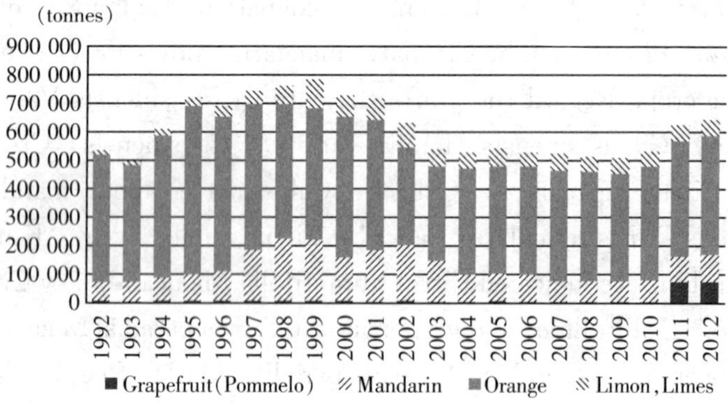

Figure 1 Venezuela Citrus Production

Source: FAO, 2011 and 2012 were estimated by method of smoothing data.

There is an enormous variability of technological level of the orchard production, in general the farmers apply horticulture practice without scientific support, so the fresh fruit quality is medium and low level, also the post harvest manage is precarious. In Venezuela the production yield is around 15 ton/ha average when the optimal should 30 ton/ha (Aular, 2005). In the field we find low and medium density of the crop like 7m×7m or 7m × 3.5 m, nowadays some scientific institution research to manage high density as 3.5m×3.5m. The dripping and sprinkler irrigation is most popular technical, but few farmer apply, so this aspect is one of the main reason that's why the productivity is low and quality of fruit no good (Aular, 2009) .

4. Methodology and Data

4.1 Methodology

Firstly, in this research was begun with frequency analysis of the raw data to get dissection of the production in easy way to figure out the situation of the orange and mandarin in Venezuela. Furthermore, this kind of analysis usually is the first step to identify atypical data that could distortion the final result.

Secondly, Analysis of Cluster was applied as method grouping a series of elements to homogeneous in similarities functions among them. This method is usually grouping observations, but this methodology also is applicable to group variables. Whatever the people uses, the Cluster is an exploratory method.

Definition of clusters is seen as the 'correct one' strongly depends on the scientific background of the researcher and on the purpose of the study. While economists and management scholars emphasize the economic and technological features of a cluster, spatial economists and geographers emphasize spatial effects of localization. Some, partly overlapping, definitions of clusters are the following:

- Marshallian 'industrial districts'
- Regional concentrations of related activities, including a knowledge Infrastructure.
- Structures of supply
- Networks of firms with more or less durable linkages

• Input-output connections between industries

• A portfolio of technologies

• Firms connected with a certain domain of technology (Boschma, Kloosterman; 2005)

The Cluster Analysis, from a methodological point of view, the main contribution of the symbolic data analysis is related with the use of interval type variables. In fact, this type of variables allows appreciating the degree of pervasiveness of an economic specialization across the LLSs. More specifically, the pervasiveness of a specialization is expressed by values greater than 1 for most cluster prototypes (both lower and upper bounds) (Giusti, Grassini; 2008).

The Algorithm K-mean is a classic method of partition; the main goal is to divide a sample in a prefix number of group, G. To apply this method requires four steps:

Random designation of the object to group, and taking center of each groups.

Calculate the Euclidean distances for each element in each group, and designate each element to each group with the closest distant; additionally in each group have to recalculate the new coordinate of group.

Define an ideal optimality, and then checking that criteria could be improve.

If the criteria cannot be improved, the process is over. (Peña, 2002)

The variance of variables into the group is a measure of heterogeneity per se of the classification, and minimize all variances will get more homogeneity. To take measure of the distance with Euclidean norm, this criterion is:

$$\text{Min} \sum_{G=1}^{G} \sum_{i=1}^{Ng} (x_{ig} - x_g)^1 (x_{ig} - x_g) = \text{Min} \sum_{G=1}^{G} \sum_{i=1}^{Ng} d^2(I, g)$$

Where d^2 is the square of Euclidean distance between i element of g group and the mean of group.

The application of the algorithm of K-mean has to set a number of groups, G. For that propose there would a F test to reduce the variability, this is comparing the SAG (Square Addend into of Groups) with G groups and G + 1, calculating the reduction of relative variability with the increase of additional group. The test is:

$$F = \frac{SAG\ (G) - SAG\ (G+1)}{SAG\ (G+1)/(n-G-1)}$$

4.2 Data

For the proposal of the research is used the Agricultural Census Data from Venezuela, that is a statistical research made by Venezuela Agricultural Ministry. This census is making every ten years to collect agro-productive and socioeconomically data for improve the agricultural policy and make better national plan to the sector and preserve the sovereignty of food.

This census started on April to July of 2008 to get data from the field, and the final result was published on the last part of 2011 by the Agricultural Ministry of Venezuela. The advantage of 2011 census respect to ten years ago is that this time there is specific data depending of the crop; therefore, in this research was possible to analysis citrus production in Venezuela. However, there is only full data for Orange and Mandarin.

The Venezuelan government divide the farms in UPA (translate in Agricultural Unit Production) which there is a number of peasants or farmers as member of the organization by state, and according to every state is gotten the production and yield of the Orange and Mandarin.

For Cluster Analysis is used the Yield production data by states; because, for the proposal of the research probably there would more consistence result. Before use the computer program to obtain the cluster is removed the outliers of the data.

5. Result and Discussion

5.1 Result

The states with more UPA and orange producer members in Venezuela are Yaracuy and Carabobo, Yaracuy has more quantity of UPA organized, meanwhile Carabobo has more quantity of member of farmers. Both states are closed and located at the North-center of Venezuela in The Coastal Mountain Range, which has elevations from 600-2 675 meters lie in humid evergreen forest eco-region of Mountainous Tropical and Subtropical moist broadleaf forest Biome. These reflect what Perez, Soto, Avilán y Gutierrez said in 2008 that Yaracuy is one of the best producer place in Venezuela; additionally, these areas correspond to the mid-elevation in tropical regions, such as potentially humid subtropical low-land regions, so these aspects could give us understanding that Yaracuy state is good zone to citrus production. At the same time, according to the concept we manage about Cluster, to have more organized orange group members in these States is also reflection that they are more specialized in orange production in Venezuela.

Other aspect of these states is that also had the high differential of Orange Sown field-Harvested yield results, which speculate about the plague and diseases also are specialized in these areas, that is expected in tropical areas like Venezuela; wherever the location at the country, whether they are situated in relative high elevation, they could have high incidence of plague and diseases like Daniele, Bella, Ndindeng, Ndoumbe, Dominic, Cilas said on 2010 in their research.

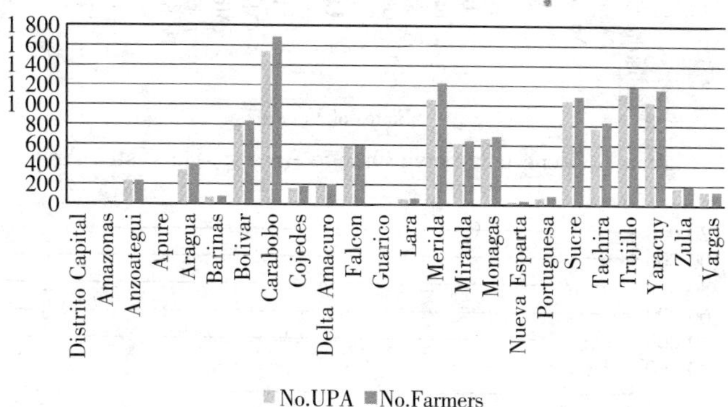

Figure 2 Venezuela Orange Producer by States

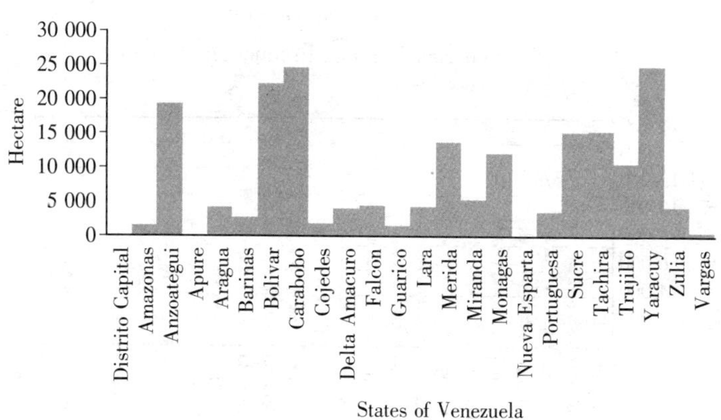

Figure 3 Orange Production Area by UPA

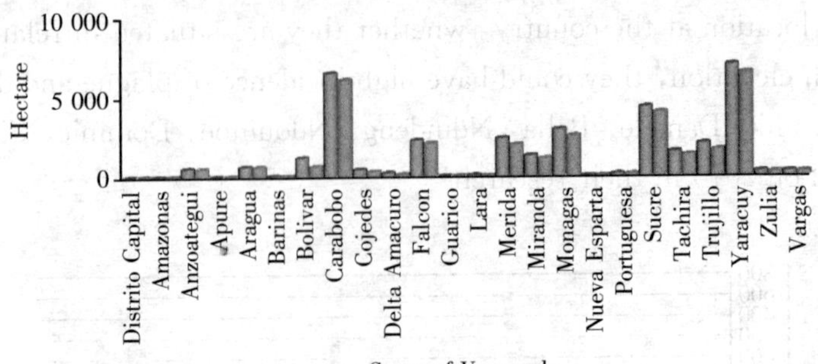

Figure 4　Venezuela Sown Orange Area vs. Harvested Area

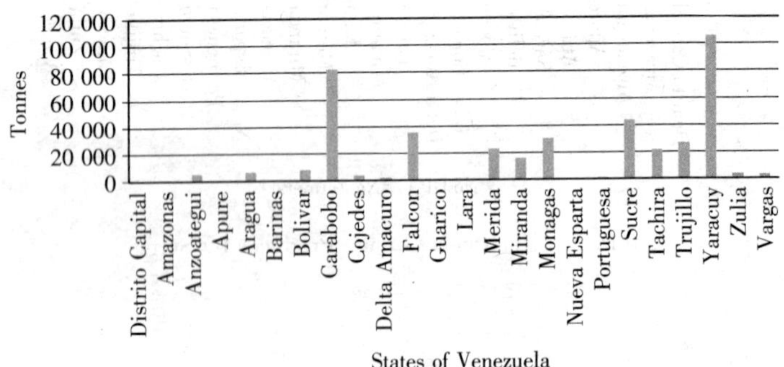

Figure 5　Venezuela Orange Production by States

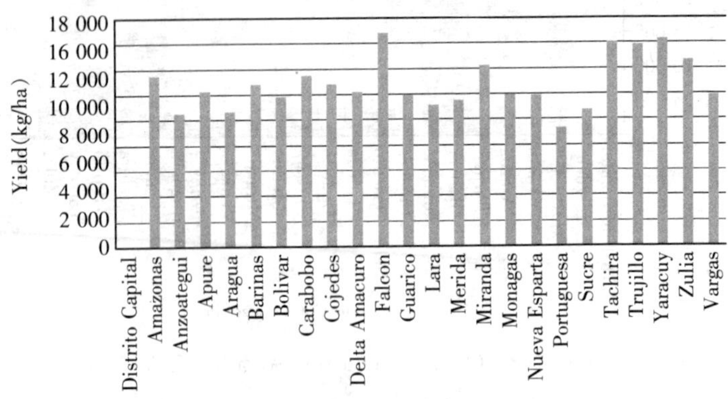

Figure 6　Venezuela Orange Yield by States

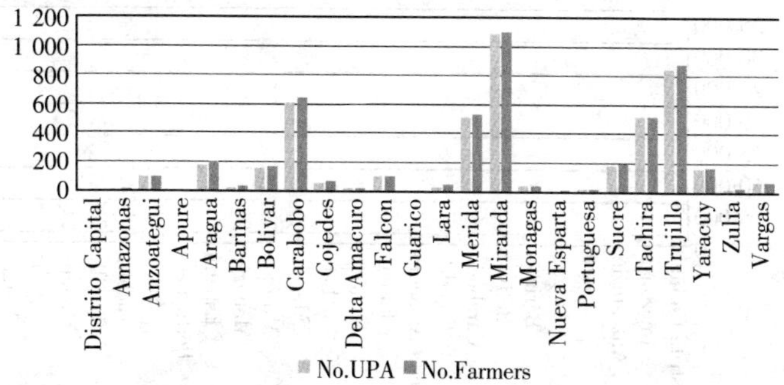

Figure 7 Venezuela Mandarin Producer by States

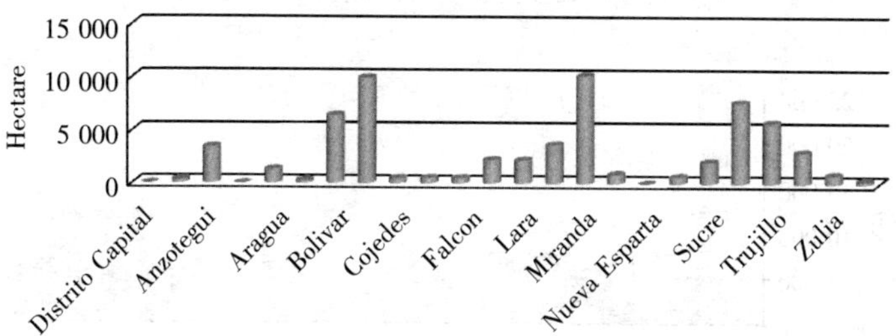

Figure 8 Venezuela Mandarin Production Area by UPA

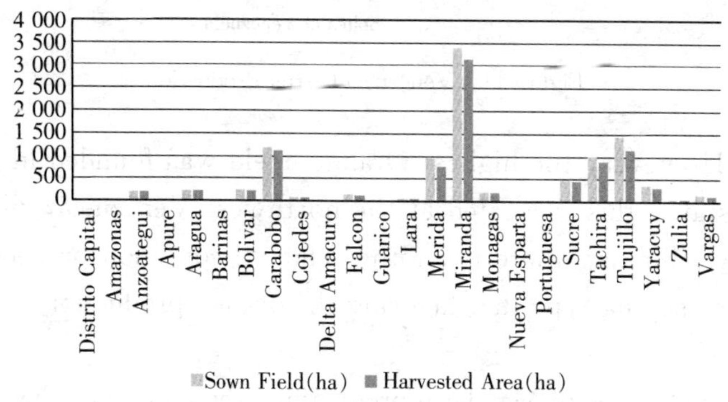

Figure 9 Venezuela Sown Mandarin Area vs. Harvested Area

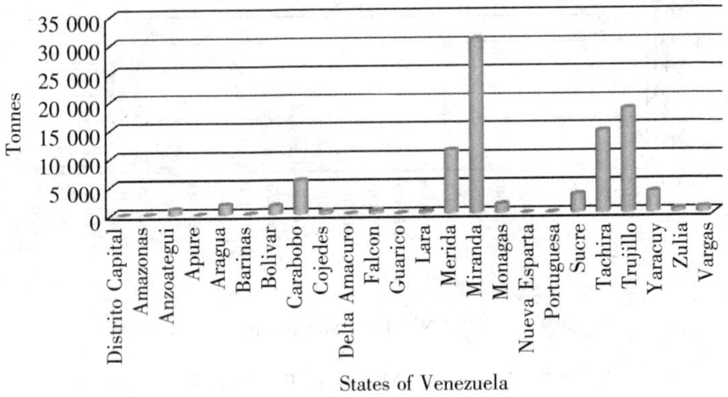

Figure 10 Venezuela Mandarin Production

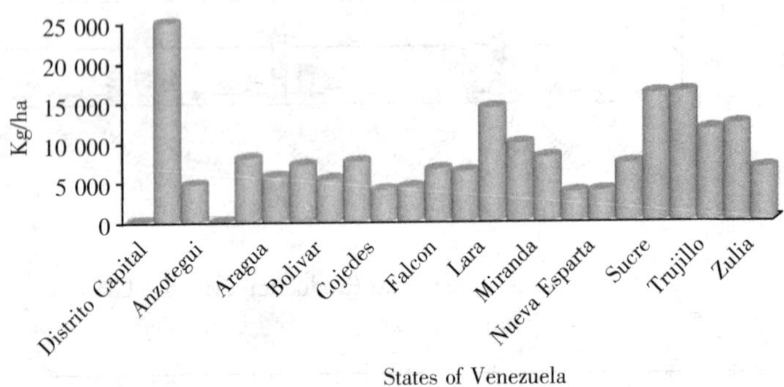

Figure 11 Venezuela Citrus Production

However, the highest Orange Yield was founded in Falcon state, this is located at the northwest Venezuela, which allows thinking there is another climate condition or geography or soiling type that favoring the orange production in this area.

In the case of Mandarin production, the most specialized location was Miranda state, which there is more number of UPA and farmer, and also Carabobo state was second of quantity of UPA and farmer, both of them located in Coastal Mountain Range of Venezuela. The interesting of this data is that there is another states located in another Mountain formation as Andes Range located at the Táchira, Trujillo and Merida states that became good producer that year. The Andes Range has more rank of elevation for agricultural production; this mountainous formation has the highest elevation of Venezuela with 4, 981 meters above sea level.

Also, Miranda state has the highest differential of Mandarin Sown field- Harvested Field; so, in the same way like orange, this situation probably happens due the incidence of plague or diseases.

Furthermore, the best yield in mandarin production is founded in Andes Range states as Trujillo, Táchira and Merida. This situation allows thinking the good condition to mandarin production there would be in this area.

When the data was analysis with the algorithm K-mean to make the Cluster is observed that for the case of Orange is founded 3 group of Orange production and for the Mandarin 2 groups, these results had high significant in the ANOVAs table and F test.

5.2 Conclusion

This paper reflect what the scientist say about tropical region to produce citrus in two or three area as lowland, midland or highland tropics; and into wet (humid) or dry (arid or semiarid) regions. Most citrus production in Venezuela was located in Midland in Coastal Mountain Range; this area is more humid in north-center Coastal Mountain and drier Northwest Coastal

Mountain, this aspect is most known by Venezuelan people that Falcon state is drier region than Yaracuy and Carabobo states.

Also, according to the graphs from data collected the typology of orange production area are more concentrate in Yaracuy and Carabobo states, and the mandarin are more concentrate in states in Andes Mountain Range like Táchira, Trujillo and Merida; in spite of Miranda state can produce the highest quantity of Mandarin, these three states in the Andes Range all together have more mandarin sown area than Miranda; additionally, these three states each have higher yield production than Miranda state. It's known that Miranda state is surrounding the Capital of Venezuela Caracas F. D. , this state has access to the largest market for citrus consumers with six million people in Venezuela compare to the Andes Range states; so, probably this situation influence the farmers in Miranda to increase area and produce more mandarin.

Finally, Venezuela has three specialized orange production zone, and two mandarin specialized production zone; so, this tropical country has to improve the production of citrus; especially the farms have to work hard with yield that looks low productivity.

Annex

Venezuela Mandarin Production Census Data 2011

Federal Entity	No. UPA	No. Farmer	Area UPA	Sown Field (ha)	Harvested Area (ha)	Production (kg)	Production (t)	Yield (kg/ha)
Miranda	1 087	1 099	10 189	3 396	3 132	30 816 327	30 816	9 839

(continue)

Federal Entity	No. UPA	No. Farmer	Area UPA	Sown Field (ha)	Harvested Area (ha)	Production (kg)	Production (t)	Yield (kg/ha)
Trujillo	845	882	5 744	1 433	1 136	18 430 600	18 431	16 221
Táchira	517	518	7 630	1 006	899	14 479 659	14 480	16 107
Merida	509	533	3 660	962	783	11 173 395	11 173	14 271
Carabobo	613	644	9 973	1192	1 119	6 066 846	6 067	5 422
Yaracuy	165	170	2 980	367	326	3 747 380	3 747	11 499
Sucre	185	195	2 070	469	450	3 301 682	3 302	7 333
Aragua	174	207	1 323	225	219	1 764 013	1 764	8 049
Bolivar	158	168	6 465	256	225	1 622 300	1 622	7 223
Monagas	47	47	907	199	198	1 607 835	1 608	8 138
Anzoátegui	97	97	3 415	212	210	999 100	999	4 765
Vargas	74	74	308	153	139	927 420	927	6 665
Zulia	20	32	880	61	54	651 030	651	12 135
Falcon	109	108	537	161	138	609 805	610	4 429
Cojedes	56	71	526	95	77	590 500	591	7 621
Lara	31	53	2 211	62	60	378 275	378	6 325
Barinas	26	34	257	27	24	136 190	136	5 746
Portuguesa	21	23	670	33	29	113 450	113	3 905
Delta Amacuro	25	25	549	26	24	96 498	96	4 079
Guárico	4	4	2 241	14	14	90 189	90	6 632
Amazonas	5	15	327	3	2	50 000	50	25 000
Nueva Esparta	10	16	39	11	9	34 826	35	3 729
Distrito Capital	0	0	0	0	0	0	0	0
Apure	0	0	0	0	0	0	0	0

Venezuela Orange Production Census Data 2011

Federal Entity	No. UPA	No. Farmer	Area UPA	Sown Field (ha)	Harvested Area (ha)	Production (kg)	Production (t)	Yield (kg/ha)
Yaracuy	1 038	1 160	24 845	7 035	6 518	106 005 318	106 005	16 262
Carabobo	1 545	1 686	24 582	6 552	6 116	82 518 410	82 518	13 493
Bolivar	796	836	22 337	1 206	654	7 749 639	7 750	11 845
Anzoátegui	236	240	19 328	551	512	5 396 386	5 396	10 533
Táchira	775	833	15 337	1 580	1 365	21 923 598	21 924	16 059
Sucre	1 048	1 089	15 169	4 396	4 056	43 536 001	43 536	10 734
Merida	1 055	1 232	13 804	2 452	2 023	23 340 880	23 341	11 539
Monagas	670	689	12 120	2 988	2 588	30 969 549	30 970	11 965
Trujillo	1 119	1 194	10 725	2 091	1 684	26 629 651	26 630	15 818
Miranda	619	644	5 430	1 323	1 140	16 225 517	16 226	14 230
Falcon	587	593	4 554	2 292	2 118	35 592 799	35 593	16 802
Zulia	178	197	4 413	302	262	3 835 419	3 835	14 632
Lara	64	75	4 361	93	61	685 494	685	11 156
Aragua	340	405	4 291	652	637	6 796 605	6 797	10 677
Delta Amacuro	195	206	4 123	235	142	1 732 717	1 733	12 198
Portuguesa	75	89	3 627	160	142	1 324 885	1 325	9 304
Barinas	72	85	2 809	82	65	836 791	837	12 820
Cojedes	168	188	1 911	458	333	4 271 000	4 271	12 823
Amazonas	14	23	1 570	14	10	128 250	128	13 500
Guárico	9	9	1 553	14	11	134 322	134	11 993
Vargas	146	146	656	309	285	3 382 583	3 383	11 858
Apure	6	6	203	6	5	65 000	65	12 264
Nueva Esparta	27	36	59	15	12	146 383	146	11 890
Distrito Capital	0	0	0	0	0	0	0	0

References

[1] Aular Urrieta Jesús E. Venezuela Citrus Production. www. todafruta. com. br . Publication 15 - 02 - 2008.

[2] Aular Urrieta Jesús E. Dorian Rodríguez. Edited Memory of II Actualization Training Course of Fruitculture UCLA Venezuela. 2005 (9) .

[3] Aular Urrieta Jesús E.. Venezuela Citrus Production. www. todafruta. com. br . Publication 09 - 07 - 2009.

[4] Boschma, R. A. , Kloosterman, R. C.. Learning from Cluster: A Critical Assessment. 2005: 51 - 67. Springer, Printed in Netherlands.

[5] Daniele Ndo, Eunice Golda, Bella Manga, et al. tree species and soil type are the main factors influencing the severity of Phaeoramularia leaf and fruit spot disease of citrus in the humid zones of Cameroon. Eur J Plant Pathol 2010, (128): 385 - 397.

[6] Giusti, Antonio; Grassini, et al. Cluster Analysis of Census Data Using the Symbolic Data Approach. Adv Data Anal Classif, 2008 (2): 163 - 176.

[7] Mercedes Pérez M1, Enio Soto 2, Luis Avilan2 y Ma. et al. Influence of Rainfall on Sustainable System of Citrus Fruit Production of Montalbán. INIA HOY. 2008, 1 - 4.

[8] Monteverde S. Edmundo E. , Rangel Aranguren Ezequiel Alfonso. National Service of Certification of Citrus Plants: I History. INIA DIVULGA, 2004, (1) .

[9] Peña, Daniel. Análisis de Datos Multivariantes (Multivariate Data Analysis) . 2002. MacGraw-Hill.

[10] Rao, P. Parthasarathy. An ICRISAT Success Story: Rainfed Agriculture Typology for Development Planning: India. www. icrisat. org/impacts/... /icrisat-is-rainfed-agriculture. pdf

[11] Silva León, Gustavo A. Classification of Thermal Floor in Venezuela. Venezuelan Geography Journal (Revista Geografica de Venezuela). 2002, 43 (2): 311 - 328.

[12] Sivakumar, M. V. K. , Das, H. P. et al Impacts of Present and Future Clima Variability and Change on Agriculuture and Forestry in The Arid and Semi-arid Tropics. Climatic Change 2005 (70): 31 - 72.

图书在版编目（CIP）数据

柑橘产业经济与发展研究．2011/祁春节等著．—北京：中国农业出版社，2012.9

ISBN 978-7-109-17304-0

Ⅰ.①柑… Ⅱ.①祁… Ⅲ.①柑橘类-农业经济-研究-中国 Ⅳ.①F326.13

中国版本图书馆 CIP 数据核字（2012）第 251374 号

中国农业出版社出版
（北京市朝阳区农展馆北路 2 号）
（邮政编码 100125）
责任编辑 肖 邦

中国农业出版社印刷厂印刷 新华书店北京发行所发行
2012 年 9 月第 1 版 2012 年 9 月北京第 1 次印刷

开本：850mm×1168mm 1/32 印张：11
字数：268 千字
定价：30.00 元